KB044334

주름,
라이프니츠와 바로크

Cet ouvrage, publié dans le cadre du Programme de Participation à la
Publication, bénéficie du soutien du Minisètre des Affaires Etrangères et de
l'Ambassade de France en Corée.
이 책은 프랑스 외무부와 주한프랑스대사관이 주관하는 출판협력프로그램의
지원을 받아 출간되었습니다.

주름,
라이프니츠와 바로크

Le Pli. Leibniz et le Baroque GILLES DELEUZE

질 들뢰즈 지음 | 이찬웅 옮김　문학과지성사

질 들뢰즈Gilles Deleuze(1925~1995)
들뢰즈의 사유는 철학과 예술이 교차하는 지점에 서 있다. 니체-베르그송-스피노자로 이어지는 철학사 연구가 그의 영토를 표시하는 위도라면, 프루스트-카프카-프란시스 베이컨으로 이어지는 예술비평이 그에 상응하는 경도라고 말할 수 있다. 그는 존재의 일의성의 관점에서 재현(표상)주의를 비판하고, 생성과 긍정의 의미를 새롭게 해명했다. 들뢰즈는 가타리와의 만남 이후에 이러한 사유의 영역을 확대해, 마르크스주의와 정신분석학의 관계 설정에 주력했다. 이들은 라캉주의가 다양한 관계를 초월적 도식으로 환원한다고 비판하고, 다원적 욕망과 생산의 내재적 관점에서 자본주의를 고찰하고자 했다. 들뢰즈의 대표적인 저서로는 『니체와 철학』『차이와 반복』『감각의 논리』『영화』『안티 오이디푸스』『천 개의 고원』 등이 있다.

옮긴이 **이찬웅**은 서울대학교 전기공학부 및 같은 학교 철학과 석사과정을 졸업했다. 이후 프랑스에서 뤼미에르 리옹 2대학 영화학 석사과정을 마치고, 현재 리옹 고등사범학교에서 들뢰즈에 관한 철학 박사학위 논문을 준비하고 있다. 발표 논문으로는 「'고원'이란 무엇인가: 인식론적, 윤리적 함축」과 「들뢰즈의 영화론: 신호를 보내는 물질」 등이 있다. 엔조 파치Enzo Paci의 『어느 현상학자의 일기』를 번역했다. 전자우편 주소는 cosmique@naver.com이다.

우리 시대의 고전 14
주름, 라이프니츠와 바로크

초판 1쇄 발행 2004년 3월 18일
초판 3쇄 발행 2007년 4월 2일
재판 1쇄 발행 2008년 12월 1일
재판 7쇄 발행 2023년 9월 20일

지은이 질 들뢰즈
옮긴이 이찬웅
펴낸이 이광호
펴낸곳 (주)문학과지성사
등록번호 제1993-000098호
주소 04034 서울 마포구 잔다리로7길 18(서교동 377-20)
전화 02)338-7224
팩스 02)323-4180(편집) 02)338-7221(영업)
전자우편 moonji@moonji.com
홈페이지 www.moonji.com

ISBN 978-89-320-1490-6

제1부 주름

제2부 포함

제3부   신체를 갖기

일러두기

1. 이 책의 원본은 Gilles Deleuze, *Le Pli, Leibniz et le Baroque*, Les Éditions de Minuit, 1988이다.
2. 옮긴이 주일 경우 뒤에 (옮긴이)라고 쓰거나 * 로 표시했으며, 옮긴이의 보충 설명은 〔 〕로 표기하였다.
3. 원문의 이탤릭체는 고딕체로 표시하고, 대문자로 씌어진 단어는 〈 〉로 표기하였다.
4. 원문의 《 》는 개념, 문구 등 강조의 의미일 경우 작은 따옴표로, 그외는 대개 큰 따옴표로 표시하였다.

제1부 **주름**

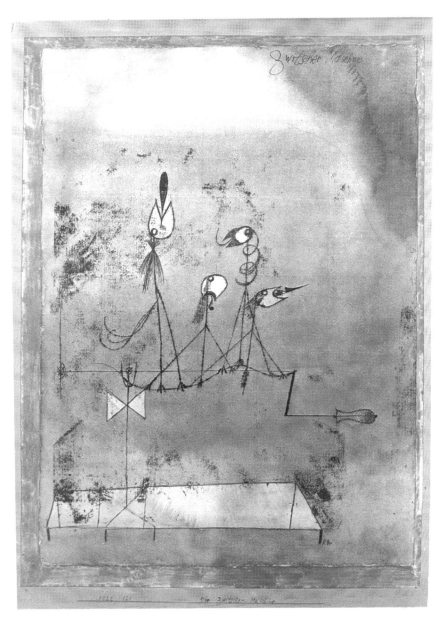

파울 클레Paul Klee, 「지저귀는 기계Die Zwitscher-Maschine」
세계는 무한히 작은 기계들로 구성되어 있으며, 변곡은 그러한 자발적인 기계의 이상적인 주름, 또는 "우주 생성의 자리"이다(이 책 p. 31, p. 33, p. 70 참조).

제1장 물질의 겹주름

바로크는 어떤 본질을 지시하지 않으며, 그보다는 오히려 어떤 연산 함수, 특질을 지시한다. 바로크는 끊임없이 주름을 만든다. 그것은 사물을 발명하지 않는다: 동양에서 온 주름들, 그리스, 로마, 로마네스크, 고딕, 고전주의 등등의 많은 주름들이 있다. 그러나 바로크는 주름을 구부리고 또다시 구부리며, 이것을 무한히 밀고 나아가, 주름 위에 주름을, 주름을 따라 주름을 만든다. 바로크의 특질은 무한히 나아가는 주름이다. 그리고 무엇보다 무한이 두 층을 가진 듯, 바로크는 두 방향을 따라, 두 무한을 따라 주름들을 분화시킨다: 물질의 겹주름과 영혼 안의 주름. 아래에서는 물질이 첫번째 종류의 주름에 따라 쌓여 있으며, 그 부분들이 "서로 다르게 주름 잡혀 있고 많거나 적게 전개되어 있는"[1] 기관들을 구성한다는 점에서, 다시 두번째 종류의 주름에 따라 조직되어 있다. 위에서는 영혼이 자신의 고유한 주름들 위로 돌아다니는 한에서, 그렇지만 "주름들이 무한히 나아가기 때문"[2]에 영혼이 이 주름들을 완전히 전개하지는 않는 한에서, 신(神)의 영광을 노래한다. 미로(迷路)는 복잡한 것multiple이라고 이야기되는데, 어원학적으로 많은 주름pli을 갖기 때문이다. 복잡한 것은 단지 많은 부분을 가진 것일 뿐만 아니라, 또한 많은 방식으로 주름 잡힌 것이기도 하다. 미로는 정확히 각 층에 대응한다: 물질과 그 부분들 안에 있는

---

1 *Système nouveau de la Nature et de la communication des substances*, § 7.
2 *Monadologie*, § 61. 그리고 *Principes de la Nature et de la Grâce fondés en raison*, § 13.

연속체의 미로, 영혼과 그 술어들 안에 있는 자유의 미로.³ 데카르트가 이것들을 해결하는 방법을 알지 못했다면, 이는 그가 물질의 곡률만큼이나 영혼의 경사(傾斜)에 무지한 채, 직선의 코스 안에서 연속체의 비밀을 찾고 영혼의 경직성 안에서 자유의 비밀을 찾고자 했기 때문이다. 자연을 조사하고 동시에 영혼을 해독하며, 물질의 겹주름들 안에서 보고 동시에 영혼의 주름들 안에서 읽는 '암호해독법'이 필요하다.⁴

　두 층이 소통한다는 것은 확실하다(이것이 연속체가 영혼 안으로 말려 올라가는 이유이다). 감각적이고 동물적인 아래쪽의 영혼이 존재하고, 아니 차라리 영혼들 안에서 아래층이 존재하고, 물질의 겹주름들은 이것들을 둘러싸고 포괄한다. 영혼은 밖으로 향하는 창문을 가질 수 없다는 말을 들을 때, 일단 우리는 이 말을 다른 층으로 올라온 높은 곳의 이성적인 영혼들에 관한 것으로 이해해야만 할 것이다('상승'). 창문을 갖지 않는 것은 위층이다: 맨살처럼 "주름에 의해 다양화되고" 당겨진 천으로만 장식되어 있는 암실(暗室) 또는 밀실(密室). 불투명한 천 위에 구성된 주름들, 현(絃)들 또는 용수철⁵들은 본유적 인식들을 재현하지만, 물질의 외력하에서 동작하게 된다. 왜냐하면 물질은 아래층에 존재하는 "몇몇의 작은 열린 틈"을 통해서 현의 아래쪽 끝에 "요동 내지 진동"을 촉발하기 때문이다. 창문이 나 있는 아래층 그리고 빛이 없고 닫혀 있지만 대신 소리가 울리는 위층, 이는 마치 아래층의 시각적인 움직임을 소리로 번역하는 음악당과도 같은데, 이것이 바로 라이프

---

3 *De la liberté*(Foucher de Careil, *Nouvelles lettres et opuscules*).
4 "포장된 사물의 열쇠를 발명하는 기술"인 암호해독법에 관해서는, 단편 *Un livre sur l'art combinatoire*… (Couturat, *Opuscules*) 참조. 그리고 *Nouveaux essais sur l'entendement humain*, Ⅳ, chap. 17, §8: 자연의 겹주름과 '축도(縮圖)'.
5 ressort: 어원상 다시re 나오는 것sortir을 의미한다. 즉 탄력 있는 물체가 눌렸을 때 다시 원래의 모습으로 되돌아가는 것을 의미하며, 구체적으로는 그러한 성질을 가진 물체 또는 그러한 힘을 지시한다. 선명한 이미지를 살리기 위해 대체로 '용수철'로 옮겼으나, 문맥에 따라서는 반발력이나 복원력을 의미하기도 한다. 그러므로 아주 작고 다양한 형태의 용수철들이 반발력을 가지고 움직이는 모습을 그려보는 것이 도움이 되겠다(옮긴이).

니츠가 작동시킨 거대한 바로크적 몽타주이다.[6] 누군가는, 이 텍스트가 라이프니츠의 생각이 아니라, 그의 생각을 로크의 생각과 화해시킬 수 있는 최대치를 표현하고 있다고 반박할 것이다. 그럼에도 불구하고 이는, 이후에도 라이프니츠가 언제나 긍정할 것, 즉 두 층 사이, 두 미로, 물질의 겹주름과 영혼의 주름 사이의 상응과 소통까지 재현하는 방법을 형성한다. 두 주름 사이의 하나의 주름? 그리고 같은 이미지, 대리석 암맥(巖脈)의 이미지가 서로 다른 조건하에 있는 두 곳에 적용된다: 어떤 때에 암맥은 덩어리 안에 붙잡힌 생물들을 둘러싸고 있는 물질의 겹주름이어서, 대리석 타일은 마치 물고기로 가득 차 물결치는 호수와 같다. 어떤 때에는 암맥이 영혼 속의 본유 관념들이어서, 마치 대리석 벽돌 안에 갇힌 접힌 형태들 또는 잠재적인 조각상과 같다. 두 가지 다른 방식에 따라, 물질도 대리석이고 영혼도 대리석이다.

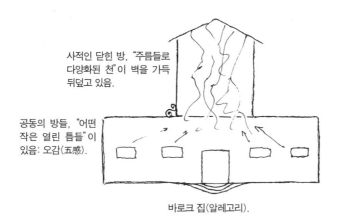

사적인 닫힌 방, "주름들로 다양화된 천"이 벽을 가득 뒤덮고 있음.

공동의 방들, "어떤 작은 열린 틈들"이 있음: 오감(五感).

바로크 집(알레고리).

---

6 *Nouveaux essais*, II, chap. 12, § 1. 이 책에서 라이프니츠는 로크의 『인간지성론』를 '개조한다.' 그런데 어두운 방은 분명 로크에 의해서 제기되었지만, 주름은 그렇지 않다.

뵐플린은 바로크의 몇 가지 물질적 특질에 대해 강조한 바 있다: 낮은 곳의 수평적 확대, 박공을 낮춤, 돌출되어 있으면서 낮은 곡선의 계단들, 덩어리 또는 집적을 통한 물질의 처리, 각을 둥그렇게 하고 직선을 회피함, 톱니 모양의 아칸더스 잎 장식을 둥근 모양으로 대체, 스폰지처럼 작은 구멍이 많은 형태를 만들기 위해 석회석을 사용, 또는 항상 새로운 난류를 품고, 말의 갈기나 파도의 거품과 같은 방식으로만 끝을 맺는 소용돌이 형태의 구성, 공간의 경계에서 넘쳐나 유체와 화해하려는 물질의 경향, 그와 동시에 물이 스스로 덩어리들로 나누어지는 경향.[7]

곡률을 대상으로 삼기 위한 바로크의 수리 자연학을 전개한 이는 호이겐스이다. 그리고 라이프니츠에게서 우주의 곡률은 근본적인 세 가지 다른 관념, 즉 물질의 유체성, 물체의 탄력성, 메커니즘으로서의 용수철에 따라 연장된다. 첫째, 물질이 그 자체로 곡선을 이루며 나아가지 않는다는 점은 확실하다: 물질은 접선을 따라 간다.[8] 하지만 우주는 궁극적으로 접선이 없는 곡선에 따라, 물질에 곡선이나 소용돌이의 운동을 부여하는 작용적인 힘에 의해 압축되어 있는 것과도 같다. 그리고 물질의 무한한 분할로 인해, 압축하는 힘은 물질의 모든 부분을 그것의 주위에, 그것을 둘러싸고 있는 부분들에 연관시키게 되며, 이 부분들은 고려되고 있는 물체에 잠기고 침투하면서 이 물체의 곡선을 규정한다. 끊임없이 분할되면서, 물질의 부분들은 하나의 소용돌이 안에 작은 소용돌이들을 형성하고, 이 안에서 더 작은 소용돌이들을, 그리고 서로 접해 있는 소용돌이들의 오목한 사이에 더욱더 작은 소용돌이들을 형성한다. 그러므로 물질은 무한히 구멍이 뚫려 있고 스폰지 같거나, 남김없이 작은 구멍들이 난, 작은 구멍 안에 또 작은 구멍이 있는 텍스처[9]

---

7 Wölfflin, *Renaissance et Baroque*, Ed. Monfort 참조.

8 *Nouveaux essais*, 서문.

9 texture: 재료 표면의 미세한 요철(凹凸)이나 조직의 상태에서 느껴지는 재료 표면의 질감(옮긴이).

를 나타낸다: 아무리 작다 하더라도 각 물체는 하나의 세계를 담고 있는데, 그 물체가 불규칙한 작은 통로들로 뚫려 있고, 점점 더 미세해지는 유체에 의해 둘러싸여 있고 침투되어 있다는 점에서 그렇다. 그러므로 우주 전체는 "서로 다른 물결과 파도들이 있는 물질의 연못"[10]과 유사하다. 둘째로, 그럼에도 불구하고 이것으로부터, 라이프니츠가 데카르트에 귀속시키는 테제에 따라, 가장 미세한 물질의 경우에도 그것이 완벽하게 유체 같은 것이어서 텍스처를 잃는다는 결론이 나오지는 않는다. 아마도 이것은 우리가 다른 영역에서 발견하게 될 데카르트의 오류일 것이다. 즉 부분들간의 실재적 구별이 분리 가능성을 야기한다고 믿었던 것: 절대적 유체를 정의하는 것은 바로 결집성cohérence 또는 응집성 cohésion의 부재, 즉 부분들의 분리 가능성인데, 이것은 사실 오직 수동적이고 추상적인 물질에만 적용되는 것이다.[11] 라이프니츠에 따르면, 실재적으로 구별되는 물질의 두 부분은 분리 불가능할 수 있다. 한 물체의 곡선의 움직임을 결정하는 주위의 작용뿐만 아니라, 그것의 견고성 즉 부분들의 분리 불가능성을 결정하는 주위의 압력이 보여주듯 분리 불가능할 수 있다(결집성, 응집성). 그러므로 하나의 물체는 어느 정도의 견고성뿐만 아니라 어느 정도의 유체성을 지니고 있다고, 또는 물체는 본질적으로 탄력적이며, 동시에 물체의 탄력적인 힘은 그 물질 위에서 작동하는 작용적이고 압축적인 힘의 표현이라고 말해야 한다. 배가 어느 특정한 속도에 다다르면, 파도는 대리석 성벽처럼 단단해진다. 절대적 견고성이라는 원자론자들의 가정과 절대적 유체성이라는 데카르트의 가정은, 유한한 물체의 형식이건 무한한 점(點)들의 형식이건 간에(점들의 자리로서의 데카르트의 직선, 분석적이고 점괄적인 방정식), 분리될 수 있는 최소 단위를 설정하면서 같은 오류 안에서 일치하기 때문

10 데 빌레트Des Billettes에게 보내는 편지, 1696년 12월(Gerhardt, *Philosophie*, VII, p. 452).

11 *Table de définitions* (C, p. 486). 그리고 *Nouveaux essais*, II, chap. 23, § 23.

에 더더욱 서로 결합된다.

이것이 라이프니츠가 평범하지 않은 한 텍스트에서 설명하는 것이다: 휘어지기 쉽고 탄력적인 하나의 물체는 또한 하나의 주름을 형성하는 결집된 부분들을 갖고, 그 결과 그 부분들은 부분의 부분으로 분리되는 것이 아니라, 어떤 응집력을 줄곧 유지하는 더욱더 작은 주름으로 무한히 분할된다. 연속체의 미로는 독립적인 점들로 해소되는 선이 아니어서, 낱알로 유체를 이루는 모래와 같은 것이 아니라, 무한하게 주름들로 분할되는, 즉 곡선의 운동들로 분해되는 천이나 종잇장과 같은 것이다. 그리고 그 각각은 정합적으로 또는 서로 협력하면서 작동하는 주변의 것에 의해 규정된다. "연속체의 미로는 낱알들로 이루어진 모래 같은 것으로 간주되어서는 안 되고, 종잇장이나 주름 잡힌 막과 같은 것으로 간주되어야 한다. 물체가 결코 점이나 최소 단위로 분해되지 않고, 연속체가 무한히 많은 주름을, 어떤 주름보다 더 작은 다른 주름들을 가질 수 있도록 말이다."[12] 동굴 안의 동굴처럼, 언제나 주름 안에 또 다른 주름. 물질의 단위, 미로의 가장 작은 요소는 주름이지, 점이 아니다. 그리고 점은 선의 한 부분이 아니라, 선의 단순한 극한이다. 바로 이런 이유에서, 물질의 부분들은 압축적인 탄성력의 상관물로서, 덩어리 또는 집적물이다. 그러므로 펼침dépli은 접힘pli의 반대가 아니다. 펼침은 또 다른 접힘에까지 접힘을 따라간다. "주름들로 뒤틀리는 입자들," 그리고 "항력(抗力)이 이 주름들을 바꾸고 또다시 바꾼다."[13] 공기, 물, 불 그리고 땅의 주름들, 또한 광산 속 암맥의 지하 주름들. '자연 지리학'의 견고한 습곡plissements은, 우선 복잡한 상호작용의 시스템 안에서 땅에 가해지는 불의 작용을 지시하며, 다음에는 물과 공기의 작용을 지시한다. 그리고 광산의 암맥은 원뿔곡선의 곡률과 닮았다. 어떤 때에는 원이나 타원으로 끝맺기도 하고, 어떤 때에는 쌍곡선이나 포물선으로 길어지

주름, 라이프니츠와 바로크

12 *Pacidius Philalethi* (C, pp. 614~15).

13 데 빌레트에게 보내는 편지, p. 453.

기도 한다.[14] 일본 철학자가 말했을 법한 '접지술(摺紙術),' 즉 종이 접는 기술은 물질의 과학을 위한 모델이다.

이로부터 이미 물질과 생명, 유기체 간의 친화성을 예감케 하는 두 가지 결론이 나온다. 물론 유기체적 주름들은, 화석이 보여주는 것처럼 자신의 특수성을 가지고 있다. 그러나 한편으로, 물질 안에서 부분들의 분할은 언제나 곡선 운동 또는 굴절의 분해를 수반한다: 우리는 이것을 알[卵]에서 보는데, 여기에서는 수적인 분할이 오직 형태 발생적 운동의 조건이며, 습곡으로서의 함입(陷入)의 조건이다. 다른 한편으로는, 만일 물질이 독립적인 점들로 무한히 분할된다면, 유기체의 형성은 불가능한 신비이거나 기적으로 남게 된다. 그러나 각각의 수준에서 응집력을 내포하는 무한히 많은 (이미 겹주름 잡힌) 중간 상태가 부여된다면, 유기체의 형성은 더욱더 개연적인 일이 되고 자연스러워진다. 분리된 글자들을 가지고 우연하게 낱말을 형성하는 것은 있을 법하지 않지만, 음절들이나 어형 변화[15]들을 가지고 형성하는 것은 훨씬 더 있을 법한 일인 것과 약간은 유사하다.[16]

셋째로, 물질의 메커니즘이 용수철이라는 점이 분명해진다. 만일 세계가 무한히 구멍나 있다면, 만일 가장 작은 물체 안에도 여러 세계들이 있다면, 이것은 "물질 안 곳곳에 용수철"이 있기 때문이다. 이때 이것은 부분들의 무한한 분할을 보여줄 뿐만 아니라, 운동의 획득과 상실의 점진성을 보여주며, 여기에서 모든 것은 그 힘의 보존을 실현한다. 주름-물질은 시간-물질이며, 이것의 현상들은 흡사 "무한히 많은 공기소총"이 서로 꼬리를 이어서 발포하는 것과도 같다.[17] 그리고 여기에서 또한 우리는 물질과 생명의 친

---

14 *Protogaea* (Dutens II; et tr. fr. par Bertrand de Saint-Germain, 1850, Ed. Langlois). 암맥과 원뿔곡선에 관해서는 8장 참조.

15 flexion: 물리적인 굴절과 단어의 어형 변화를 의미한다(옮긴이).

16 이 주제는 이후 깁스Willard Gibbs가 발전시킨다. 라이프니츠는, 신은 동물이나 식물의 구조와 유사한 어떤 것을 생산하지 않고서는 "아직은 부드러운 땅의 최초 밑그림"을 그리지 않는다고 상정한다(*Protogaea*, 8장).

화성을 짐작하게 되는데, 바로 물질을 거의 근육처럼 개념화하는 것이란 도처에 용수철을 위치시키는 것임을 고려해볼 때 그러하다. 빛의 전파와 "빛 속에서의 폭발"을 원용(援用)하면서, 동물적인 영혼들을 탄력적이고 발화할 수 있고 폭발하는 실체로 만들면서, 라이프니츠는 데카르트주의에서 등을 돌리고, 반 헬몬트의 전통을 복원하고, 보일의 경험에서 영감을 얻는다.[18] 요컨대, 접힘이 펼침의 반대가 아닌 한, 이것은 팽팽하게 당겨짐-느슨하게 늦춰짐, 수축됨-팽창함, 압축됨-폭발함이다(진공을 함축하게 되는, 밀도가 높아짐-밀도가 낮아짐이 아니라).

그러므로 아래층은 역시 유기체적 물질로 이루어져 있다. 유기체는 내생(內生)적인 주름들에 의해 정의되고, 반면 비유기체적 물질은 언제나 외부에서, 즉 주위의 것들로부터 규정되는 외생(外生)적인 주름들을 갖는다. 따라서, 생명체의 경우에는, 진화와 함께, 유기체의 전개와 더불어 변형되어가면서 무엇인가를 형성하는 내부의 주름이 있다: 이로부터 전성설(前成說)의 필연성이 생긴다. 그럼에도 불구하고, 유기체적 물질은 비유기체에 다름 아니다(그리고 일차적인 물질과 이차적인 물질을 구분하는 것은 여기에서는 아무런 상관도 없다). 유기체이건 비유기체이건 간에, 그것은 같은 물질인데, 그러나 그것 위에 작용하는 힘들은 같은 힘이 아니다. 확실히, 이 힘들은 완전히 물질적 또는 기계론적mécaniques이고,

---

17 데 빌레트에게 보내는 편지: 그리고 베일Bayle에게 보내는 편지, 1698년 12월(GPh, III, p. 57). Gueroult, *Dynamique et métaphysique leibniziennes*, Les Belles Lettres, p. 32: "신체가 합성되어 있다는 것, 그렇기에 신체에 침투한 미세한 물질 입자들을 모공에서 쫓아내면서 신체는 수축할 수 있다는 것, 그리고 이번에는 이보다 미세한 물질이 더욱더 미세한 또 다른 물질을 자신의 모공에서 몰아낼 수 있어야만 한다는 것, 등등 무한히. 이것을 가정하지 않는다면, 어떻게 용수철[복원력]을 인식할 수 있겠는가?"

18 윌리스Willis(1621~1675)에게 반사의 개념에 영감을 주었던 탄력성과 폭발에 관해서, 이 모델이 데카르트의 것과 어떤 차이가 있는지에 관해서, Georges Canguilhem, *La formation du concept de réflexe aux XVIIᵉ et au XVIIIᵉ siècles*, PUF, pp. 60~67 참조. 말브랑슈는 복원력[용수철]과 이완의 주제를, 유기체와 비유기체 양자에서 한꺼번에 데카르트주의와 화해시키고자 시도한다: *Recherche de la vérité*, VI, chap. 8, 9("어느 정도 복원력을 갖지 않은 단단한 물체란 없으며……").

아직 영혼이 개입될 필요는 없다: 지금으로서는, 생기론vitalisme 은 하나의 엄격한 유기체론이다. 유기체적 주름을 설명하는 것은 바로 물질적 힘인데, 이것은 앞서의 힘들과 구분되고 거기에 추가 되어야 한다. 또한 이것은 자신이 작용하는 곳에서 그 유일한 물질 을 유기체적 물질로 바꾸기에 충분하다. 라이프니츠는 이것을 압 축력이나 탄성력과 구별해 '조형력(造型力)'이라고 이름붙였다. 이 힘은 덩어리를 유기체로 조직한다. 그러니까 덩어리가 복원력 덕분으로 유기체를 예비하거나 가능케 함에도 불구하고, 사물은 덩어리에서 유기체로 변해가지 않는다. 왜냐하면 모든 기관은 앞 서 존재한 기관으로부터 태어나는 그만큼, 미리 자신을 형성하고 덩어리의 힘과는 구별되는 조형력을 언제나 전제하기 때문이다.[19] 물질 안의 화석조차, 우리가 담벼락의 얼룩에서 그리스도의 얼굴 을 볼 때처럼 우리의 상상력에 의해 설명되는 것이 아니라, 앞서 실존했던 유기체들을 거쳐온 조형력을 지시한다.

만일 조형력이 다른 힘들과 구별된다면, 이는 생명체가 기계론 에서 벗어나기 때문이 아니라, 기계론이 기계들에 충분하지 않기 때문이다. 기계론의 오류는, 그것이 생명체를 설명하기에 너무 인 공적이라는 것이 아니라, 오히려 충분히 그렇지 않다는 데에, 충분 히 기계적이지machiné 않다는 데에 있다. 사실 우리가 만든 기계 장치들은 그 자체로는 기계가 아닌 부분들로 이루어져 있는 반면, 유기체는 무한하게 기계로 되어 있다. 모든 부분과 조각이 기계이 면서, 그 작은 기계들은 자기가 수용하는 여러 주름들에 의해서만 변형되는 그러한 기계.[20] 그러므로 조형력은 기계장치와 관련된다

---

19 마상Masham 부인에게 보내는 편지, 1705년 7월(GPh, III, p. 368). 그리고 *Considérations sur les principes de vie et sur les natures plastiques* (GPh, VI, pp. 544, 553): 생명의 원리는 비물질적이지만, '조형적인 능력'은 아니다. 화석에 관해서는 *Protogaea*, 28장 참조.

20 *Système nouveau de la Nature*, § 10. *Monadologie*, § 64: "놋쇠 톱니바퀴의 이에 달린 부 분들 혹은 조각들은 우리에게 인공물인 어떤 것도 갖지 않으며, 톱니바퀴가 만들어진 쓰 임새와 관련해볼 때 기계로 특정지어지는 어떤 것도 갖지 않는다. 그러나 자연의 기계, 즉 생명체는 가장 작은 부분들 안에서도 역시 기계들이며, 무한히 그러하다." 마상 부인

mécanique기보다 [무한한] 기계와 관련되며machinique, 더불어 바로크식 기계를 정의하는 것을 가능케 한다. 누군가는 다음과 같이 반론을 제기할 것이다. 즉, 비유기체적 본성의 기계론도 이미 무한으로 나아가고 있다고, 왜냐하면 용수철이 그 자체로 무한한 합성을 갖기 때문에, 즉 주름은 언제나 또 다른 주름들을 가리키기 때문이라고 반론을 제기할 것이다. 그러나 어떤 수준에서 다른 수준로 넘어가기 위해서는 매번 외부의 원인 제공, 즉 둘러싸고 있는 것들의 직접적인 작용이 필요하며, 만일 이것이 없다면 우리의 기계장치가 그러하듯이, 어느 수준에서 멈추어버릴 수밖에 없을 것이다. 살아 있는 유기체는 그 반대로 미리 형성된[前成] 덕택에 내적 규정성을 갖고 있으며, 이것으로 인해 주름에서 주름으로 이행할 수 있거나 기계들로 무한하게 기계들을 구성할 수 있게 된다. 유기체와 비유기체 사이에 벡터의 차이가 있다고 말할 수도 있을 것이다. 즉 비유기체는 통계적인 기계장치가 작동하는 점점 더 큰 덩어리를 향해 나아가며, 유기체는 개체화하는 기계류(類), 내적 개체화가 작동하는 점점 더 작고 분극(分極)된 덩어리를 향해 나아간다고 말이다. 한참 뒤늦게서야 발전될 여러 양상들에 대한 라이프니츠의 예감?[21] 확실히, 라이프니츠에 따르면 내적 개체화는 영혼의 수준에서밖에 설명되지 않을 것이다: 유기체적 내면성은 오직 파생된 것이며, 또한 결집성과 응집성의 외피만을 지닌다(내속성inhérence이나 '내유성inhésion'이 아니라). 이것은 공간의 내

에게 보내는 편지, p. 374: "조형력이 기계 안에 있습니다."
  *machine와 mécanique의 구분: 전 저작에 걸쳐 들뢰즈는 이 두 개념을 구분해서 사용한다. 이 책에서 mécanique가 인간이 만든 유한한 기계장치를 가리킨다면, machine는 유기체를 구성하면서 작동하는 무한히 많고 작은 자동기계를 지시한다. 또한 어떤 물체의 운동을 외부적인 영향의 관점에서 볼 때는 mécanique한 것으로, 반면 내부적이고 원초적인 힘의 관점에서 볼 때는 machinique한 것으로 말한다. 대체로 원어를 병기함과 동시에, machine는 일관되게 '기계'로, mécanique는 '기계론' '기계장치' 등으로 번역한다.
21 라이프니츠가 기술적으로 개념화한 것, 이것이 데카르트의 것과 대조되는 점, 그리고 이것의 현대성에 관해서는 Michel Serres, *Le système de Leibniz*, PUF, II, pp. 491~510, 621 참조.

면이지, 아직 관념의 내면은 아니다. 이것은, **다른 곳에 진정한 내면**들이 있지 않다면 혼자서는 생산되지 않는, 외면의 내면화, 밖이 안으로 들어오는 함입이다. 개체화의 원리가 물질 위에서 작동할 수 있도록 해주는 내면을 이렇게 물질에 부여하는 것이 바로 이 유기체적 물체라는 점에는 변함이 없다: 여기에서 잎맥과 주름으로 인해 두 개가 똑같을 수 없는 나뭇잎들을 원용한다.

접힘-펼침은 이제 단순히 팽팽하게 당겨짐-느슨하게 늘쳐짐, 수축됨-팽창함이 아니라, 또한 포괄됨-전개됨, 말아넣어짐involuer-풀려나옴évoluer을 의미한다. 유기체는 자신의 고유한 부분들을 무한하게 접는 능력과 무한하게가 아니라 그 종(種)에 부여된 전개의 정도까지만 펼치는 능력에 의해 정의된다. 그렇기 때문에 유기체는 그 씨〔정자〕 안에 감싸여 있고(기관들이 미리 형성됨), 그 씨들은 마치 러시아 인형처럼 무한히 하나가 다른 하나에 감싸여 있다(배〔胚〕가 끼워져 있음): 바로 최초의 파리는 이후 등장할 모든 파리들을 포함하며, 이 모든 파리들은 때가 되면 자신의 차례에 자신의 고유한 부분들을 펼치도록 호출된다. 그리고 하나의 유기체가 죽었을 때 이 유기체는 없어진 것이 아니라 말아넣어지고 다시 잠들어 있는 배 안으로 단계를 건너뛰면서 갑자기 되접히게 된다. 펼침은 증가함, 자라남이고, 또한 접힘은 감소함, 줄어듦, "세계의 외진 곳으로 되돌아옴"[22]이라고 말하는 것이 가장 간단하다. 그럼에도 불구하고, 단순한 크기 변화는 유기체와 비유기체, 기계와 용수철 사이의 차이를 설명할 수 없다. 그리고 무엇보다 다소 크거나 작은 부분들에서 부분들로 나아갈 뿐만 아니라, 주름에서 주름으로 나아간다는 점을 잊게 만들 것이다. 기계의 한 부분 역시 하나의 기계라고 하더라도, 이 부분은 전체보다 크기만 작은 같은 기계가 아니다. 라이프니츠가 아를르캥[23]의 포개어진 옷을 원용했을 때, 안쪽의 옷은 바깥쪽의 옷과 같지 않다. 바로 이러한 이유에

---

22 아르노Arnauld에게 보내는 편지, 1687년 4월(GPh, II, p. 99).
23 Arlequin: 울긋불긋한 옷을 입고 목검을 찬 익살광대(옮긴이).

서, 차원의 변화라기보다는 변태métamorphose 즉 '도식의 변화métaschématisme'가 있다: 모든 동물은 이중적인데, 애벌레 안에 접혀 있다가 스스로 펼치는 나비와 같이 이질적hétérogène이고, 완전 변태하는 이형적인hétéromorphe 성격으로 그렇다. 이러한 이중성은 동시적이기조차 할 것인데, 배젖[난자]은 단순히 감싸는 외피가 아니라, 다른 부분이 수컷의 요소에 들어 있는 나머지 부분을 제공한다.[24] 사실, 차원의 차이를 제외했을 때 스스로를 반복하는 것은 비유기체인데, 왜냐하면 외부의 환경이 그 몸체에 항상 침투하기 때문이다. 유기체는 반대로 유기체의 다른 종들을 필연적으로 포함하는 내부 환경을 포괄하며, 이 다른 종의 유기체들은 다시 또 다른 유기체들을 포함하는 내부 환경을 포괄한다: "생명체의 구성원들은 다른 생명체들, 식물들, 동물들로 가득 차 있으며……"[25] 그러므로 단순하고 직접적인 것은 비유기체적 주름이며, 반면 항상 복합적이고 뒤섞여 있고 간접적인(내부 환경에 의해 매개되는) 것은 유기체적 주름이다.[26]

물질은 두 번 접혀 있다. 한 번은 탄성력에 의해, 또 한 번은 조형력에 의해서, 그리고 전자에서 후자로 이행할 수 없는 방식으로 접혀 있다. 그렇기 때문에 세계는 하나의 거대한 생명체가 아니며, 그 자신 〈동물〉이 아니다: 라이프니츠는 보편적인 〈정신〉이라는 가설을 거부하는 만큼이나 그러한 가설을 거부한다. 유기체는 환원될 수 없는 개체성을 지니며, 유기체적 선들은 환원될 수 없는 복수성을 지닌다. 두 종류의 힘, 두 종류의 주름, 덩어리와 유기체가 엄밀히 공외연적이라는 사실에는 변함이 없다. 비유기체적 물질의 부분들보다 더 적은 수의 생명체가 있는 것은 아니다.[27] 확실히 외부 환경은 생명체가 아니라, 하나의 호수나 연못, 말하자면

---

24 *Nouveaux essais*, III, chap. 6, § 23. 그러므로 보네Bonnet(*Palingénésie philosophique*)가 자신의 스승인 라이프니츠에게 크기의 변화에서 멈추어버렸다고 비난한 것은 부당하다.

25 *Monadologie*, § 67-70.

26 Serres, I, p. 371 참조.

27 아르노에게 보내는 편지, 1687년 9월(p. 118).

물고기의 서식지이다. 호수나 연못의 제시는 여기에서 새로운 의미를 얻게 되는데, 왜냐하면 대리석 타일과 마찬가지로 연못은 더이상 자기를 가로지르는 탄력적인 물결들을 비유기체적 주름으로서 지시하지 않고, 자신 안에 서식하는 물고기들을 유기체적 주름으로서 지시하기 때문이다. 그리고 생명체 그 자체 안에서도, 이것이 포함하는 내부 환경 또한 또 다른 서식지인데, 여기에도 또 다른 물고기들이 가득하다: '우글거림.' 환경의 비유기체적 주름들은 유기체적 주름들 사이를 통과한다. 바로크에서처럼 라이프니츠에게도 이유의 원리는 진정한 외침이다: 모든 것이 물고기는 아니다, 그러나 도처에 물고기가 있다…… 생명체의 보편성이 아니라 편재성이 있다.

누군가는 현미경이 확증해주듯 전성설과 끼워져 있음의 이론은 오래 전에 기각되었다고 말할지도 모르겠다. 전개됨, 풀려나옴은 의미가 역전되는데, 이것은 오늘날에는 후성설(後成說)을 지시하기 때문이다. 즉 미리 형성되어 있거나 끼워넣어져 있는 것이 아니라, 유사하지 않은 다른 것으로부터 형성된 유기체와 기관들이 출현한다는 것을 지시한다: 기관은 앞서 존재한 기관을 참조하는 것이 아니라, 훨씬 더 일반적이고 훨씬 덜 분화된 밑그림을 참조한다.[28] 전개는 성장이나 증가에 의해 작은 것에서 큰 것으로 나아가는 것이 아니라, 앞서 분화되지 않았던 장(場)의 분화에 의해 일반적인 것에서 특수한 것으로 나아간다. 이것이 외부 환경의 작용에 의해서이건, 아니면 구성하거나 미리 형성하는 것이 아니라 방향을 정하고 지시하는 내적 힘의 영향에 의해서건 간에 말이다. 그럼에도 불구하고, 전성설이 단순한 크기 변화에서 벗어나는 한에서, 후성설이 일종의 잠재적 또는 잠세적 전성설을 보존하게 되는 만큼, 전성설은 후성설에 가까워진다. 즉, 본질은 다른 곳에 있다. 본

---

28 후성설의 이름으로 달크Dalcq가 이렇게 말하는 것이 가능하다: "꼬리의 돌기는 작용과 반작용의 체계에서 출발하여 만들어진다…… 여기에서 어떤 것도 선험적으로 꼬리와 같지 않다"(*L'oeuf et son dynamisme organisateur*, Ed. Albin Michel, p. 194).

질적인 것은, 이 두 개념이 공통적으로 유기체를 원초적인 주름 pli, 접힌 것pliure, 접기pliage로 간주한다는 것이다(그리고 오늘날 구형 단백질이 근본적으로 주름 잡혀 있다는 사실이 보여주듯, 생물학은 생명체를 그렇게 규정하는 것을 결코 거부하지 않는다). 전성설이란 그러한 진리를 17세기에 최초의 현미경과의 관계하에서 발견했던 형식이다. 그 이후로 후성설과 전성설에 관련하여 같은 문제들이 발견된다는 점은 놀라운 일이 아니다: 모든 접기의 방식은 하나의 같은 〈동물〉 자체의 변양들modifications 또는 전개 정도들인가, 혹은 라이프니츠가 전성설의 관점에서 믿었던 것처럼, 하지만 또한 퀴비에와 바에르가 후성설의 관점에서 믿었던 것처럼, 환원될 수 없는 접기의 많은 유형들이 있는 것인가?²⁹ 확실히, 커다란 대조가 이 두 관점 사이에서 지속된다: 후성설에서 유기체적 주름은 상대적으로 안정되고 고른 표면에서 출발하여 스스로 생산하고, 스스로 홈파고, 혹은 스스로 돋아난다(어떻게 분할, 함입, 관 모양의 구멍이 미리 형성될 수 있겠는가?). 그 반면 전성설의 경우, 최소한 같은 유형의 유기화의 내부에서는, 유기체적 주름은 언제

---

29 후성설의 신봉자인 조프루아 생-틸레르Geoffroy Saint-Hilaire는 유기체적 접기와 관련한 위대한 사상가들 중 하나이다. 그는 서로 다른 주름들은 같은 〈동물〉의 변형들이어서, 또다시 접기를 통해서 어떤 주름들에서 다른 주름들로 이행할 수 있다고 간주한다(조성의 평면plan의 단일성). 만일 어떤 척추동물에서 "등뼈의 두 부분을 서로 갖다붙이는 방식으로 접으면, 머리는 발로, 골반은 목덜미로 향하게 되고, 내장은 두족류(頭足類)에 있는 것같이 위치하게 된다." 이는 같은 후성설의 이름으로도 바에르의 반대를 불러일으키고, 그에 앞서 전개[발전]의 축 또는 조직화의 평면의 다양성을 제시한 퀴비에를 화나게 한 것이다(Geoffroy, *Principes de philosophie zoologique*). 그럼에도 불구하고, 조프루아는 그의 일원론에 반하여 다른 관점에서 라이프니츠적이라고 말할 수 있을 것이다: 그는 신체의 본성을 바꾸는 것이 아니라 새로운 형식들과 새로운 관계들로 신체에 덧붙여진 부분을 바꾸는 물질적 힘을 통해 유기체를 설명한다. 그것은 전기적인 충동적 힘, 또는 케플러식의 끌어당기는 힘이며, 탄력적인 유체를 '굽이치게reployer' 할 수 있는 힘이다. 그리고 '세부의 세계' 또는 무한히 작은 것의 세계 안에서 매우 짧은 거리에서 작동하는데, 등질적 부분들의 총합을 통해서가 아니라 상동(相同)적 부분들의 접합을 통해서 그것은 작동한다(*Notions synthétiques et historiques de philosophie naturelle*).
* 괴물과 화석, 접기와 사진, 위상학과 유클리드 공간, 유머와 증오, 유목민과 정주민 각각의 편에 서서 이루어진 이 논쟁에 대해서, 『천 개의 고원』, 한국어판, pp. 95~100, *Différence et Répétition*, p. 278 참조.

나 다른 주름에서부터 나온다: 모든 주름은 주름에서 나온다plica ex plica. 여기에서 하이데거의 용어를 빌려 말한다면 다음과 같이 말할 수 있을 것이다. 후성설의 주름은 **한 겹의 주름**Einfalt, 즉 분화되지 않은 것이 분화되는 것인 반면, 전성설의 주름은 **두 겹의 주름**Zwiefalt이다. 이때 이것은 "두 부분 사이의 주름un pli en deux"이 아니라 — 왜냐하면 모든 주름은 필연적으로 이렇기 때문에 — 자신을 분화하는 차이la différence qui se différencie라는 의미에서 "두 주름의 주름pli-de-deux" "두 주름 사이의 entre-deux 주름"이다. 우리는 전성설에 미래가 없다는 관점에 확신을 갖지 않는다.

그러므로 덩어리와 유기체, 퇴적물과 생명체가 아래층을 가득 채운다. 감각적이고 동물적인 영혼들이 유기체적 신체들과 분리 불가능한 것으로 이미 거기에 있는데, 그렇다면 다른 층은 왜 필요한가? 게다가 각각의 영혼은 마치 물방울 안의 한 '점'인 것처럼, 자신의 신체 안에 자리잡을 수 있는 것으로도 보인다. 이 점은 물방울이 나누어지거나 부피가 줄어들 때에도 물방울의 부분 안에서 존속한다: 그러므로 죽음의 상태에도 영혼은 자신이 있었던 바로 그곳에, 신체의 부분이 아무리 줄어든다 하더라도 그 부분 안에 머물러 있다.[30] 라이프니츠가 말한 것처럼, 시선의 점은 물체 안에 있다.[31] 물론 모든 것은 물체 안에서 물질적인 조형력에 따라 기계적으로 만들어지는데, 이 힘은 모든 것을 설명하지만, 이 힘에 의해 조직되는 덩어리들이 유기체로서 귀착되는 다양한 **통일성**[32]의 정도

---

30 데 보스Des Bosses에게 보내는 편지, 1706년 3월(Christiane Frémont, *L'être et la relation*, Ed. Vrin에 수록). 그리고 아르노에게 보내는 편지, 1687년 4월(p. 100): 한 마리 곤충이 천 조각으로 나누어지면, 그 영혼은 "여전히 살아 있는 어떤 부분 안에 남아 있는데, 언제나 이 부분은 곤충을 찢는 자의 행동을 피하기 위해서 곤충이 웅크릴 때만큼 작다……"

31 마샹 부인에게 보내는 편지, 1704년 6월(p. 357).

　*point de vue: 라이프니츠의 전문 용어일 경우에 '시선(의) 점'으로 옮기기로 한다. 그리고 이것과 구분해 perspective는 '관점'으로 옮기기로 한다.

32 unité: 문맥에 따라 '통일성' '단일성' '단위'로 옮기기로 한다(옮긴이).

들(식물, 벌레, 척추동물)을 설명하지 못한다. 물질의 조형력이 덩어리들 위에 작용하는데, 반면 이 힘들 자체가 상정하는 실재적인 통일성에 이 덩어리들을 종속시킨다. 이 힘들은 유기체적 종합을 이루지만, 영혼을 **종합의 통일성**으로서, 또는 "생명의 비물질적인 원리"로서 상정한다. 오직 여기서만, 모든 인과적 작용과 관계없이, 순수한 단일성 혹은 통일의 관점에서 영혼론animisme이 유기체론과 결합한다.[33] 유기체가 자신과 상호 분리 불가능한 통일성-영혼 없이 무한하게 스스로를 접을 수 있으며 재 안에 존속할 수 있는 인과적 능력을 가질 수 없으리라는 점에는 변함이 없다. 이것이 말브랑슈와의 큰 차이점이다: 신체가 미리 형성되어 있을 뿐만 아니라, 씨 안에 영혼이 미리 실존한다.[34] 곳곳에 생명체가 있을 뿐만 아니라, 물질 안 곳곳에 영혼들이 있다. 그러면 어떤 유기체가 자신의 고유한 부분들을 펼치도록 호출될 때, 자신의 동물적인 또는 감각적인 영혼은 무대 전체를 향해 열리고, 이 무대 안에서 영혼은 자신의 유기체와 관계없이, 그렇지만 자신의 유기체와 분리 불가능하게 자신의 통일성에 따라서 지각하고 느낀다.

그러나 여기에서 이것이야말로 정말로 문제인데, 신체를 포괄하는 아담의 씨 이래로 인간의 신체가 되도록 정해진 신체에는 무슨 일이 일어나는 것일까? 법률적인 용어로, 그것은 자신의 운명을 특징짓는 "일종의 봉인된 증서[35]"를 유전자 안에 담아 옮긴다고 말할 수 있을 것이다. 그리고 이 신체들이 자신의 부분들을 펼치고, 인간에 고유한 유기체적 발전의 정도에 도달하거나, 또는 뇌의 주름들을 형성할 시간이 다가오면, 이 신체들의 동물적인 영혼은 상

---

33 *Principes de la Nature et de la Grâce*, § 4: 영혼들 안에 있는 '무한한 정도들.' 그리고 *Système nouveau de la Nature*, § 11.

  * animisme: 이 책에서는 일차적으로 물질의 층위와 구분되는 영혼들 자체의 운동과 체계를 지시하므로, '물활론' 대신 '영혼론'이라는 번역어가 더 적합해 보인다.

34 *Monadologie*, § 74.

35 acte에는 '현실태'라는 뜻 이외에 '증서'라는 뜻도 있다. 저자는 생명체 안에 현실태가 함축되어 있는 것을, 증서가 봉인되어 있는 이미지를 빌려 표현하고 있다. 한편 구체적인 행위를 의미하기도 하는데, 이후 문맥에 따라 '행위'라고 옮겼다(옮긴이).

주름, 라이프니츠와 바로크

위의 통일성의 등급(정신)을 획득하면서 동시에 이성적인 것이 된다: "[유기체로] 조직된 물체는 동시에 인간 신체의 기질도 수용할 것이며, 그 영혼은 이성적 영혼의 정도까지 상승하는데, 여기에서 나는 이것이 신의 평범한 또는 비범한 작용에 의한 것인지 아닌지 결정할 수 없다."[36] 그런데 하여튼 이러한 생성은 하나의 상승, 고양(高揚)이다: 무대, 세계, 고원(高原) 또는 층의 변화. 물질의 무대는 정신의 무대로, 혹은 신의 무대로 대체된다. 바로크 안에서 영혼은 신체와 복잡한 관계를 지닌다: 언제나 신체와 불가분한 것으로서 영혼은 신체 안에서 자신을 어지럽히고 물질의 겹주름 안에 자신을 옭아매는 동물성을 발견하는데, 하지만 또한 자신으로 하여금 상승할 수 있게 하고, 모든 다른 주름들 위로 올라가게 할 유기체적 또는 뇌의 인간성(전개의 정도)을 발견한다. 실험용 잠수 인형처럼 이성적인 영혼이 죽음의 상태로 다시 떨어지고 최후의 심판에 다시 올라간다 할지라도 그러하다. 라이프니츠가 말한 것처럼, 아래로 처박힘과 유기체적 덩어리들 곳곳을 관통하는 상승 혹은 올라감 사이에 긴장이 있다. 우리는 생로랑 대성당 basilique Saint-Laurent의 무덤 형태에서 생-티냐스 Saint-Ignace의 천장 형태까지 나아간다. 누군가는 물리적인 중력과 종교적인 상승은 전적으로 서로 다른 것이고 같은 세계에 속하지 않는다고 반박할 것이다. 그럼에도 불구하고, 그것들은 단 하나의 같은 세계, 같은 한 집의 두 층의 구분 안에서 그런 이름으로 나누어지는 두 벡터이다. 영혼과 신체는 분리 불가능한 것이긴 하지만, 그래도 역시 이것들은 실재적으로 구별되는 것들이기 때문이다(우리는 이미 물질의 부분들과 관련하여 이것을 보았다). 그러므로 영혼을 신체의 어떤 부분 안에 위치짓는 것은, 그 부분이 얼마나 작든지 간에, 바로크적 관점에 따라 데자르그의 기하학에 맞추어 차라리 위층을 아래층에 **투사**(投射)하는 것, 영혼을 신체의 한 '점' 안에 투사하는 것이다.

---

36 *La cause de Dieu plaidée par sa justice*, §§ 81-85. 그리고 *Théodicée*, § 91, 397.

간단히 말해 상위층의 첫번째 이유는 다음과 같다: 하위층에 영혼들이 있는데, 이들 중 어떤 것들은 이성적인 것이 되도록, 따라서 층을 옮기도록 호출받는다.

그런데 여기에서 멈출 수가 없다. 라이프니츠의 원리를 역(逆)으로 적용하는 것은 이성적인 영혼뿐만 아니라, 동물적인 또는 감각적인 영혼까지 해당된다: 만일 실재적으로 구별되는 두 사물이 서로 분리 불가능한 것이라면, 역으로 분리 불가능한 두 사물은 실재적으로 구별되고 두 층에 속하며 그리고 하나를 다른 하나에 위치짓는 것은 단지 한 점으로 투사하는 것일 수 있다("나는 영혼들이 점들 안에 있는 것으로 간주하는 것이 바람직하다고 생각하지 않는다. 아마도 이렇게 말할 수 있을 것이다…… 영혼들은 상응을 통해서 어떤 자리에 있다"). 그러므로 동물적인 영혼들은 통일성의 정도들로서 이미 다른 층에 있는데, 이때 아래층에서 모든 것은 동물 자체 안에서 기계적으로 만들어진다. 조형적인 또는 기계적인 machinique 힘들은, 이 힘들이 조직하는 물질과 관련하여 정의되는 '파생적인 힘들'에 속한다. 그러나 영혼들은 반대로 '원초적인 힘들,' 즉 오직 내부에서, 자신 안에서, 그리고 '정신과의 유비'를 통해서 정의되는 생명의 비물질적인 원리들이다. 동물적인 영혼들이 자신의 축소된 유기체와 함께 비유기체적 물질 안 곳곳에 있는 만큼 우리는 더욱 멈출 수 없다. 그러므로 이번에는 바로 비유기체적 물질이 다른 곳에, 보다 상승된 곳에 위치해 있고 비유기체적 물질 위에만 투사되어 있는 영혼들을 지시한다. 아마도 물체들은, 얼마나 작든지 간에, 오직 두번째 종의 파생적인 힘들, 즉 둘러싸고 있는 외부 물체들의 기계장치적인 mécanique 작용을 통해 곡선을 규정하는 압축력 또는 탄성력의 자극하에서만 곡선을 따라간다: 혼자서라면 물체는 접선을 따라갈 것이다. 그러나 여기에서 다시, 기계적 법칙들 즉 외부적 결정론(충격)은, 이것이 아무리 가변적이고 불규칙적이라고 하더라도, 구체적 운동의 **통일성**만큼은 설명하지 못한다. 운동의 통일성은 언제나 영혼의 문제이며, 베르그송이 다시 발견하게 될 것과 같이, 거의 의식의 문제이다. 물질의 집합이, 더 이상 외부로부터 결정될 수 없는 어떤 곡률을 가리키는 것과 마찬가지로, 어떤 물체가 외부의 작용하에서 따라가는 곡선은 내적이고 개체화하는 '상위의' 통일성, 다른 층을 가리킨다. 그리고 이것은 '곡률의 법칙,' 주름의 법칙 또는 방향의 변화들을 포함한다.[37] 이것은 파생적인 힘과 관련해서는 충격에 의해 언제나 외부로부터 결정되지만, 반면 원초적인 힘과 관련해서는 내부에서 통일되어 있는 같은 운동이다. 첫번째 관계에서 곡률은 우연적이고 직선의 일탈인 반면, 두번째 관계에서 곡률은 일차적이다. 그 결과, 용수철이 때로는 주위의 미세한 것의 작용에 의해 기계론적으로 설명되기도 하고, 때로는 물체에 내부적인 것으로, "이미 물체 안에 있는 운동 원인," 그리고 외부의 장애물이 제거되기만을 기다리는 운동 원인으로 이해되기도 한다.[38]

그러므로 다른 층의 필연성은 도처에서 형이상적으로 적절하게 확증된다. 다른 층, 즉 위의 내부를 구성하는 것은 영혼 자체이며, 여기에서는 더 이상 외부적인 영향으로 향해 있는 창은 없다. 바로 물리적인 것을 통해서 우리는 외래적인 물질의 겹주름으로부터 혼이 깃들인 자발적인 내부의 주름으로 이행한다. 이제 이것이 그 본성과 펼쳐짐 안에서 검토되어야 한다. 마치 물질의 겹주름이 그 자체로는 자신의 이유를 갖지 못하기라도 하는 듯 모든 것이 일어난다. 이것은 바로 〈주름〉이 언제나 두 주름 사이에 있기 때문에, 그리고 이 두-주름-사이 entre-deux-plis가 도처에서 지나가는 듯 보이기 때문인가[39]: 비유기체적 물체들과 유기체적 물체들 사이에서,

---

37 *Eclaircissement des difficultés que M. Bayle a trouvées dans le système nouveau······* (GPh, IV, pp. 544, 558). 게루는 어떻게 외적 결정론과 내적 자발성이 이미 물리적인 물체와 관련하여 완벽하게 조화되는지 보여주었다: pp. 203~07; 그리고 p. 163("탄력성은 이제 일차적 자발성의 표현, 원초적인 작용력의 표현으로서 간주된다").

38 *Système nouveau de la Nature*, § 18; *De la réforme de la philosophie première et de la notion de substance.*

39 책 전체에 걸쳐, "주름이 지나간다"라는 표현이 자주 등장한다. 이 말은, 그 지나가는 주름의 선을 따라 두 부분이 접히게 된다는 것을 의미한다. 아니, 보다 정확히 말하자면,

유기체들과 동물적인 영혼들 사이에서, 동물적인 영혼들과 이성적인 영혼들 사이에서, 영혼 일반과 신체 일반 사이에서?

접히는 행위에 의해 두 부분이 발생하고 그 부분들이 서로 차이나면서 관계하게 된다는 것을 의미한다. 이때 두 부분, 두 영역, 두 체제는 상이한 원리의 지배를 받지만, 동시에 보다 상위의 원리에 의해 서로 상응하는 관계를 갖는다. 이런 의미에서, 들뢰즈는 두 층은 서로 다르지만 그럼에도 같은 세계, 같은 집을 구성한다고 말하는 것이다. 더 나아가, 우리는 차이를 발생시키는 접힘과 펼침의 운동이 존재의 분화différenciation와 밀접한 관계를 갖는다는 점을 이해할 수 있게 된다(옮긴이).

제2장 영혼 안의 주름

변화하는 곡률, 또는 주름의 이상적인 발생적 요소는 바로 변곡 inflexion이다. 변곡은 진정한 원자, 탄력적인 점이다. 클레가 작용적이고 자발적인 선의 발생적 요소로서 추출해낸 것이 바로 이 것이며, 이는 그가 바로크 그리고 라이프니츠와 친밀하고 데카르트적인 칸딘스키와 대조됨을 보여준다. 칸딘스키에게는 각(角)도 점도 단단하며, 이것들은 외부적인 힘에 의한 운동 안에 놓여 있다. 그러나 클레에게 "비-모순의 비개념적인 개념"인 점은 변곡을 겪는다. 그것은 변곡점 자체이며, 여기에서 접선은 곡선을 가로지른다. 이것은 주름-점이다. 클레는 일련의 세 형태로부터 출발한다.[1] 첫번째는 변곡을 그린다. 두번째는, 혼합 없는 엄밀한 형태는 없으며, 라이프니츠가 말한 대로 "뒤섞인 곡률을 갖지 않는 직선"은 없으며, 또한 "다른 곡선과 뒤섞이지 않은 유한한 어떤 본성을 지닌 곡선, 가장 큰 부분에서와 마찬가지로 가장 작은 부분 안에서도 그러한 곡선"은 없다는 점을 보여준다. 그 결과, 우리는 "마치 원자들이 있을 때처럼 어떠한 사물에도 결코 어떤 정확한 표면을 부여할 수 없을 것이다."[2] 세번째는 볼록한 면에 그림자를 표시해서 오목한 부분과 그 곡률의 중심을 추출해내는데, 여기에서 이것들은 변곡점의 양쪽에서 면이 바뀐다.

베르나르 카슈는 변곡 또는 변곡점을 내재적인 독특점[3]으로 정

---

[1] Klee, *Théorie de l'art moderne*, Ed. Gonthier, p. 73.
[2] 아르노에게 보내는 편지, 1687년 9월(GPh, Ⅱ, p. 119).

작용적인 선은 뛰놀 듯이 자유롭게 움직인다. 특별한 목적이 없는, 산책을 위한 산책.
작용자: 운동 상태에 있는 점(그림 1)

그림 1

여러 형태의 부속물을 가진 같은 선(그림 2와 3)

그림 2

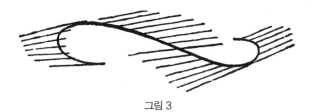

그림 3

클레의 형태들

주름, 라이프니츠와 바로크

의한다. '극점'(외래적인 독특점들, 최대와 최소)과 반대로, 이것은
좌표계를 참조하지 않는다: 이것은 높은 곳에도 낮은 곳에도 있지

3 singularité: 이 개념은 수학에서 '특이성(特異性)'으로 번역되는데, 들뢰즈도 수학을 주
의깊게 참조하면서 이 개념을 전개한다는 점에서는 같은 번역어를 선택할 만한 이유가
있다고 본다. 하지만 보다 철학적인 또는 철학사적인 문맥을 고려해 '독특성(獨特性)'으
로 번역하고자 한다. 이것은 평범한 점들과 비교해 '다르다'는 점에 앞서, 보편적인 원
리에 의해 '독자적으로' 주어진 것이라는 뜻이 강조되어야 하기 때문이다. 존재의 일의
성의 관점에서, 유적 일반성 généralité−종적 특수성 spécificité의 범주를 비판하고, 대신
보편성 universalité과 독특성 singularité의 관점에서 개체와 사건을 사유하는 것이야말로
들뢰즈 철학의 핵심적인 기획 중 하나이다(옮긴이).

않고, 오른쪽에도 왼쪽에도 있지 않고, 감소도 증가도 아니다. 이것은 라이프니츠가 '이중적⁴ 기호'라고 부른 것에 대응한다. 이것은 무중력 상태에 있다. 오목함의 벡터들도 중력 벡터와 아무런 관계가 없는데, 왜냐하면 이 벡터들이 규정하는 곡률의 중심들이 변곡점 주위에서 진동하기 때문이다. 그렇기 때문에 변곡은 선 혹은 점의 순수 〈사건〉, 〈잠재적인 것〉, 전형적인 이상성(理想性)이다. 이것은 좌표축을 따라 작동되겠지만, 지금으로서는 세계 안에 있지 않다: 이것은 〈세계〉 그 자체, 또는 차라리 세계의 시작, 클레가 말한 것처럼, '우주 생성의 자리' '차원 없는 점' '차원들의 사이'이다. 사건을 기다리는 사건? 가능한 변형들, 카슈의 관점에서 세 종류의 변형을 이미 거친 것은 바로 이러한 자격으로서이다.⁵

첫번째는 접해 있는 반사 평면에 대해 벡터적인 것, 즉 대칭에 의한 것이다. 이것은 광학 법칙에 따라 작동하며, 변곡을 방향 전환되는⁶ 점, 첨두에 있는 점으로 변형한다. 첨두 아치는 유체 흐름의 선들의 형태 배치에 합치하는 움직임의 형태를 표현하며, 방향 전환되는 점은 계곡의 물이 하나의 흐름의 통일성하에서 정돈될 때 그 바닥의 단면을 표현한다:

4 ambigu: 어원상 두 방향으로 ambi 향한다 ig는 의미를 갖는다(옮긴이).

5 Bernard Cache, *L'ameublement du territoire*(근간). 지리학, 건축학 그리고 무엇보다도 유동학(流動學)에서 영감을 받은 이 텍스트는 우리에게 주름에 관한 모든 이론과 관련해 필수적인 것으로 보인다.

* 이 책은 수고(手稿) 상태에서 영어 번역본이 먼저 출간된 다음, 전면적으로 개정된 프랑스어본이 정식으로 출판되었다. 서지사항은 각각 *Earth moves: the furnishing of territories*, tr. Anne Boyman, MIT Press, 1995; *Terre meuble*, HYX, 1997. 출간 예정인 우리말 번역본은, 『부드러운 땅』, 안소현 옮김, 이후(근간). 우리는 여러 곳에서 들뢰즈와 카슈의 교류를 확인할 수 있다. 카슈는 들뢰즈의 세미나에 참가하면서 받은 영감 속에서 이 책을 집필했으며, 이 책을 들뢰즈에게 바친다고 적었다. 또한 들뢰즈는 『철학이란 무엇인가』에서 프레임과 탈프레임 décadrage의 운동과 관련해 카슈를 원용한다(pp. 177~78; 한국어판, pp. 270~71). 현재 캐나다에서 학생을 가르치고 있는 카슈는 이 책에서 전개한 개념을 실제 디자인에 적용한 독창적인 디자이너이기도 하다.

6 rebroussement: 동물의 털을 반대 방향으로 쓸어가는 것, 또는 곡선의 방향이 전환되는 것을 말한다. 여기에서는 곡선이 위로 가다가 아래로 돌아서는 것을 가리킨다(옮긴이).

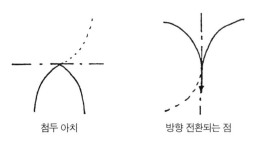

첨두 아치   방향 전환되는 점

고딕식의 운율에 따르는 반복: 첨두 아치와 방향 전환

(베르나르 카슈의 도식)

두번째 변형은 사영(射影)이다: 이것은 '숨은 매개변수들'과 변수들 또는 잠재적인 독특점들에 의해 정의되는 내부 공간을 외부 공간 위에 투사하는 것을 표현한다. 통Thom의 변형[변환]은 이러한 의미에서 생명체의 형태학morphologie을 지시하고, 기본 요소가 되는 일곱 가지 사건을 제공한다: 주름, 구김살, 제비꼬리, 나비, 쌍곡선 돌기, 타원형 돌기, 포물선 돌기.[7]

마지막으로, 변곡은 그 자체로 무한한 변화 또는 무한하게 변화하는 곡률과 뗄 수 없다. 바로크의 요구사항에 따라 각들을 둥글게 하고, 상사(相似) 변환의 법칙에 따라 이 각들을 증식시킴으로써 얻게 되는 것은 바로 코흐 곡선이다: 이것은 무수히 많은 각진 점을 통과하고, 이중 어떤 점에서도 접선을 허용하지 않는다. 이것은 끝도 없이 스폰지같이 구멍난 세계를 포괄하며, 선(線)보다는 더 하고 면(面)보다는 덜한 무엇인가를 구성한다(프랙탈 수, 즉 무리수, 차원 없는 수, 차원 사이의 수인 만델브로의 프랙탈 차원[8]). 게다

---

7 카타스트로피 이론과 유기체적 형태 발생의 위치와 관련하여, René Thom, *Morphologie et imaginaire*, Circé 8-9 참조(그리고 일곱 가지 독특성 또는 카타스트로피-사건들의 형태를 보기 위해서는, p. 130 참조).

가 상사 변환은, 마치 지리학적 해안의 길이의 경우에서와 같이, 축척의 변화에 따라 변동[9]을 발생시킨다. 내적 상사 변환보다는 차라리 요동(搖動)을 개입시켰을 때 모든 것이 변한다. 아무리 두 점이 서로 이웃해 있다 하더라도, 이 다른 두 점 사이에 또 하나의 각진 점을 결정하는 것은 가능하지 않더라도, 모든 간극을 새로운 습곡의 자리로 만듦으로써 언제나 굴곡을 덧붙이는 것은 가능하다. 바로 여기에서는, 점에서 점으로가 아니라 주름에서 주름으로 나아가며, 모든 윤곽의 곡선이 재료의 형상적 역량을 위하여 흐려진다. 이때 이 역량은 표면에 드러나며 굴곡과 보충적인 겹주름 같은 것으로 나타난다. 변곡의 변형은 더 이상 대칭도, 특별한 사영의 판도 허용하지 않는다. 이것은 소용돌이처럼 되어가며, 지체에 의해, 연기(延期)에 의해, 차라리 연장 또는 증식에 의해 만들어진다: 사실 선은 나선 모양으로 되접혀 하늘과 땅 사이에 떠 있는 운동 안에서 변곡을 연기하는데, 이 변곡은 곡률의 중심에서 무한정 멀어지거나 가까워지며, 그리고 어떤 순간 "높이 비상하거나 우리 위로 떨어질 위험을 지닌다."[10] 하지만 수직적인 나선이 변곡을 억제하거나 연기할 때에는 언제나 수평면으로는 변곡을 예고하고 불가피한 것으로 만든다: 소용돌이는 단독으로는 만들어지지 않으며, 소용돌이의 나선은 프랙탈의 구성 방식을 좇아가는데, 이 방식에 따라 새로운 소용돌이들이 항상 앞선 소용돌이들 사이로 끼어

35

제2장 — 영혼 안의 주름

---

8 Mandelbrot, *Les objets fractals*, Flammarion(스폰지처럼 작은 구멍들이 난 것에 관해서는, 만델브로가 pp. 4~9에서 인용한 페랭Jean Perrin의 텍스트 참조). 상이한 관점에서, 만델브로와 통은 라이프니츠로부터 강한 영감을 받았다.

9 variation: 고정되어 있지 않고 얼마간의 폭 안에서 변화하면서 움직이는 상태를 지시한다. 모든 영역에 폭넓게 적용되고 있는 이 개념을 일관되게 '변동(變動)'이라고 번역하기로 한다. 단 음악과 관련해서는 '변주(變奏)'라고도 옮겼다. 이 개념은 들뢰즈의 철학을 이해하는 데 중요한 키워드라 할 수 있는데, 들뢰즈의 제자 중 주목받는 한 사람인 장 클레-마르탱Jean Clet-Martin은 자신의 들뢰즈 연구서 제목으로 이 개념을 내세운다(옮긴이).

10 호캥앵Hocquenghem과 셰러Scherer는 페르모제르Permozer의 조상(彫像),「외젠 Eugène 왕자의 황금기」(1718~1721)를 따라 바로크의 나선을 이렇게 묘사한다: *L'âme atomique*, Ed. Albin Michel, pp. 196~97.

든다.[11] 소용돌이들이 바로 소용돌이들로부터 자라나며, 윤곽을 지우면서 오직 거품 또는 갈기 모양으로 끝맺음된다. 변곡 자체가 소용돌이가 되며, 동시에 그것의 변동은 요동으로 빠져들고, 요동이 된다.

바로크 수학의 정의는 라이프니츠와 더불어 등장한다: 바로크 수학은 대상을 가변적 크기를 가진 '새로운 변용affection'이라고 간주하는데, 이것은 변동 그 자체이다. 확실히 프랙탈 수 안에서, 또는 대수적인 정식 안에서도 그러한 것으로 고려되는 것이 가변성variabilité은 아닌데, 왜냐하면 각 항들은 특정한 값을 갖거나 가져야만 하기 때문이다. 그렇지만 무리수와 이것에 상응하는 급수 계산, 그리고 미분계수와 미적분학에서는 사정이 이와 다르다. 여기에서는 변동이 현행적으로 무한하게 된다. 무리수는, 하나는 최대값을 갖지 않고 다른 하나는 최소값을 갖지 않는 수렴하는 두 급수의 공통 극한이며, 미분계수는 사라지고 있는 두 양(量) 사이의 비율[관계][12]의 공통 극한이다. 그런데 이 두 경우에서 원인으로 작용하는 곡률의 요소의 등장이 주목받게 된다. 무리수는 유리수의 점들의 직선 위로 원호(圓弧)가 떨어지는 것을 함축하며, 이때 직선을 거짓 무한, 무한히 많은 누락을 포함하는 단순한 무규정으로 드러낸다. 바로 이러한 이유에서, 연속체는 미로이며, 직선에 의해 표상될 수 없다. 언제나 직선은 곡률들로 뒤섞여 있다. 두 점 A와 B 사이에, 아무리 두 점이 가깝다 하더라도, 다음과 같은 삼각형을 그리는 게 언제나 가능하다. 즉, A와 B 사이를 빗변으로 하

---

11 변곡으로부터 소용돌이까지, Mandelbrot, 8장, 그리고 연기(延期)의 현상들을 강조한 Cache 참조.

12 비율[관계]에 대해서는 4장, p. 90의 옮긴이 주 참조(옮긴이).

고, 꼭지점 C는 선분 AB를 가로지르는 원을 규정하는 그러한 직각
이등변삼각형 말이다. 이 원호는 변곡의 가지[枝], 미로의 요소와
도 같고, 이것은 곡선과 직선이 만나는 곳에서 무리수를 하나의 주
름-점으로 만든다. 미분계수에서도 사정은 마찬가지인데, 두 크기

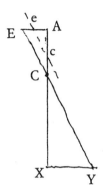

[c, e]가 사라지고[무한히 영에 가까워지고] 있을 때, 비율 $\frac{c}{e}$ 를 유
지하는 주름-점 A에서 이것을 볼 수 있다(게다가 이것은 반지름과
각 C의 탄젠트 사이의 비율이다).[13] 간단히 말해, 변동을 주름으로
만들고, 주름 또는 변동을 무한으로 실어나르는 변곡은 언제나 있
다. 주름, 이것은 〈거듭제곱[역량]〉[14]이다. 마치 근호[√]에서 추출

13 *Justification du calcul des infinitésimales par celui de l'algèbre ordinaire*, Gerhardt,
Mathématiques, IV, p. 104.
 * 라이프니츠 원문의 설명은 이렇다. 그림에서 삼각형 CAE와 CXY는 닮은 꼴이다. 직선
 EY를 평행하게 A를 향해 움직여보자(그림에서 점선). 이때 교점 C의 위치에 상관없이
 비율 $\frac{c}{e}$ 는 $\frac{xc}{xy}$ 와 같다. 즉 A에 무한히 가까워져 c와 e가 0에 무한히 가까워진다 하더라
 도, $\frac{c}{e}$ 는 일정한 비율을 유지한다. 여기에서 라이프니츠는 점 C를 중심으로, XC를 반지
 름으로 하는 단위원을 염두에 두고, $\frac{xc}{xy}$ 를 "반지름과 각 C의 탄젠트 사이의 비율"이라고
 도 말한다. 이것은 복잡한 표현 같지만, $\frac{xc}{xy}$ 을 각 C 하나의 값으로 나타낸 것이므로 사실
 상 가장 간단하게 표현한 것이다. 각 C의 값만 주어진다면, 우리는 이것을 중심으로 하
 는 단위원을 그려 문제의 비율을 찾아낼 수 있다. 그러므로 위 본문에서 생략된 핵심은
 다음과 같다. 아래쪽 삼각형은 위쪽 삼각형을 확대해놓은 것과 같다. 위쪽의 아주 미세
 한 부분들 사이는, 확대된 아래쪽 큰 삼각형에서 보듯이, 원호를 개입시켜 그 비율을 계
 산할 수 있게 된다.
14 puissance: 들뢰즈에게 중요한 이 개념은 철학사적으로도 오랜 시간 의미가 중첩되어왔
 다. 주요하게는 아리스토텔레스의 dynamis에 대한 번역어로서 '잠재태,' 스피노자와 라

되어 나오는 무리수에서 보듯이, 그리고 변량과 거듭제곱의 관계를 관통하는 미분계수에서 보듯이, 이것은 변동의 조건과도 같다. 역량 자체가 현실태acte이며, 주름의 행위acte이다.

수학이 변동을 대상으로 삼을 때, 이로부터 도출되는 것은 함수의 관념인데, 대상의 관념 또한 변하면서 함수적인 것이 된다. 특별히 중요한 수학 관련 텍스트에서, 라이프니츠는 하나 또는 여럿의 매개변수에 의존하는 일군(一群)의 곡선의 관념을 제시한다: "주어진 하나의 곡선에 속하는 하나의 점에서 접하는 하나의 직선을 찾는 대신에, 우리는 무한한 곡선들에 속하는 무한한 점들에서 접하는 곡선을 찾는 데 전념한다. 곡선은 〔접선에 의해〕 접해지는 것이 아니라, 〔곡선들에〕 접하는 것이다. 접선은 직선, 유일한 것, 접하는 것이 아니라, 곡선, 무한한 군, 접해진 것이 된다"(접선들의 역〔逆〕의 문제).[15] 그러므로 일련의 곡선들이 있는데, 이것들은 곡선들 각각과 전체에 대한 일정한 매개변수들을 함축할 뿐만 아니라, 접하는 곡선의 "단 하나의 유일한 가변성"으로 변수들을 환원하는 것을 함축한다: 주름. 대상은 더 이상 본질적인 형상을 통해 정의되지 않고, 순수한 함수성에 이르게 된다. 매개변수들을 통해

이프니츠의 potentia에 대한 번역어로서 '역량,' 니체의 Macht에 대한 번역어로서 '권력' 등의 의미로 사용되었다. 아리스토텔레스에서 스피노자와 라이프니츠로 오면서 중요한 의미의 변화가 생겼다. 아리스토텔레스에게 잠재태는 현실태acte에 대립하는 반면, 스피노자와 라이프니츠에게 역량은 언제나 현행적acte이다. 반면, 이 말은 수학에서는 '거듭제곱'이라는 의미를 갖는다. 여기에서 들뢰즈는 '역량'과 '거듭제곱,' 두 가지 의미를 함께 염두에 두면서 사용하고 있다(옮긴이).

15 Michel Serres, I, p. 197. 라이프니츠의 중요한 두 텍스트는, GM, V: *D'une ligne issue de lignes,* 그리고 *Nouvelle application du calcul différentiel*("급수의 곡선들을 서로 비교해볼 때, 또는 한 곡선에서 다른 곡선으로 넘어가는 것을 고려해볼 때, 어떤 계수들은 불변 혹은 지속적이고 —여기에서 계수는 급수의 곡선 하나뿐만 아니라 곡선 전체에 유지된다— 다른 계수들은 가변적이다. 그리고 확실히, 곡선들의 급수의 법칙이 주어지기 위해서, 유일한 가변성이 계수들에 지속되어야 한다. 그 결과, 만일 곡선 전체의 공통적인 본성을 설명하는 주요 방정식에서 여러 변수가 곡선 전체에 대해 나타나면, 가변적인 계수들의 의존성을 서로 표현하는 다른 보조 방정식이 주어져야 한다. 가변적인 계수들의 역할을 통해 하나의 변수를 제외하고는 모든 변수가 주요 방정식에 속하는 것으로 상승하게 된다……," trad. Peyroux, *Œuvre de Leibniz concernant le calcul infinitésimal,* Librairie Blanchard).

틀에 끼워진 일군의 곡선을 굴절시키는 것으로서 순수한 함수성에 다다르는데, 이것은 가능한 일련의 편차 혹은 대상 자체가 그리는 가변적 곡률의 표면과 분리 불가능하다. 이 새로운 대상을 **대상류**[16]라고 하자. 베르나르 카슈가 보여주었듯이, 이것은 기술(技術)적 대상을 매우 현대적으로 개념화한 것이다: 이것은, 표준이라는 이념이 본질의 외관을 아직 보존하고 항구성의 법칙을 강요했던 산업 시대의 시작("대중에 의해, 그리고 대중을 위해 생산된 대상")을 가리키는 것이 아니다. 이것은 규준의 요동이 법칙의 영속성을 대신할 때, 대상이 변동에 의해 연속체 안에 자리잡게 될 때, 수리적 주문을 위한 자동생산 또는 기계가 금형작업을 대신할 때의 우리의 현실적 상황을 가리킨다. 대상의 이러한 새로운 상태로 인해, 그것은 이제 공간적 주형(鑄型), 즉 질료-형상 관계와 연관되는 것이 아니라, 물질이 연속적인 변동의 상태에 놓이게 됨을 함축하는 그리고 그만큼 형상의 연속적인 전개를 함축하는 시간적 변조 (變造)와 연관된다. 변조에서, "주형에서 벗어나기 위한 정지란 결코 없다. 왜냐하면 에너지를 실현하는 매체가 회전하는 것은 영속적으로 주형에서 벗어나 있는 것이나 다름없기 때문이다. 변조기는 연속적인 시간적 주형이다…… 주조(鑄造)하는 것은 한정된 방식으로 변조하는 것이며, 변조하는 것은 영원히 변화하면서 연속적인 방식으로 주조하는 것이다."[17] 이것은 라이프니츠가 다음과 같이 말하면서 정의한 변조가 아닌가? 급수의 법칙은 곡선들을, 이 곡선들이 만나는 교차점들의 곡선이 연속적으로 접하며 연속적인 운동 상태에 있는 "같은 선의 흔적"으로서 정립한다. 이것은 단

---

16 objectile: 카슈가 창조한 개념으로, 이 책에는 등장하지 않지만 원래 subjectile과 상관적으로 제안되었다. "우리는 열린 표면으로 계산된 가변적인 대상들을 'subjectiles'이라고 부르고, 다시 닫히면서 부피를 형성하는 표면으로 계산된 가변적인 대상들을 'objectiles'이라고 부른다"(Cache, *Terre meuble*, p. 63). 여기에서 중요한 점은, objectiles이란 여러 매개변수에 의해 계산되어 가변성을 가지고 편차 내에서 운동한다는 점인데, 이런 의미에서 우리는 이 개념을 '대상류'(對象類 혹은 對象流)라고 번역할 수 있을 것이다(옮긴이).

17 Gilbert Simondon, *L'individu et sa genèse physico-biologique*, PUF, pp. 41~42.

지 시간적으로뿐만 아니라, 질적으로 대상을 개념화한 것인데, 대상들의 소리, 대상들의 색깔이 가변적이고 변조 안에서 붙잡히는 한에서 그러하다. 이것은 마니에리슴적 대상이며, 더 이상 본질주의적 대상이 아니다: 이것은 사건이 된다.

만일 대상〔객체〕의 상태가 근본적으로 변화한다면, 주체 또한 마찬가지이다. 우리는 변곡 또는 변화하는 곡률로부터 오목한 면의 곡률 벡터로 이행한다. 변곡의 한 가지에서 출발하여, 우리는 더 이상 변곡을 겪는 점이나 변곡점 그 자체가 아닌, 변동 상태에 있는 접선의 수직선들이 서로 만나는 점을 규정한다. 이것은 엄밀하게 하나의 점은 아니며, 하나의 장소, 위치, 자리, '선으로 된 초점,' 선에서 태어난 선이다.[18] 이것이 변동 또는 변곡을 대표하는 한, 우리는 이것을 **시선의 점**이라고 부른다. 이러한 것이 관점주의[19]의 토대이다. 이것은 미리 정의된 주체에 의존함을 의미하지 않는다: 반대로 주체는 시선의 점에 오는 것, 또는 차라리 시선의 점에 머물러 있는 것이다. 이러한 이유로, 대상의 변형은 주체의 상관적

인 변형을 가리킨다: 화이트헤드가 말한 것처럼, 주체 sujet는 아래에-던져진 것 sub-jet이 아니라, '위로 상승하는 자'[20]이다. 대상이 대상류가 되는 것과 동시에, 주체는 '위로 상승하는 자'가 된다. 변동과 시선의 점 사이에는 필연적인 관계가 있다: 단순히 시선점

---

18 곡률 벡터는 곡선의 접선에 대해 수직인 벡터, 즉 법선 벡터를 의미한다. 원의 경우에는, 곡률 벡터가 원의 중심에서 모두 교차하겠지만, 다양한 곡률로 이루어진 곡선의 경우에는, 제시된 그림에서처럼 한 점에서 일치하지 않고 **대략적으로만** 비슷한 자리에서 교차할 것이다(옮긴이).

19 perspectivisme: 관점주의 또는 원근법주의(옮긴이).

20 superjet: 참고로 『과정과 실재』 우리말 번역본은 '자기초월체'라고 번역하고 있다. 오영환 옮김, 『과정과 실재』(민음사), pp. 641~42 참조(옮긴이).

의 다양성에 의거해서뿐만 아니라(우리가 앞으로 보게 되듯이, 그러한 다양성이 있음에도 불구하고), 무엇보다 우선 모든 시선의 점은 어떤 변동 위에 있는 시선의 점이기 때문이다. 이것은, 적어도 일차적으로는, 주체와 함께 변하는 시선의 점이 아니다. 이것은 반대로 우발적인 주체가 변동(변태 métamorphose), 또는 어떤 것 =x(왜상)를 포착하게 되는 조건이다.[21] 관점주의는 라이프니츠에게, 그리고 또한 니체에게, 윌리엄과 헨리 제임스[22]에게, 화이트헤드에게 물론 하나의 상대주의이지만, 그러나 그것은 우리가 믿는 그런 상대주의가 아니다. 그것은 주체에 따른 진리의 변동이 아니라, 변동의 진리가 주체에 나타나는 조건이다. 그것은 바로크적 관점[원근법]의 이념 그 자체이다.

그럼에도 불구하고, 누군가는 시선의 점이 오목한 면과 더불어 건너뛴다고 반론을 제기할 것이다: 무한한 변동의 연속성과 시선점의 불연속성 사이에는 모순이 있지 않은가, 그리고 이것은 (칸트 뒤를 따랐던) 많은 저자들이 라이프니츠를 비난하며 연속성의 법칙과 식별불가능자의 원리 사이에 있다고 말한 바로 그 모순이 아닌가? 그러나, 우리가 처음부터 연속성continuité과 인접성 conguïté을 혼동하지 않도록 노력한다면, 그것은 사실이 아니다.[23] 독특성들, 독특점들은 비록 서로 인접하지는 않지만, 전적으로 연속체에 속한다. 변곡점들은 연장 안에서 첫번째 종류의 독특성들

21 왜상에 관해서, *Théodicée*, § 147; *Nouveaux essais*, II, chap. 29, § 8 참조.
22 둘은 형제로, 형 윌리엄은 철학자이며 동생 헨리는 소설가이다. 대표작으로는 각각 『근본적인 경험론에 관한 에세이*Essays in radical empiricism*』와 『어느 부인의 초상*The portrait of a lady*』이 있다(옮긴이).
23 러셀에 이어, 게루는 연속성과 식별불가능자 사이의 부당한 모순을 매우 강조했다 (*Descartes selon l'ordre des raisons*, Aubier, I, p. 284 참조). 이것은 다음과 같은 점을 생각해본다면 더더욱 이상하다. 왜냐하면 거리가 길이와 척도로 환원 불가능하고 분할 불가능한 관계라는 관념을 라이프니츠가 개괄적으로 보여주었다는 러셀의 테제를 게루가 다른 곳에서 받아들이고 있기 때문이다: 공간은 거리의 관계들로 만들어지며, 그 반면 연장은 측정 가능한 크기들로 이루어져 있다. 그런데 이러한 테제는 시선점과 연속의 완전한 합치를 보증한다(Gueroult, "Espace, point et vide chez Leibniz," *Revue philosophique*, 1946, 그리고 앞서 Russell, *La philosophie de Leibniz*, Gordon et Breach, pp. 124~26 참조).

을 구성하고, 곡선의 길이 측정에 포함되는 주름들(점점 더 작아지는 주름들……)을 규정한다. 시선점들은 공간 안의 두번째 종류의 독특성들이고, 거리의 나누어질 수 없는 관계들에 따르는 포괄자들을 구성한다. 하지만 첫번째가 그렇듯, 두번째 역시 연속과 모순되지 않는다: 길이가 점점 더 큰 변곡 안에 변곡들이 있는 만큼이나, 매번 그 사이의 거리가 나누어지지 않는 시선의 점들이 있다. 연속체는 시선점에 상응하는 무한히 많은 곡선들의 길이로부터 만들어지는 것처럼, 시선의 점들 사이의 거리들로도 만들어진다. 관점주의는 물론 하나의 다원주의이다. 그러나 그러한 자격에서, 거리는 함축하지만, 불연속은 함축하지 않는다(확실히 두 시선점 사이는 비어 있지 않다). 라이프니츠는 연장extensio을 자리 또는 위치, 다시 말해 시선점의 "연속적 반복"으로 정의할 수 있다: 그러므로 연장은 시선점의 속성이 아니라, 시선점들 사이의 거리들의 질서로서의 공간spatium의 속성이며, 이것이 그 반복을 가능케 한다.[24]

변동 위에 놓인 시선의 점은 어떤 형태 또는 형태 배치의 중심을 대신한다. 가장 유명한 예는 원뿔곡선의 예인데, 여기에서 원뿔의 꼭지점은 원, 타원, 포물선, 쌍곡선, 그리고 심지어 직선과 점에까지 연관되는 점이며, 이것들은 단면의 경사도에 따라 나타나는 다양한 것이다('원근화법'). 모든 형태는 하나의 "축소도(縮小圖)"[25]가 접혀 있는 그렇게 많은 방식과 같은 것이 된다. 그리고 정확하게 말해 이 축소도는 원이 아니다. 원은 그 특권을 단지 '관점'의 오래된 개념화에 빚지고 있을 뿐이다. 축소도는 바로 대상류이다. 대상류는 이제 일군의 곡선을 여러 모양으로 변형시키고, 원이 속해 있는 이차 곡선을 만들어내며 움직인다. 대상류, 또는 축소도는

24 *Entretien de Philarète et d'Ariste*……(GPh, VI, p. 585): "그러므로 연장은 〈공간〉의 속성일 때, 위치 또는 장소성의 산란 또는 연속이다. 마치 신체의 연장이 대형(對形) 또는 물질성의 산란인 것처럼."

25 géométral: 어떤 대상을 일정한 비율로 줄여 그려놓은 그림을 총칭해서 일컫는다. 어떤 관점에서 포착되느냐에 따라 대상은 다르게 그려질 것이다. 일상적인 어법을 보면, plan géométral은 '평면도,' coupe géométrale은 '단면도'를 의미한다(옮긴이).

주름의 펼침과도 같다. 그러나 펼침은 접힘과 반대가 아니며, 마찬가지로 불변하는 것도 변동의 반대가 아니다: 이것은 변형의 불변 상태이다. 이것을 "이중적 기호"라고 지칭할 수도 있을 것이다.[26] 사실 이것은 변동 안에 포괄되어 있다. 마치 변동이 시선의 점 안에 포괄되어 있는 것처럼. 그리고 이것은 변동 밖에서는 존재하지 않는다. 마치 변동이 시선의 점 밖에서는 존재하지 않는 것처럼. 그리고 이것이 바로, 뿔에 관한 새로운 이론을 기초로, 데자르그가 변동에 의해 포괄된 관계 또는 법칙을 "안으로-말림"[27]이라고 명명한 이유이다(예를 들어, 한 삼각형을 어떤 축 둘레로 회전시켰을 때, 축 위에 세 꼭지점을 투사하고, 세 변을 연장해서 정의되는 점들의 배치).[28]

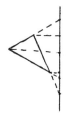

그 누구도 미셸 세르보다 이 새로운 원뿔곡선 이론이 갖는 결론들과 전제들을 더 잘 이끌어내지는 못했다: 무한의 세계, 또는 모든 중심을 상실한 가변적 곡률의 세계 안에서, 사라지는 중심을 시선의 점이 대체한다는 것의 중요성; 지각의 새로운 광학적 모델,

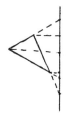

---

26 원뿔 단면의 여러 가지 경우들을 포함하는, 이중적 기호를 갖는 방정식에 관해서는, *De la méthode de l'universalité*, C, p. 97 이하 참조.

27 involution: 나선형 모양으로 안쪽으로 말려 들어간다는 의미를 지닌다. 여러 분야에서 사용되는 개념인데, 식물학에서는 '내선(內旋),' 수학에서는 '대합(對合),' 생리학에서는 '퇴축(退縮)'으로 번역한다(옮긴이).

28 René Taton, *L'oeuvre mathématique de Desargues*, Ed. Vrin, p. 110 참조. 토로Yvonne Toros는 데자르그의 '안으로 말림'이라는 개념을 라이프니츠뿐만 아니라 스피노자와 관련해서도 언급한다. 여기에서 그녀는 원뿔곡선 이론에 대한 자신의 모든 관심을 내보인다: 여기에는 스피노자와 '평행론'을 밝히는 아주 새로운 빛이 있다(*L'optique de Spinoza*, 근간).

그리고 '시각의 건축'을 위하여 촉각적인 개념들, 접촉과 형태들을 거부하는 지각 안에서 기하학의 새로운 광학적 모델; 변태를 통해서만, 또는 단면들의 굴절된 변화[29] 안에서만 존재하는 대상의 상태; (진리의 상대성이 아니라) 상대성의 진리로서의 관점주의. 시선의 점은 변동의 각 영역 안에서 사례들에 순서를 부여하는 역량, 진리가 현시되는 조건이기 때문이다. 이를테면 뿔의 꼭지점으로부터 번갈아 나타나는 원뿔의 계열(유한한 점, 무한한 곡선, 유한한 원, 무한한 포물선, 유한한 타원, 무한한 쌍곡선), 혹은 산술 삼각형의 꼭지점에서 시작하는 2의 거듭제곱의 계열, 그리고 만일 그것이 없다면 진리를 발견할 수 없는, 다시 말해 변동을 계열화하고 사례들을 결정할 수 없게 되는 바로 그 시선의 점을 모든 영역에 대해 부여할 필연성.[30] 이 모든 영역 안에서, 라이프니츠는 전범(典範) 또는 판단의 기술로서 시선의 점을 지시하는 사례들의 '도표'를 구성한다. 언제나 좋은 시선의 점, 또는 차라리 가장 좋은 시선의 점 —— 이것이 없다면 무질서와 혼돈 자체만 있을 것이다 —— 을 발견하는 것. 헨리 제임스를 원용한다면, 이것은 시선의 점이 사물들의 비밀, 초점, 암호표라는, 혹은 이중적 기호들을 통해 무규정적인 것을 규정하는 것이라는 라이프니츠의 이념을 좇는 것이다: 내가 당신에게 말하는 그것, 그리고 당신이 또한 생각하는 그것, 당신은 그것을 그에게 말해주는 것에 동의하지 않는가? 여기에서 그녀와 관련하여 어떻게 해야 할지 잘 알고 있다는 조건하에서, 그리고 그가 누구인지, 그녀가 누구인지에 관해 우리가 동의한다는 조건하에서. 마치 바로크적 왜상에서처럼, 오직 시선의 점만이 우리에게 대답과 사례들을 제공한다.

　우리는 지금까지 가변적 곡률에서 (오목한 면의) 곡률의 초점으로, 변동에서 시선의 점으로, 주름에서 포괄로, 간단히 말해 변곡

---

29 déclinaison: 일차적으로 단어의 어미 변화, 행성의 운행 편차 등을 의미한다. 철학사적으로는 에피쿠로스 학파가 말한 원자들의 임의적인 운동 변화를 함축한다(옮긴이).

30 Serres, I, pp. 156~63, II, pp. 665~67, 690~93.

에서 포함으로 이행했다. 이러한 이행은 감지되지 않는다. 마치 직각이 커다란 호에 의해서는 측정되지 않으면서도, 꼭지점에 가까우면서 아무리 작든 상관없이 작은 호에 의해서는 측정되는 것처럼 말이다: "두 선의 각 또는 경사도가 발견되는"것은 이미 꼭지점 안에서이다.[31] 그럼에도 불구하고 시각적인 것이 시선의 점 안에 있다고 말하기에는 주저함이 있다. 우리가 이러한 이행을 극한까지 허용하도록 하기 위해서는 좀더 자연스러운 하나의 직관이 필요하다. 그런데 이것은 매우 간단한 직관이다: 다른 사물 안에 포괄된 채 놓이게 될 것이 아니라면, 어떤 사물이 왜 주름지어 있겠는가? 포괄은 여기에서 자신의 궁극적인, 또는 차라리 최종적인 의미를 얻는 것 같다: 이것은 더 이상 알[卵]처럼 유기적 부분들의 '상호적인 포괄' 안에 있는 결집이나 응집의 포괄이 아니다. 하지만 밀착adhérence이나 접착adhésion의 수학적 포괄도 아니다. 무한히 많은 곡선들을 무한히 많은 점에서 접촉하고 있는 포락선(包絡線)[32]처럼, 여기에서 주름들을 포괄하고 있는 것은 또다시 주름이다. 이것은 일방적인 내속inhérence이나 '내유inhésion'의 포괄이다: 포함, 내속은 **주름의 목적**이며, 그래서 사람들은 감지하지 못한 채 주름에서 포함으로 이행한다. 이 둘 사이에서는 어떤 간극이 생산되는데, 이것은 포괄을 주름의 이유로 만든다: 주름 잡혀 있는 것, 이것은 포함된 것이고, 내속해 있는 것이다. 주름 잡혀 있는 것은 오직 잠재적일 뿐이라고, 그리고 포괄하는 어떤 것 안에서만 현실적으로 실존한다고 말할 수 있을 것이다.

그러므로 정확하게 말하자면 포함하는 것은 시선의 점이 아니다. 또는 최소한, 시선의 점이 그러한 일을 하는 것은 오직 동인(動因)이라는 자격으로서이지, 목적인 또는 실현된 현실태(앙텔레

---

31 소피Sophie 공주에게 보내는 편지, 1700년 6월(GPh, VII, p. 554). 「무한소 계산의 증명 *Justification du calcul……*」도 마찬가지로 어떻게 점 A가 $\frac{a}{b}$ 관계를 보존하고 유지하는지 보여주었다.

32 enveloppante: 일련의 곡선들의 윤곽선이 만들어내는 곡선을 말한다(옮긴이).

쉬[33])로서는 아니다. 포함, 내속은, 라이프니츠가 "창이 없다"라는 유명한 정식에서 말한, 그리고 시선의 점이 충족시키기에 충분치 못한, 울타리로 둘러쌈 또는 문을 닫음이라는 하나의 조건을 갖는다. 포함이 이루어지는 곳, 끊임없이 이루어지는 곳, 또는 실현된 현실 태의 의미에서 포함하는 것은 자리나 장소도 아니며, 시선점도 아니다. 그것은 시선의 점에 머무르는 것이며, 시선의 점을 차지하는 것이며, 그것이 없다면 시선의 점이 하나일 수 없는 그런 것이다. 그것은 필연적으로 영혼, 주체이다. **자신의 시선점으로부터 붙잡는 것, 다시 말해 변곡을 포함하는 것은 언제나 영혼이다. 변곡은 자신을 포괄하는 영혼 안에서만 현실적으로 실존하는 이상성 또는 잠재성이다.** 이렇게 해서 이것은 주름들을 갖는, 주름들로 가득 찬 영혼이다. 주름들이 영혼 안에 있으며, 그리고 영혼 안에서만 현실적으로 실존한다. 이것은 우선 '본유 관념들'에 대해 참이다: 이것들은 순수한 잠재성들, 순수한 역량들인데, 이것의 현실태는 영혼 안에 (접혀 있는) 습성이나 기질에 있고, 이것의 실현된 현실태는 영혼의 내부적 작용(내적 전개)에 있다.[34] 하지만 이것은 그에 못지 않게 세계에도 참이다: 온 세계는 자신을 표현하는 영혼의 주름들 안에서만 현실적으로 실존하는 잠재태일 뿐이다. 이때 영혼은 포

---

33 entéléchie: 이 단어는 그리스어 entelecheia로부터 왔으며, 아리스토텔레스에게서는 현 실태acte를 의미하며 기능의 수행과 완전함을 함축한다. 예를 들어, 눈의 제1현실태는 시각 능력이며, 제2현실태는 실제로 행해지는 시각 활동이다. 유사하게, 생명체의 현실 태는 영양 섭취, 성장과 소멸 등의 삶의 활동을 수행하는 능력이다. 이 어휘를 이어받아 라이프니츠는 다음과 같은 의미로 사용한다. 첫째, 원초적인 형이상학적 힘, 실체를 구 성하는 활동 역량을 의미한다. 둘째, 지각과 욕구를 포괄하는 단순 실체, 즉 모나드와 구 별되지 않는 동의어처럼 사용된다. 셋째, 합성 실체의 능동적인 부분을 지시한다. 이렇 듯 이 개념은 다소 편차를 보이며 사용되는데, 그 중심에는 실체의 작용성이라는 의미가 놓여 있다(옮긴이).

34 바로 이러한 의미에서 라이프니츠는 다음을 구분한다: 잠재태 또는 이념; 영혼 안의 역 량의 현실태로서, 변양, 성향, 기질 또는 습성; 현실태의 궁극적인 현실화로서, 작용으 로의 경향 그리고 작용 자체. 달리 말하면, 조각의 은유에 따라: 헤라클레스의 형태; 대 리석의 암맥들; 이 암맥들을 꺼내기 위해 대리석에 가하는 노동으로 구분한다. *Nouveaux essais*, préface, 그리고 II, chap. 1, § 2("기질을 넘어, 작용하려는 경향이 있 다……") 참조.

함된 세계의 표상을 자기 자신에게 제공하는 내부적인 펼침을 수행한다. 우리는 변곡에서 주체 안의 포함으로 가는데, 마치 잠재적인 것에서 현실적인 것으로 가듯이 그러하다. 변곡은 주름을 정의하지만, 포함은 영혼 또는 주체, 말하자면 주름과 그 목적인과 그 실현된 현실태를 포괄하는 것을 정의한다.

이상으로부터, 세 종류의 독특성의 구분으로서, 세 종류의 점(點)의 구분이 있다.[35] **물리적인 점**은 변곡을 겪는 점 또는 변곡점 자체이다: 이것은 원자나 데카르트적인 점이 아니며, 탄력적이거나 조형적인 주름-점이다. 따라서 이것은 정확하지exact 않다. 그러나 중요한 것은 다음과 같은 사실이다. 한편으로 이것은 정확한 점의 가치를 훼손하며, 다른 한편으로 이것은 **수학적인 점**이 새로운 지위, 정확하지 않으면서 엄밀한rigoureux 지위를 갖도록 한다. 한편으로 정확한 점은 사실, 연장의 부분이 아니라, 선의 규약적 극단이다. 다른 한편으로 수학적인 점은 위치, 자리, 초점, 장소, 곡률 벡터들이 회합하는 장소, 간단히 말해 시선의 점이 되기 위해, 이번에는 정확성을 잃는다. 그러므로 이것은 발생적 가치를 획득한다: 순수한 연장은 점의 연속 또는 점의 산란이지만, 이는 "모든 장소들의 장소"로서 (어떤 두 점 사이의) 공간을 정의하는 거리의 관계들에 따른다. 그럼에도 불구하고, 만일 수학적인 점이 초점(焦點)이라는 내밀한 것이 되기 위해서 이렇게 선의 극단이기를 그만둔다 해도, 그래도 여전히 하나의 단순한 '양상'은 남아 있다. 이것은 신체 안에, 연장된 사물 안에 있다.[36] 그런데 우리가 보았듯이 이것은 그러한 자격으로서 다만 세번째 점이 신체 안으로 투사된 것이다. 이것은 **형이상학적 점**, 영혼 또는 주체이며, 시선의

---

35 *Système nouveau de la Nature*, § 11. 라이프니츠에게 영감을 주었던, 스콜라 학파식 점의 개념화와 여러 가지 경우들에 관해서, Boehm, *Le vinculum substantiale chez Leibniz*, Ed. Vrin, pp. 62~81 참조.

36 마상 부인에게 보내는 편지, 1704년 6월(GPh, III, p. 357): "우리는 영혼을 영혼의 시선점이 있는 신체 안에 위치시켜야만 합니다. 이 시선점을 따라 영혼은 우주를 눈앞에 있는 것으로 표상합니다. 더 많은 어떤 것을 바라는 것, 영혼을 차원들 안으로 포함하는 것은 바로 영혼을 신체처럼 상상하고자 하는 것입니다."

점을 점유하는 것, 시선의 점 안으로 투사되는 것이다. 그러므로 영혼은 신체 안에서 한 점 위에 있지 않고, 그 자체로 상위의 점이며, 시선의 점에 대응하는 또 다른 본성을 갖는다. **그러므로 변곡의 점, 위치의 점, 포함의 점을 구분할 수 있을 것이다.**

우리는 라이프니츠가 형이상학적 점인 영혼 또는 주체에 어떤 이름을 부여했는지 알고 있다: 모나드.[37] 그는 이 이름을 신플라톤주의자들에게서 가져왔는데, 이들은 이 용어를 〈일자 l'Un〉의 사태를 지시하기 위해 사용했다: 〈일자〉는 다양체multiplicité를 포괄하고, 다양체는 일자를 '계열'의 방식으로 전개하는 한에서의 통일성.[38] 보다 정확하게 말하면, 〈일자〉는 포괄하고 전개할 수 있는 역량을 갖는 반면, 여럿은 포괄되어 있을 때에는 접힘과, 그리고 전개될 때에는 펼침과 분리 불가능하다. 하지만 이렇기 때문에 포괄과 전개, 함축〔안으로-접힘〕implication과 설명〔밖으로-펼침〕explication은 또한 보편적 〈통일성〉 안에 포함되어야만 하는 특별한 운동이다. 그리고 여기에서 통일성은 이것들 모두를 '접어-아우르고complilquer,' 모든 〈일자〉들을 접어-아우른다. 이후 모나드들의 체계를 이러한 보편적 복합화〔접어-아우름〕complication의 수준에까지 가져간 이는 다름 아닌 브루노였다: 모든 것을 접어-아우르는 세계의 〈영혼〉. 그러므로 신플라톤주의의 유출은 내재성의 넓은 지대에 자리를 내어준다. 비록 초재적인 신 또는 여전히 우월한 〈통일성〉의 권리가 형식적으로는 존중된다고 할지라도 말이다. 일자-여럿 관계의 변동에 따라, 안으로 접힘 impliquer-밖으로 펼침 expliquer-한데 접어 아우름complilquer이라는 주름의 삼위일체를 형성한다.[39] 하지만 왜 모나드라는 이름이 라이프니츠와

---

37 monade: 그리스어 '하나'를 의미하는 monas에서 왔다. 이것은 또한 unité와 마찬가지로 '통일성' '단일성' '단위'를 의미한다(옮긴이).

38 Proclus, *Eléments de théologie*, Ed. Aubier, § 21, 204 참조.

39 Bruno, *De triplici minimo*. '한데 접어 아우름complicatio'에 관한 이론은 이미 쿠자누스에 의해 전개된 바 있다: Maurice de Gandillac, *La philosophie de Nicolas de Cues*, Ed. Aubier 참조.

관련되어 있는지 이유를 묻는다면, 그것은 라이프니츠가 두 가지 방식으로 그 개념을 고정시켰기 때문이다. 한편으로, 변곡의 수학이 그로 하여금 여럿의 계열을 수렴하는 무한한 계열로 정립하도록 허용했다. 다른 한편으로, 포함의 형이상학이 그로 하여금 포괄하는 통일성을 환원 불가능한 개별적 통일성으로 정립하도록 허용했다. 사실, 계열들이 유한하게 또는 무규정적으로 남아 있는 한, 개별자들은 이 모든 계열들을 접어 아우를 수 있는 세계의 영혼 또는 보편적 정신 안에서 정초될 것을 요구받으면서 상대적인 것이 되어버릴 위험이 있다. 하지만, 세계가 무한한 계열이라면, 그리고 이러한 자격에서 세계가 개별적인 것으로밖에 존재할 수 없는 관념 또는 개념의 논리적 내포를 구성한다면, 세계는 무한히 많은 개별화된 영혼들에 의해 포괄되며, 그 각각은 환원 불가능한 자신의 시선점을 보존하게 된다. 보편적인 복합화를 대체하고, 범신론의 위험 또는 내재성의 위험을 몰아내는 것은 바로 독특한 시선점들의 일치, 즉 조화이다: 이와 같은 점에서, 라이프니츠는 보편적 〈정신〉이라는 가설, 또는 차라리 그러한 실체hypostase를 지속적으로 비난했다. 보편적 정신은 복합화를 개별자들을 망가뜨리는 추상적인 작용으로 만들 것이다.[40]

이 모든 것은 애매한 채로 남아 있다. 플로틴이 어렴풋이 그린 은유를 라이프니츠가 끝까지 밀고 나가면서 모나드를 일종의 도시 위의 시선점으로 만든다면, 각 시선점에 어떤 형상이 상응한다는 점을 우리가 이해해야만 하기 때문일까?[41] 예를 들어, 이런저런 형상의 거리[街]? 원뿔곡선에서는, 타원과 관계된 어떤 시선점, 그리고 포물선을 향한 다른 시선점, 원을 향한 또 다른 시선점 등과

---

40 *Considérations sur la doctrine d'un esprit universel unique* (GPh, VI). 이러한 이유에서, 주름을 번역하는 단어와 개념들에 대해 느끼는 매력에도 불구하고 라이프니츠는 '한데 접어 아우름' 이라는 용어를 취하지 않는다.

41 플로틴의 정확한 구절 참조: "우리는 이 도시를 다수화하는데, 도시가 이러한 작업의 토대를 제공하지 않으면서……" (*Ennéades*, VI, 6, 2).

　＊본문에서 말하는 '도시' 는 '신의 도시' 를 말한다. *Monadologie*, § 85-86 참조.

같은 그러한 시선점은 없다. 시선의 점, 뿔의 꼭지점은 이차 곡선의 형상들 또는 계열들이 나타내는 변동의 집합을 포착하기 위한 조건이다. 시선의 점이 하나의 관점을 갖는다고, 매번 나름의 방식으로 도시 전체를 나타내는 단면도를 갖는다고 말하는 것으로 충분치 않다. 왜냐하면 모든 단면도들 사이의 연관, 모든 곡률 또는 변곡의 계열을 나타내는 것 또한 필요하기 때문이다. 시선의 점에서 포착되는 것은, 이미 결정된 거리도 아니고, 하나의 거리가 또 다른 일정한 거리들과 맺는 규정 가능한 관계도 아니며, 어떤 거리에서 다른 거리로 이어지는 코스 사이의 가능한 다양한 모든 연관들이다: 질서를 부여할 수 있는 미로인 도시. 곡률 또는 변곡의 무한한 계열, 이것이 이 세계이며, 온 세계는 한 시선점하의 영혼 안에 포함되어 있다.

세계는 무한히 많은 점에서 무한히 많은 곡선과 접하는 무한한 곡선, 유일한 변수를 갖는 곡선, 모든 계열들이 수렴하는 계열이다. 하지만 그렇다면 왜 보편적인 유일한 시선의 점은 없을까, 왜 라이프니츠는 그렇게 강력하게 "보편적 정신의 교의"를 부정할까? 왜 여러 시선점과 환원 불가능한 여러 영혼, 무한이 있을까? 열두 음계의 계열을 생각해보자: 이것은 매번 매우 많은 변주를 겪게 마련인데, 리듬과 멜로디의 변주뿐만 아니라, 반대 운동, 또는 역행 운동에 따르는 변주를 겪기도 한다. 더군다나 무한한 계열은, 이것의 변수가 유일하다 해도, 자신을 구성하는 무한히 많은 변동들과 분리 불가능하다: 우리는 이것을 필연적으로 가능한 모든 질서들에 따라 포착하고, 차례차례 이러저러한 계열의 부분적 배열에 특권을 부여한다. 오직 여기에서, 하나의 형상, 하나의 거리가 자신의 권리를 회복하는데, 하지만 전체의 모든 계열과의 관계하에서 그러하다: 각 모나드는 개별적 단일성으로서 모든 계열을 포함하고, 이와 같이 전 세계를 표현하지만, 하지만 세계의 작은 지역, "[행정] 구역," 도시의 지구(地區), 유한한 배열을 보다 더 명석하게 표현하지 않고서는 온 세계를 표현하지 않는다. 두 영혼은 같은 순서를 갖지 않으며, 더 이상 같은 배열, 명석한 또는 명석하게 밝혀진 같은 지역도 갖지 않는다. 영혼이 무한하게 주름으로 가득 차 있는 한에서, 그럼에도 불구하고 영혼은 자신의 구역 또는 지구를 구성하는 것들을 자신의 내부에서 조금만 펼칠 수 있다고 말할 수도 있을 것이다.[42] 여기에서는 아직 개체화의 정의를 볼 수 없다: 만일 개체들만이 실존한다면, 개체들이 어떤 질서 안에서 그리고 그러한 지역에 따라서 계열을 포함하기 때문에 그런 것이 아니라, 정확히 그 역(逆)이다. 따라서 지금으로서는 우리는 개체에 대한 명목상의 정의만을 알고 있다. 이것은 그럼에도 불구하고 필연적으로 무한히 많은 영혼과 무한히 많은 시선의 점이 있다는 사실을 보여주기에 충분하다. 무한하게 많은 무한 계열을 각 영혼이 포함하고, 각 시선의 점이 포착하고 있지만 말이다. 그 각각은 상이한 순서와 지역에 따라 그것을 포함하고 포착한다. 변곡의 두 초점이라는 기본적인 도식으로 돌아가보자: 사실, 그것들 각각은 모든 변곡 위에 있는 시선의 점인데, 이것은 역전된 순서 안에서(역행 운동) 그리고 대립되는 구역에 따라서(두 가지[枝] 중의 하나) 그러하다.

그러나 왜 세계 또는 계열에서부터 출발해야만 할까? 그렇게 하지 않으면, 거울 또는 시선의 점이라는 주제가 모든 의미를 상실할 것이다. 우리는 세계의 변곡들에서 주체들 안의 포함으로 나아간다: 세계는 단지 이 세계를 포함하는 주체들 안에서만 실존하는데, 이것은 어떻게 가능할까? 이 점과 관련하여 본질적인 두 명제의 양립을 상세히 설명하는 것은 바로 아르노에게 보낸 첫번째 편지이다. 한편으로, 아담이 죄를 지은 세계는 오직 죄인 아담(그리고 그 세계를 구성하는 다른 모든 주체들) 안에서만 실존한다. 다른 한편, 신은 죄인 아담이 아니라, 아담이 죄를 지은 세계를 창조한다. 다른 말로 하면, 세계는 주체 안에 dans 있지만, 주체는 **세계를 향해**pour 있다. 신은 영혼들을 창조하기에 '앞서' 세계를 만든다,

42 *Discours de métaphysique*, § 15과 16. *Monadologie*, § 60, 61, 83("자신의 구역 안에서 하나의 신성[神性]으로서 있는 각 영혼").

왜냐하면 신은 자신이 영혼들에게 집어넣는 그 세계를 향해 영혼들을 창조하기 때문이다. 비록 계열도 있고, 곡률도 있지만, 무한 계열의 법칙, '곡률의 법칙'이 영혼 안에 있지 않은 것은 바로 이러한 의미에서이다. 영혼이 하나의 '생산'인 것, 하나의 '결과'인 것 또한 이러한 의미에서이다: 그것은 신이 선택한 세계로부터 결과로서 생긴다. 세계는 모나드 안에 있기 때문에, 그 각각은 세계 상태의 모든 계열을 포함한다. 그러나, 모나드는 세계를 향해[43] 있기 때문에, 그 각각은 계열의 '이유'를 명석하게 담고 있지는 않다. 여기에서, 모나드들은 모조리 이 이유의 결과로 생기며, 이유는 모나드들의 일치의 원리로서 그것에 외부적인 것으로 머물러 있다.[44] 그러므로 우리는 세계에서 주체로 나아가는데, 어떤 비틀림을 대가로 해서 그렇다. 그 비틀림이란, 그것으로 인해, 세계는 주체들 안에서만 현실적으로 실존하게 되며, 뿐만 아니라 모든 주체들이 세계와 관계하는 데에 있어 세계를 자신이 현실화시키는 잠재성으로서 관계하게 되는 그러한 것이다. 하이데거가 주체-세계 관계의 여전히 너무 경험적인 규정으로서의 지향성을 넘어서려고 노력할 때, 그는 창이 없는 모나드라는 라이프니츠의 정식을 하나의 길로 제시한다. 하이데거에 따르면 그 이유는 **현존재**가 이미 어느 때에나 열려 있어서 그렇게 열려 있도록 할 창을 가질 필요가 없기 때문이라는 것이다. 그러나 이렇게 해서 그는, 라이프니츠가 말한 울타리를 치거나 문을 닫는 조건, 즉 "세계 안의 존재" 대신 "세계를 향한 존재"라는 규정을 오해한다.[45] 울타리는 세계를 향한

---

43 pour의 여러 가지 의미 중 '이유'가 들어 있는 것을 염두에 두고 읽는 것이 좋겠다. 즉 '세계를 향한 주체'라는 말은 '세계가 자신의 이유인 주체'라는 뜻도 된다(옮긴이).

44 *Monadologie*, § 37, '곡률의 법칙'에 관해서, *Eclaircissement des difficultés que M. Bayle a trouvées dans le système nouveau*…… (GPh, IV, p. 544) 참조: 물론 계열의 법칙은 영혼 안에 모호하게 포괄되어 있다고 말할 수 있다; 그러나 영혼 안에 있는 것은, 이러한 의미에서, 법칙이라기보다는 '그것을 실행할 수 있는 능력'이다.

45 Heidegger, *Les problèmes fondamentaux de la phénoménologie*, Gallimard, p. 361 ("모나드라는 자격으로, **현존재**Dasein는 외부에 있는 것을 보기 위해 창을 가질 필요가 없다. 그렇지만 라이프니츠가 믿는 것처럼, 존재하는 모든 것이 이미 …… 방의 내부에서 접근 가능하기 때문이 아니라. 모나드, **현존재**가 자신의 고유한 존재에 적합하게 이미 밖에

존재의 조건이다. 울타리라는 조건은 유한자의 무한한 열려 있음
과 관련되어 적용된다: 이것은 "무한을 유한하게 표상한다."이것
은 세계가 각 모나드 안에서 다시 시작될 가능성을 부여한다. 주체

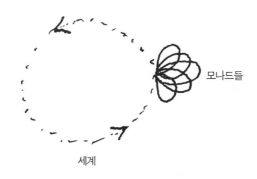

모나드들

세계

가 세계를 향한 것이 되도록, 세계를 주체 안에 놓아야만 한다. 세
계와 영혼의 주름을 구성하는 것은 바로 이러한 비틀림이다. 그리
고 표현에 근본적인 특질을 부여하는 것도 바로 이러한 비틀림이
다: 영혼은 세계의 표현l'expression인데(현실태), 이것은 세계가
영혼의 표현된 것l'exprimé이기 때문이다(잠재태). 그러므로 신이
표현적인 영혼들을 창조한 것은, 오로지 영혼들이 포함하면서 표
현하는 세계를 그가 창조하기 때문이다: 변곡에서 포함으로. 결
국, 잠재적인 것이 육화되거나 실행되기 위해서, 영혼 안에서의 그
러한 현실화 이외의 다른 것이 더 필요할까; 물질의 겹주름들이
영혼 안의 주름을 배가시키게 하기 위하여, 물질 내의 실재화 또한
필요하지 않을까? 앞 장(章)은 우리로 하여금 이를 믿도록 이끌지
만, 아직 알 수 없다.

있기 때문이다"). 메를로-퐁티가 다음과 같이 간단하게 말할 때, 그가 라이프니츠를 더
잘 이해하고 있다: "우리의 영혼은 창을 가지고 있지 않은데, 이것은 **세계 내 존재**In der
Welt Sein라고 일컬어질 수 있다⋯⋯" (*Le visible et l'invisible*, Gallimard, pp. 264, 276).
『지각의 현상학*Phénoménologie de la perception*』에서 메를로-퐁티는 사르트르식의 구
멍에 반대하기 위해 주름을 원용했다; 그리고 『가시적인 것과 비가시적인 것*Le visible et
l'invisible*』에서, 하이데거의 주름을, 보이는 것과 보는 것 사이에 있는 '교착(交錯) 또는
엮음'으로 해석하는 것이 중요하다.

제3장 바로크란 무엇인가?

모나드는 "어떤 것이 드나들 수 있는 창(窓)을 갖지 않는다." 그
것은 "구멍도 입구도" 갖지 않는다.[1] 이 상황을 규정하도록 노력하
지 않으면, 우리는 이것을 매우 추상적으로 이해할 위험이 있다.
그림은 여전히 외부적인 모델을 가지며, 그것도 하나의 창이다. 만
일 현대의 독자가 어둠 속에서 영화가 펼쳐지는 것을 원용한다면,
영화 역시 이전에 촬영된 것이다. 그러면 모델 없이 계산으로부터
나온 수적인 이미지를 원용하는 것은? 또는 더 간단히, 폴록, 라우
센버그에게서 발견하는 것처럼, 하나의 표면과 관계하는 무한한
변곡을 가진 곡선은? 정확하게, 라우센버그에게서 그림의 표면은
암호화된 선이 기입된 불가해한 정보 도표(圖表)가 되기 위해, 세
계로 나 있는 창문이기를 그만 둔다고 말할 수 있었다.[2] 창-그림은
도표 제작으로 대체된다. 변화하는 선들, 수들, 특징들이 기입되는
도표(대상류). 라이프니츠는 모나드의 내부 벽면을 가득 채우는
선(線)적이고 수적인 도표들을 끊임없이 작성한다. 구멍들은 주름
들로 대체된다. 평야-창 체계는 도시-정보 도표 쌍과 대립된다.[3]
라이프니츠의 모나드는 이러한 도표, 또는 차라리 가변적인 변곡
이 있는 선들로 모조리 뒤덮인 하나의 방, 하나의 아파트일 것이

---

1 *Monadologie*, § 7: 소피 공주에게 보내는 편지, 1700년 6월(GPh, VII, p. 554).

2 Leo Steinberg, *Other criteria*, New York: "Le plan flatbed du tableau."

3 바로크 도시, 그리고 바로크에서의 도시의 중요성에 관하여, Lewis Mumford, *La cité à travers l'histoire*, Ed. du Seuil. 그리고 Severo Sarduy, *Barroco*, Ed. du Seuil, "Le Caravage, la ville bourgeoise," pp. 61~66 참조.

다. 그것은 움직이고 살아 있는 주름들에 의해 다양화되고 당겨진 천으로 가득 채워져 있는, 『신(新)인간지성론』의 암실(暗室)이다. 모나드의 본질적인 면은, 이것이 **어두운 바탕**[4]을 갖는다는 점이다: 모나드는 모든 것을 이것으로부터 끌어내며, 어떤 것도 밖에서 들어오거나 밖으로 나가지 않는다.

이러한 의미에서, 과거의 바로크 기획이었던 것을 이해할 수 있게 하는 데 적절한 것이 아니라면, 너무 현대적인 상황을 원용할 필요는 없다. 오래 전부터, 보아야 할 것이 안쪽에 있는 장소들이 있었다: 독방, 제의실(祭衣室), 지하납골당, 교회, 극장, 열람실 또는 판화실. 이것들은 바로크가 역량과 영광을 끌어내기 위해 권위를 부여한 장소이다. 우선 암실은 높은 곳에 작은 틈만을 가지고 있고, 이 틈으로 들어온 빛은 두 개의 거울을 통해서 안에서는 직접 보이지 않는 대상의 윤곽을 보여주고 종이 위로 투사시키는데, 이때 두번째 거울은 종이의 위치에 따라 기울어져 있어야만 한다.[5] 그리고 다음으로 변형 과정에 있는 장식들, 색칠된 하늘, 벽을 가득 채운 모든 종류의 '실제처럼 보이는 그림들'[6]: 모나드는 '실제처럼 보이는 그림'에서만 가구와 대상을 갖는다. 마지막으로, 검은 대리석으로 된 방이라는 건축적 이상. 즉 빛은 단지 구멍에 의해서만 스며 들어오고, 이 구멍은 아주 굽어 있어서 외부의 어떤 것도 보이지 않지만, 순수 내부의 장식물들을 밝게 비추고 색칠한다(이런 관점에서, 라 투레트La Tourette 수도원에서 르 코르뷔지에에게 영감을 주었던 것은 바로크의 정신이 아닌가?). 라이프니츠의 모나드, 그리고 빛-거울-시선점-내부 장식이라는 그의 시스템을 바로크 건

---

4 fond: 심연, 바닥, 바탕, 배경이라는 뜻을 갖는다. 바탕이나 배경을 의미하지만, 유한한 깊이를 가진 배경이 아니라, 무한히 깊어서 어두운 심연으로 된 바탕 또는 바닥이다. 그러므로 바로크 회화 작품의 어두운 배경이자, 모나드 안의 어두운 바닥을 동시에 의미한다. 번역어로는 위에 제시된 어휘를 문맥에 따라 선별해 사용했다(옮긴이).

5 "L'usage de la chambre obscure" de Gravesande, in Sarah Kofman, *Camera obscura*, Ed. Galilée pp. 79~97 참조.

6 trompe-l'oeil: 여러 자연학적 기법을 동원해 벽면과 천장 등에 사물들을 그려 마치 실제로 눈앞에 있는 듯한 효과를 내는 그림을 말한다(옮긴이).

축과 연관시키지 않는다면 이해하기란 불가능하다. 바로크 건축은, 안에 있는 사람 자신은 볼 수 없는 열린 부분으로 빛이 스치듯 들어오는 소성당과 방들을 설치한다. 그 최초의 작업 중 하나는, 창이 없는 비밀스러운 방이 딸린 '스투디올로[7] 데 피렌체'에 있다. 모나드는 원자라기보다는, 하나의 독방, 제의실이다: 입구나 창이 없는 방, 여기에서 모든 작용은 내적이다.

모나드는 내부의 자율성, 외부 없는 내부이다. 그러나 그것은 상관물로서 파사드[8]의 독립성, 내부 없는 외부를 갖는다. 파사드, 이것은 입구나 창문을 가질 수 있으며 비록 진공은 없고 구멍은 더욱 미세한 물질의 장소일 뿐이지만, 구멍으로 가득하다. 물질의 입구나 창문은 오직 밖에서만, 그리고 바깥쪽으로만 열리고 닫힌다. 확실히 유기체적 물질은 이미 내부화의 초안(草案)을 간직하고 있지만, 그러나 그것은 상대적인 것, 늘 진행 중이며 완성되지 않은 것이다. 그 결과, 주름은 생명체를 통과하는데, 그렇지만 생명의 형이상학적 원리로서 모나드의 절대적 내부성, 그리고 현상의 물리적 법칙으로서 물질의 무한한 외부성을 재분할하기 위해서이다. 서로 결합하지 않는 무한한 두 집합: "외부성의 무한한 분할은 끊임없이 연장되고 열린 채 남아 있다. 그러므로 외부로부터 출발해야 하며 점과 같은 내부의 단일성을 제시해야 한다…… 물리적, 자연적, 현상적, 우연적 영역은 모조리 열린 연쇄의 무한한 반복 안에 잠겨 있다: 그 점에서 그것은 형이상학적이지 않다. 형이상학의 영역은 저 너머에 있으며, 반복을 끝맺는다……, 모나드는 결코 무한한 분할이 도달할 수 없는, 그리고 무한히 분할된 공간을 끝맺는 고정된 점이다."[9] 바로크 건축을 정의하는 것은, 파사드와 안쪽, 내부와 외부, 내부의 자율성과 외부의 독립성 사이의 분리

---

7 studiolo: 르네상스 이후 시대에 희귀본을 연구하거나 예술 작품을 감상하기 위해 만들어놓은 방이다(옮긴이).

8 façade: '정면'이라는 뜻인데, 건축물 입구의 문을 포함하며 정면에서 보이는 건축 장식 모두를 포함한다. 외래어로 사용되는 관례에 따라 '파사드'라고 옮겼다(옮긴이).

9 Michel Serres, II, p. 762.

다. 각 두 항이 서로 되던지는 조건하에서 말이다. 뵐플린은 자신의 방식으로 이것을 말한다("바로크 예술이 우리에게 엄습해오는 가장 강렬한 효과들 중 하나를 구성하는 것은 바로 파사드의 격앙된 언어와 내부의 차분한 평화 사이의 대조이다"). 비록 내부 장식의 과잉이 결국에는 그 대조를 흐리게 한다고, 또는 절대적 내부가 그 자체로 평화롭다고 생각하는 것은 잘못이지만. 마찬가지로, 장 루세는 바로크를 파사드와 내부의 분리를 통해 정의한다. 비록 그 역시 장식이 내부를 '폭발'하도록 만들 위험이 있다고 생각하긴 하지만. 그럼에도 불구하고, 내부는 시선점으로부터, 또는 그 내부에 장식을 배열하는 거울 안에서, 이 장식이 아무리 복잡하다 하더라도, 완전히 온전하게 남아 있다. 내부와 외부, 안쪽의 자발성과 바깥쪽의 규정성 사이에, 바로크 이전의 건축은 생각해본 적이 없는 전적으로 새로운 대응 방식이 필요하다: "생타녜스Sainte-Agnès의 내부와 그것의 파사드 사이에는 필연적이고 직접적인 어떠한 관계가 있는가? …… 바로크의 파사드는, 구조에 부합되는 것과는 확실히 거리가 있으면서, 오로지 자기 자신만을 표현하는 경향이 있다." 반면에 내부는 자신 쪽으로 되돌아오고, 닫힌 채 남아 있으며, 유일한 시선점, "절대자가 머무는 작은 궤"로부터 내부 전체를 발견하는 응시에 맡겨지는 경향이 있다.[10]

새로운 조화를 가능하게 하는 것은 우선, 긴장을 해소하거나 또는 분리를 재배분하는 범위 내에서, 두 층을 구분하는 것이다. 파사드를 담당하는 것, 그리고 구멍이 뚫린 채 길게 뻗어나가는 것, 수용[접견] 또는 수용성의 무한한 방을 구성하면서, 무거운 물질의 규정된 겹주름들을 따라 안쪽으로 휘어진 것은 아래층이다. 외부 없이 순수 내부적인 상태로 닫혀 있는 것, 영혼 또는 정신의 주름 이외의 것이 아닌 자발적인 주름으로 뒤덮여 있으면서, 무중력 상태의 닫힌 내부인 것은 위층이다. 그 결과 바로크 세계는, 뵐플

10 Jean Rousset, *La littérature de l'âge baroque en France*, Ed. Corti, pp. 168~71. 그리고 같은 저자의 *L'intérieur et l'extérieur*.

린이 보여주었듯, 두 개의 벡터, 아래로 처박힘과 위로 밀어올림에 따라 조직된다. 라이프니츠야말로 두 경향을 공존하게 한다. 틴토레토의 그림에서처럼, 하나의 경향은 가능한 한 평형이 가장 낮은 상태에서 발견되는 중력 체계의 경향으로, 여기에서는 전체 덩어리가 더 이상 내려갈 수 없으며, 그리고 다른 하나의 경향은 상승하려는 경향, 무중력 체계의 가장 높은 동경으로, 여기에서 영혼들은 이성적인 것이 되도록 정해져 있다. 하나는 형이상학적이고 영혼들과 관계하고 다른 하나는 물리적이고 신체들과 관계한다고 해서, 이 두 벡터가 같은 세계, 같은 집을 구성하지 못하는 것은 아니다. 한 층에서 현실화되고 다른 층에서 실재화되는 이상적인 선과 관련하여 이것들은 분배될 뿐만 아니라, 상위의 상응관계가 끊임없이 하나를 다른 하나와 연관시킨다. 이러한 집의 건축 구조는 기예(技藝)의, 사유의 불변항이 아니다. 바로크의 고유한 점이란 바로 이 두 층의 구분과 배분에 있다. 사람들은 플라톤주의의 전통 안에서 두 세계의 구분을 알고 있었다. 사람들은 셀 수 없이 많은 층으로 된 세계를 알고 있었다. 이 세계는, 〈일자〉의 탁월함 안으로 사라지고 다수의 바다 안으로 분해되는 계단의 매 층계에서 대면하는 상승과 하강에 입각해 있다: 신(新)플라톤주의적인 전통의 계단으로 된 우주. 그러나 두 층으로만 되어 있는 세계, 그리고 상이한 체제를 따르는 두 측면으로부터 반향(反響)되는 주름에 의해 분리되어 있는 세계, 이것은 가장 전형적인 바로크의 공헌이다. 우리가 본 것처럼, 이것은 우주 cosmos가 '세상 mundus'으로 변형됨을 표현한다.

소위 바로크 회화 중에서 틴토레토와 엘 그레코의 작품은 서로 비교할 수 없이 빛을 발한다. 그럼에도 그 둘은 공통으로 바로크의 특징을 지닌다. 예를 들어 「오르가즈 백작의 장례」는 수평선에 의해 둘로 나누어지는데, 아래에서는 신체들이 서로 기대어 있는 것으로 제시되는 반면, 위에서는 영혼이 가느다란 겹주름에 의해 위로 오르고 있고 각자 자발성을 가진 성스러운 모나드들이 이것을 기다리고 있다. 틴토레토에게서, 아래층은 자기 고유의 중력에 사로잡힌 신체들, 비틀거리면서 물질의 겹주름 안으로 기울어져 떨어지는 영혼들을 보여준다. 반대로, 상위의 절반은 영혼들을 끌어당기고, 그것들에 황금빛의 주름들과 신체들을 되살리는 불의 주름들을 겹치고, 어떤 현기증을, '높은 곳의 현기증'을 공유하게 하는 강력한 자석처럼 작용한다: 이를테면, 「최후의 심판」의 두 절반.[11]

그러므로 내부와 외부의 분리는 두 층의 구분을 지시하지만, 두 층은 다음과 같은 〈주름〉을 지시한다. 즉 이 〈주름〉은, 위층에서는 영혼이 둘러싼 내면의 주름들 안에서 현실화되고, 아래층에서는 물질이 '주름에 또 주름' 하는 식으로 항상 외부에 태어나게 하는 겹주름들 안에서 실행된다. 그러므로 이상적인 주름은 '두 겹의 주름,' 분화시키고 또한 스스로 분화되는 différencier et se différencier 주름이다. 하이데거가 두 겹의 주름을 차이의 차이 산출자 le différenciant de la différence로서 원용할 때, 그것은 무엇보다도 분화가 미리 전제된 '분화되지 않은 것 un indifférencié'을 지시함이 아니라, 양쪽 면 각각에서 끊임없이 펼쳐지고 다시 접혀지는 〈차이〉, 오직 하나를 다시 접으면서 다른 하나를 펼치는 〈차이〉를 지시함을 말하려는 것이다. 〈존재〉의 은폐와 탈은폐[12]의 공외연성, 존재자의 현전과 후퇴의 공외연성 안에서 운동하는 〈차이〉.[13] 주름

---

11 Régis Debray, *Eloges*, Gallimard, "Le Tintoret ou le sentiment panique de la vie," pp. 13~57(드브레는 사르트르가 틴토레토의 작품에서 아래층밖에는 보지 못했다고 비판한다). 그리고 Jean Paris, *L'espace et le regard*, Ed. du Seuil: 그레코의 '상승하는 공간'에 대한 분석, pp. 226~28("'잠수인형'처럼, 인간들도 그와 같이 대지의 중력과 신적인 인력(引力) 사이에서 평형을 이룬다").

12 프랑스어로 voilement-dévoilement, 독어로 Verhüllen-Enthüllen은 베일을 씌우고 벗긴다는 의미이다. 이후 본문에서 베일의 주름이 등장하는 것은 이것과 관련해 이해되어야 할 것이다(옮긴이).

13 앙드레 스칼라 André Scala는 『하이데거에게서 주름의 발생 *la genèse du pli chez Heidegger*』(근간)에 관해 질문을 제기했다. 이 관념은 1946년과 1953년 사이에, 특히 *Moira, Essais et conférences*, Gallimard에 나타난다; 이 관념은 〈둘-사이〉 또는 〈사건 Incident〉를 계승하는 것이며, 아니 차라리 떨어진 것을 표시하는 〈사이-낙하〉를 계승하는 것이다. 이것은 파르메니데스와 관계되는 가장 전형적인 '그리스풍의' 주름이다. 스

의 '이중성'[14]은 그것이 구분하는, 그러나 이렇게 구분하면서 서로 관계시키는 양쪽 면에서 필연적으로 재생산된다: 항들끼리 서로 주고받으며 되던지는 분리, 각 주름이 다른 주름 안에서 당겨지는 긴장.

주름은 아마도 말라르메의 가장 중요한 관념일 것이다. 아니 관념일 뿐만 아니라, 차라리 그를 위대한 바로크 시인으로 만드는 작동, 조작적 행위다. 「에로디아드Hérodiade」는 이미 주름의 시(詩)다. 세계의 주름, 그것은 부채 혹은 "일체를 이루는 주름"이다. 그리고 어떤 때는 펼쳐진 부채가 물질의 모든 입자, 재, 그리고 안개를 내려가고 올라가게 하는데, 사람들은 마치 베일의 구멍을 통해서인 양 이것들을 통해 시각적인 것을 파악한다. 겹주름에 있는 변곡들의 움푹 파인 부분 안에서 돌멩이를 보게 해주는 그 겹주름들을 따라서, 도시를 드러내는 "주름에 따른 주름"*을 따라서 파악하

칼라는 1933년부터 파르메니데스에게서 "존재의 주름 잡힘" "존재와 비-존재 안의 하나의 주름, 이 둘은 서로의 안으로 밀접하게 당겨져 있음"을 발견한 리츨러Riezler의 주석을 환기시킨다(Faltung); 쿠르트 골드슈타인Kurt Goldstein은 생명체에 대한 이해에 관해 자신이 파르메니데스적임을 발견할 때 리츨러를 원용한다(La structure de l'organisme, Gallimard, pp. 325~29). 스칼라에 따르면 또 다른 원천은 새로운 원근법, 그리고 뒤러Dürer에게서 이미 '3차원의 두 겹의 주름zwiefalten cubum'이라는 이름으로 나타났던 투사 방식의 문제를 제기하는 것 같다: Panofsky, La vie et l'art d'Albert Dürer, Ed. Hazan, p. 377 참조("원래의 방법, 말하자면 원시위상학적 방법은, 평평한 표면 위에 입체들의 면들이 하나의 일관적인 망을 형성하는 방식으로 그것들을 전개하는 데 있다. 그리고 종이에서 오려내어 인접한 면들의 모서리들을 따라 잘 맞도록 접은 이 망은 방금 말한 입체의 삼차원의 축소 모형을 복원한다"). 현대 회화에서 비슷한 문제들이 다시 발견된다.

14 duplicité: 두 겹으로 되어 있다는 것을 의미한다(옮긴이).

* "pli selon pli"라는 표현은 다음의 시 4행에 등장한다.

Remémoration d'amis belges, par Mallarmé

A des heures et sans que tel souffle l'émeuve
Toute la vétusté presque couleur encens
Comme furtive d'elle et visible je sens
Que se dévêt pli selon pli la pierre veuve

Flotte ou semble par soi n'apporter une preuve
Sinon d'épandre pour baume antique le temps
Nous immémoriaux quelques-uns si contents
Sur la soudaineté de notre amitié neuve

게 된다. 뿐만 아니라 펼쳐진 부채는 그것의 부재 혹은 후퇴, 먼지
들의 응집체, 속이 빈 집합체들, 환각적인 군집체들과 결합체들을
드러낸다. 결국, 사람들이 감각적인 것을 볼 때 가로지르고, 감각
적인 것의 무상함을 고발하는 먼지를 불러일으키는 일이 부채의
감각적인 면에, 감각적인 것 자체에 속한다. 그러나 또 어떤 때는,
이제는 접힌 부채의 다른 면으로부터("장밋빛 기슭의 왕홀〔王笏〕
은…… 그대가 놓아둔 접혀 있는 하얀 비상〔飛上〕……"), 주름은 더
이상 분말화로 향해 가는 것이 아니라, 포함 안에서, 즉 "분명 영
혼의 조그만 묘지를 제공하는 두터운 압축" 속에서 자신을 넘어서
서 자신의 목적성을 발견한다. 주름은 바람과 분리될 수 없다. 부

O très chers rencontrés en le jamais banal
Bruges multipliant l'aube au défunt canal
Avec la promenade éparse de maint cygne

Quand solennellement cette cité m'apprit
Lesquels entre ses fils un autre vol désigne
A prompte irradier ainsi qu'aile l'esprit.

벨기에 친구들을 추억함

말라르메

세월은 흘러 이제 어느 숨결도 그를 뒤흔들지 못하리
거의 향 피운 거나 진배없는 완벽한 늙음
그로부터 달아나려는 듯 뚜렷이 나는 느끼네
짝 잃은 지 오랜 돌덩이 저의 주름을 한 꺼풀 두 꺼풀 벗겨내는 것을.

늙음, 흘러 떠돌거나, 스스로 이것만을 증거하는 듯하이
우리 시원의 기억 아득하나 몇 사람은 무척이나 흡족하게도
새롭게 맺은 우리 우정의 갑작스러움 위에
태고의 방향(芳香) 대신 시간을 뿌려댄다는 것을

오 우리 만난 어여쁜 이들, 진부할 새 없는
브뤼루혜에서 옛적 은하엔 백조 여럿
어지러이 소요하며 새벽을 배가시켰도다

그때 이 도시는 장엄한 표정으로 내게 알려주었지
날개 치듯 신속히 정기를 퍼트리도록
그가 낳은 아들 중 어떤 이들에게 또 한번의 비상을 지시하는가를.

채에 의해 바람이 일으켜지면 주름은 이제 사람들이 볼 때 가로지르는 물질의 주름이 아니라, "사유의 누런 주름들,"〈책〉혹은 다수의 종잇장을 가진 모나드를 읽는 곳인 영혼의 주름이 된다. 이제 여기에서 책은 모든 주름을 포함한다. 왜냐하면 종잇장들의 조합은 무한한데, 책은 그 종잇장을 자신의 울타리 안에 포함하며, 그것의 모든 작용은 내적이기 때문이다. 그럼에도 불구하고 이것은 두 세계가 아니다: 일기의 주름, 먼지나 안개, 무상함은 책과의 새로운 교신 방식을 가져야만 하는 상황의 주름, 〈사건〉의 주름, 존재를 만드는 통일성, 포함을 만드는 다수성, 견고해진 집합체이다.

라이프니츠에게서 이것은 부채의 주름이 아니라 대리석의 암맥이었다. 한편으로, 다음과 같은 모든 물질의 겹주름들이 있다. 이것에 따라 우리는 생명체들을 미시적으로 보고, 집합체들을 그것들 스스로 일으키는 먼지의 주름들을 통해서 보고, 군집체들 및 무리들을 보고, 녹색을 노랑과 파랑의 먼지들을 통해서 보고, 무상한 것들 혹은 허구들을 보고, 끊임없이 우리의 동요, 우리의 권태 혹은 우리의 마비를 증가시키는 득실거리는 구멍들을 본다. 그리고 다른 한편으로, 영혼 안에 주름들이 있다. 여기서 변곡은 포함이 된다(말라르메가 주름 잡기가 압축이 된다고 말하는 것과 꼭 마찬가지로). 우리는 더 이상 보지 않고, 읽는다. 라이프니츠는 '읽는다' 라는 말을 모나드의 특권 지역의 내부 행위로서, 동시에 그 모나드 자체의 전체 안에서 이루어지는 신의 행위로서 사용하기에 이른다.[15] 사람들은 총서(總書)가 말라르메와 마찬가지로 라이프니츠의 꿈이라는 것을 잘 알고 있다. 비록 이들이 끊임없이 단편들로 작업했지만 말이다. 우리의 오류는 그들이 자신이 원한 바를 이루지 못했다고 믿는 것이다: 그들은 편지와 상황에 맞게 임시로 쓴 짧은 개론들로 그 유일한 〈책〉, 모나드들의 책을 완성했고, 그래서

---

15 *Monadologie*, § 61: "모든 것을 보는 자는 지금 곳곳에서 일어나고 있는 것, 심지어는 과거에 일어났던 것이나 미래에 일어날 것을 각각의 것 안에서 읽을 수 있을 것이다…… 그러나 하나의 영혼은 판명하게 표상되는 것만을 자신 안에서 읽을 수 있다."

이 책은 그렇게나 많은 조합으로서 모든 분산을 감당할 수 있었다. 모나드는 책 또는 도서열람실이다. 볼 수 있는 것과 읽을 수 있는 것, 외부적인 것과 내부적인 것, 파사드와 암실, 그러나 이것은 두 개의 모나드가 아니다. 왜냐하면 볼 수 있는 것에는 그것의 독해(讀解)가 있고(말라르메의 일기처럼), 읽을 수 있는 것에는 그것의 무대가 있기 때문이다(말라르메와 마찬가지로 라이프니츠에게도 있는 독해의 무대). 볼 수 있는 것과 읽을 수 있는 것의 조합은 라이프니츠에 소중한 '문장(紋章)' 혹은 알레고리를 구성한다. 우리는 항상 새로운 유형의 상응관계 또는 상호적 표현, '사이-표현 entr'expression,' 주름에 따른 주름에 직면한다.

바로크는 빛과 색들의 새로운 체제와 분리될 수 없다. 사람들은 우선 빛과 어둠을 1과 0처럼, 가느다란 분수선으로 분리된 세계의 두 층처럼 간주할 수 있다: 〈행복한 자들〉과 〈저주받은 자들〉.[16] 그럼에도 대립은 중요하지 않다. 위층, 문도 창도 없는 방안에 자리 잡고 있을 때, 사람들은 그 방이 이미 매우 어둡고, 대부분 시커멓게 뒤덮여 있으며, "어둡고 거무스름하다"는 것을 확인한다. 이것이 바로크의 공헌이다: 그림을 기다리는 백악(白堊)이나 석고로 된 흰 바탕 대신, 틴토레토, 카라바지오의 작품은 적갈색의 어두운 바탕을 사용하는데, 그 위에 그들은 가장 넓은 그림자를 위치시키고 그림자를 향해 색조를 엷어지게 하면서 직접 붓질을 해나간다.[17] 그림은 지위가 변하고, 사물들은 배경에서 솟아오르며, 색들은 어두운[18] 본성을 보여주는 공통의 바탕으로부터 터져나오고, 형

16 라이프니츠의 이진법 산술 발명에 관하여, 이것의 두 가지 성격, 1과 0, 빛과 어둠에 관하여, '포이Fohy의 중국적인 형태들'과의 근접에 관하여, *Invention de l'arithmétique binaire, Explication de l'arithmétique binaire*(GM, VII) 참조. 주석이 붙은 다음 판을 참조할 수 있을 것이다. Christiane Frémont, *Leibniz, Discours sur la théologie naturelle des Chinois*, L'Herne.

17 Goethe, *Traité des couleurs*, Ed. Triades, §§ 902-09 참조.

18 obscur: clair와 대비되어 사용되는 말로, 여기에서는 빛과 관련해서 '어두운'이라고 번역되지만, 17세기 합리론의 용어로는 '애매한'이라고 번역된다. 본문 7장에서 본격적으로 논의될 명석함—애매함의 개념쌍과 평행하게, 여기에서는 회화에서의 빛—어둠의 관계를 설명하고 있음을 염두에 두는 것이 좋겠다(옮긴이).

태들은 윤곽에 의해서보다는 겹침에 의해 정의된다. 그러나 이는 빛과 대립 상태에 있는 것이 아니라, 반대로 빛의 새로운 체제의 힘 덕분이다. 라이프니츠는 『철학자의 신앙 고백』에서 말한다: "빛은 어둠 한가운데 있는 균열을 통해서인 듯 미끄러져 들어온 다." 빛은 채광창으로부터, 굽어 있거나 접혀진 미세한 열린 틈으로부터 온다고, 그리고 흰색은 언제나 "엄청난 수의 반사하는 작은 거울들에" 있다고 이해해야 할까? 더 엄밀하게 하자면, 모나드들은 균열을 갖지 않기 때문에, 빛은 '봉인'되어 있었고 그것이 이성으로 고양될 때 각각의 모나드 안에서 밝혀지며, 또한 모든 내부의 작은 거울들을 통해 흰색을 산출한다. 빛은 흰색을 만들지만, 그림자 또한 만든다: 그것은 흰색을 만들고, 그 흰색은 모나드의 밝혀진 구역과 뒤섞이지만, 어두운 바탕, 즉 '어두운 것'을 향해 어두워지거나 또는 엷어지는데, 거기서부터 "다소 강하면서 신중하게 다루어진 그늘과 색조를 통해 사물들이 밖으로 나온다." 이는 데자르그에게서와 마찬가지로, 원근법을 역전시키거나 "눈 대신 빛들을, 대상 대신 불투명한 것을, 그리고 투사 대신 그림자를" 놓는 것으로 충분하다.[19] 뵐플린은 증가하고 감소하며 정도에 따라 퍼지는 빛의 이러한 점진성에서 교훈을 끌어냈다. 그것은 밝음의 상대성(운동도 그런 것만큼이나), 밝음과 어둠의 분리 불가능성이자, 윤곽의 소멸이며, 요컨대 빛의 자연학과 관념의 논리학이라는 이중의 관점에서, 여전히 르네상스의 인간으로 머물러 있었던 데카르트와의 대립이다. 밝은 것은 끊임없이 어두운 것 속으로 빠져든다. 명암은 두 방향으로 움직일 수 있는 계열을 따라 모나드를 채운다: 한쪽 극단에는 어두운 바탕, 다른 극단에는 봉인된 빛; 후자가 밝혀질 때, 전용 구역 안에서 흰색을 산출하지만, 그러나 흰색은 점점 더 그늘지게 되고, 그것이 모든 모나드 안에서 어두운 바탕을 향해 퍼져감에 따라, 어둠, 점점 더 넓어지는 그림자에 자

---

19 *Préceptes pour avancer les sciences*(GPh, VII, p. 169). 그리고 *Nouveaux essais*, II, chap. 9. §8.

리를 내어준다. 계열의 밖에서는, 한편으로, "빛이 있으라"고 말했던 신(神)과 그와 더불어 거울-흰색을 갖는다. 그러나 다른 한편에서는 받아들인 광선들을 더 이상 반사하지 않는 무한히 많은 구멍들에 있는 어둠 혹은 절대적인 검정, 궁극적으로 이 모든 구멍들로 만들어져 있는 스폰지같이 무한히 구멍 뚫린 물질을 갖는다.[20] 광선 혹은 두 층의 주름은 어둠과 여기서 추출한 어두운 바탕 사이를 지나가는가? 궁극적으로, 그렇다. 아래층이 동굴 안에 또 동굴이 뚫려 있는 것 이외에 다른 것이 아닌 한에서, 물질이 물 아래에 눌려 있고 거의 진공으로 환원되는 한에서 그렇다. 반면 구체적인 물질은 그 위에 있고, 그 구멍들은 점점 더 미세해지는 물질로 이미 채워져 있다. 그 결과 두 층의 주름은 차라리 두 종류의 충만한 주름들의 공통 경계와 같다.

철학의 무대 위로 독일이 등장한 것은, 니체에 따르면 "심오하다"기보다는 주름과 겹주름들로 충만한 것으로서 드러나는 독일적인 영혼 전체를 함축한다.[21] 어떻게 라이프니츠의 초상화를, 열린 파사드와 닫힌 내부성의 극단적인 긴장의 표시 없이 그릴 수 있을까? 그 각각은 서로 독립적이면서도 또한 이상한 예정된 상응관계에 의해 지배받는데 말이다. 이는 거의 분열증적인 긴장이다. 라이프니츠는 바로크적인 특질 속에서 나아간다. "독일의 유형으로서 라이프니츠는 칸트보다 흥미롭다: 순진하고, 고상한 말로 가득하고, 교묘하고, 융통성 있고, 유순하고, (기독교와 기계론 철학 사이의) 매개자이고, 마음속으로는 놀라운 대담성을 갖고 있고, 가면 밑에 본심을 감춘 채 정중하게 괴롭히고, 겉보기엔 겸손하다…… 라이프니츠는 위험하다. 파사드와 그것의 철학을 필요로 하는 훌륭한 독일인이지만, 무모하고 자신 안에서는 극도로 신비롭다."[22] 궁정 가발은 안정된 감정 상태에서 아무것에도 타격을 입히지 않

---

20 검정, 어두운 바탕('fuscum subnigrum'), 색깔들, 흰색과 빛은 다음에서 정의된다. *Table de définitions*, C, p. 489.

21 Nietzsche, *Par-delà le bien et le mal*, VIII, § 244.

22 Bertram, *Nietzsche*, Ed. Rieder, p. 233에서 재인용.

겠다는 맹세로서의 하나의 파사드, 입구이며, 이러저러한 관점에서, 이러저러한 거울 속에서, 문을 두드리는 어떤 교신자나 반대자의 상정된 지성에 따라, 자신의 체계를 제시하는 기술이다. 반면, 〈체계〉 자체는 위에서, 자기 자신에 향해 있으면서, 자신이 그 비밀을 간직한 아래와의 타협에서 절대로 아무것도 잃지 않으며, 반대로 닫힌 문과 막힌 창들이 있는 방안에서, 자신을 심화시키거나 주름을 더 만들기 위해 "모든 측면에서 가장 좋은 것"을 취한다. 이 방안에 갇혀 있으면서, 라이프니츠는 이렇게 말한다: 모든 것은 "완전성의 정도에서 차이나는 같은 사물이다."

바로크의 가장 훌륭한 발견자들, 가장 훌륭한 주석가들은 그 관념의 일관성에 대해 의심했으며, 자신들의 의향에 반하여 그 관념이 임의적으로 확장될지 모른다는 것을 두려워했다. 그리하여 사람들은 바로크를 단 하나의 장르(건축)로 제한하는 것, 혹은 점점 더 제한적인 시공간으로 규정하는 것, 심지어는 극단적인 부인까지도 목격하였다: 바로크는 실존한 적이 없었다는 것이다. 그러나 일각수나 장밋빛 코끼리를 부인하듯 바로크의 실존을 부인하는 것은 이상하다. 왜냐하면 그 경우들에는 개념이 주어져 있지만, 반면 바로크의 경우에는 사람들이 그것에 실존을 부여할 수 있는(또는 없는) 개념을 발명할 수 있는지를 아는 것이 문제가 되기 때문이다. 불규칙한 진주들은 실존하지만, 바로크는 실존 근거를 형성하는 개념 없이는 아무런 실존 근거를 갖지 않는다. 바로크를 실존하지 않게 만드는 일은 쉬우며, 그것의 개념을 설정하지 않는 것으로도 충분하다. 따라서 라이프니츠가 가장 전형적인 바로크 철학자인지, 또는 그가 바로크를 그 자체로 실존할 수 있게 하는 개념을 형성하는지 묻는 것은 결국 같은 것으로 귀착된다. 이런 관점에서, 라이프니츠와 바로크를 근접시켰던 사람들은 종종 너무 큰 개념의 명목하에서 그렇게 했었다. 이를테면, 크네히트와 "대립적인 것들의 일치"; 뷔시-그뤽스만은 훨씬 더 흥미로운 규준, 즉 보기voir와 응시regard의 변증법을 제안한다. 그러나 이 규준은 이번에는 아마도 너무나 제한적이어서, 단지 광학적인 주름을 정의하는 것만 허용할 것이다.[23] 사실 우리에게 바로크의 규준 또는 조작적 개념은, 그 모든 내포와 외연의 〈주름〉이다: 주름에 따른 주름. 만일 바로크를 정확한 역사적 경계 밖으로 연장시킬 수 있다면, 우리가 보기에 이것은 언제나 이 규준 덕분이며, 이로 인해 우리는 「주름들 안에서 살기Vivre dans les plis」를 썼을 때의 미쇼, 말라르메를 원용하며 「주름에 따른 주름」을 작곡했을 때의 불레즈, 주름잡기를 방법으로 삼았을 때의 한타이를 재인식하게 된다. 그리고 반대로 과거로 거슬러 올라가면, 예를 들어 우첼로에게서 우리는 어떤 이유로 이미 바로크적인 것을 발견하게 되는가? 그것은 그가 파랗고 붉은 말들을 그리는 데에, 그리고 하늘의 모든 점으로 향한 광선들처럼 창들을 위로 그려 올리는 데에 만족하지 않았기 때문이다: 그는 끊임없이 "드리워진 천 주름들이 얼굴 전체를 감싸도록 머리 위에 얹는, 나사천으로 덮여 있는 나무로 된 테인 마조키"를 그린다.[24] 그는 동시대인들의 몰이해와 충돌한다: 왜냐하면 "모든 사물들을 **최고의 힘**으로 전개하는 역량과 주름 있는 샤프롱[25]들의 이상한 계열이 그에게는 위대한 도나텔로의 대리석의 장엄한 형태들보다 더 계시적인 것으로 보였기 때문이다."[26] 따라서 정확히 주름을 따라 지나가고, 건축가, 화가, 음악가, 시인, 철학자들을 한데 모을 수 있는 바로크적인 선이 있을 것이다. 물론 누군가는 주름의 개념이 이번에는 너무 큰 것으로 남아 있다고 반박할 수 있을 것이다. 조형 예술로 한정해서 말하자면, 어떤 시기와 어떤 스타일이 회화와 조각의 특질로서의 주름을 무시할 수 있겠는가? 이것은 단지 옷일 뿐만 아니라, 신체, 바위, 물, 땅, 선이다. 발트뤼세티는 주름

---

23 Herbert Knecht, *La logique de Leibniz, essai sur le rationalisme baroque*, Ed. L'Age d'homme; Christine Buci-Glucksmann, *La folie du voir, De l'esthétique baroque*, Ed. Galilée(저자는 라캉과 메를로-퐁티에 준거해 바로크에 대한 개념화를 전개한다).

24 우첼로의 그림 「산 로마노San Romano 전투」 참조. 마조키mazocchi는 모자의 일종이다 (옮긴이).

25 chaperon: 두건의 일종이다(옮긴이).

26 Marcel Schwob, *Vies imaginaires*, pp. 10~18, 229~31.

을 일반적으로 분리를 통해, 그렇지만 분리된 두 항을 서로서로 되던지는 분리를 통해 정의한다. 이런 의미에서 그는 로마네스크의 주름을 형태적인 것과 기하학적인 것의 되던짐-분리를 통해 정의한다.[27] 마찬가지로 공허와 충만의 되던짐-분리를 통해 동양의 주름을 정의할 수 있지 않을까? 그리고 다른 모든 것들은 각 차례마다 비교 분석 속에서 정의되어야 할 것이다. 우첼로의 주름은 사실 바로크적이지 않다. 왜냐하면 그것들은 비록 모호하긴 하지만, 여전히 견고하게 기하학적인, 다각형적인, 변곡 없는 구조 안에 잡혀 있기 때문이다. 따라서 우리가 바로크와 주름의 조작적 동일성을 유지하고자 한다면, 주름이 다른 경우들 안에서는 경계 안에 머물러 있다는 것, 그리고 바로크에서는 규정 가능한 조건들을 가진 경계가 없는 해방이 인식된다는 점이 보여야 한다. 주름들은 자신들의 지지대, 직물(織物), 화강암과 구름에서 빠져나와 무한한 윤곽 속으로 들어가는 것 같다. 엘 그레코의 「올리비에 정원의 예수」(런던 국립박물관 소장)처럼. 또는 특히 「예수의 세례」에서는, 장딴지와 무릎의 반대-주름, 즉 장딴지의 역으로서의 무릎이 다리에 무한한 파동을 부여한다. 반면 한가운데 구름의 뾰족한 부분은 그것을 이중의 부채로 변형시킨다…… 바로크의 극단적인 특수성을 설명하고, 그것의 역사적 경계 밖으로 자의적인 확장 없이 바로크를 연장시킬 가능성을 설명해야 하는 것은 엄밀하게 포착되는 같은 특질들이다: 예술 일반에 대한 바로크의 공헌, 철학에 대한 라이프니츠주의의 공헌.

1. 주름: 바로크는 무한한 작업 또는 작동을 발명한다. 문제는 주름을 어떻게 유한하게 할 것인가가 아니라, 어떻게 그것을 계속 이을 것인가, 그것으로 하여금 천장을 가로지르도록 할 것인가, 그것을 무한하게 실어나를 것인가 하는 점이다. 즉 주름은 단지 모든 물질에 영향을 주는 데에 멈추지 않는다. 여기에서 물질은 그러므

27 Baltrusaitis, *Formations, déformations*, Ed. Flammarion, chap. IX.

로 스케일, 속도 그리고 상이한 벡터들에 따라 표현의 물질이 된다(산과 물, 종이, 천, 살아 있는 조직, 뇌). 주름은 더 나아가 〈형상〉을 결정하고 나타나게 하며, 이것을 표현의 형상, **게슈탈트**, 발생적 요소 또는 변곡의 무한한 선, 유일한 변수를 가진 곡선으로 만든다.

2. 내부와 외부: 주름은 물질과 영혼, 파사드와 닫힌 방, 외부와 내부를 분리시키거나 또는 그 사이를 통과한다. 즉 변곡의 선은 끊임없이 스스로 분화하는 하나의 잠재성이다: 이것은 양 측면 각각에서, 영혼 안에서 현실화되고, 반면 물질 안에서 실재화된다. 이것이 바로크의 특질이다: 외부는 언제나 외부로, 내부는 언제나 내부로. 무한한 '수용성,' 무한한 '자발성': 수용의 외부 파사드 그리고 작용의 내부 방. 바로크 건축은 오늘날에 이르기까지 끊임없이 두 원리를, 즉 운반의 원리와 내부 장식의 원리를 대조시켰다(때로는 그로피우스, 때로는 로스).[28] 이 둘 사이의 화해는 직접적이진 않겠지만, 필연적으로 조화롭고, 새로운 조화의 영감을 불러일으킨다: 이것은 동일하게 표현된 것, 선이다. 이 선은 영혼의 내부에서 노래가 상승하는 것 안에서 기억 또는 심장을 통해서, 그리고 물질적 분할의 외부적 제작 안에서 원인에서 원인으로 스스로를 표현한다. 그러나, 또는 그러므로, 표현된 것은 그 표현 밖에서는 실존하지 않는다.

3. 높은 곳과 낮은 곳: 분리의 완전한 일치, 또는 긴장의 해소는 두 층의 분배를 통해 이루어지는데, 여기에서 두 층은 단 하나의 같은 세계이다(우주의 선). 파사드-물질은 아래로 가고, 반면에 방-영혼은 위로 오른다. 그러므로 무한한 주름은 두 층 사이를 지나간다. 그러나 스스로 분화하면서, 이 주름은 그 두 측면에 흩뜨려 분산된다: 주름은 주름들로 분화되고, 이 주름들은 내부로 침투하고 외부로 벗어나며, 이렇게 해서 위와 아래로 분절된다. 외부의 조건하에 있는 물질의 겹주름, 울타리의 조건하에 있는 영혼 안

28 Bernard Cache, *L'ameublement du territoire*.

의 주름. 바로크는 대표적인 앵포르멜[29] 예술이다: 땅에, 땅의 표면 가까이에, 손이 미치는 곳에서, 바로크는 물질의 텍스처를 포함한다(현대의 위대한 바로크 화가들, 파울 클레에서 포트리에, 뒤뷔페, 베탕쿠르……). 그러나 앵포르멜은 형상의 부정이 아니다: 그것은 주름 잡힌 것으로 형상을 제시하며, 높은 곳, 영혼 또는 머리 안에서 오로지 '정신적인 것의 풍경'처럼 실존한다. 그러므로 그것은 또한 비물질적인 주름들을 포함한다. 물질들은 바로 바탕이고, 반면 주름 잡힌 형상들은 양식(樣式)이다. 사람들은 물질matières에서 양식manières[30]으로 나아간다. 땅과 지면(地面)에서 주거 양식과 응접실로. 텍스처학에서 주거학으로. 이것은 뒤뷔페의 두 개의 질서, 두 개의 층이며, 여기에는 식별 불가능성에까지 나아가야 하는 이것들의 조화의 발견이 함께한다: 이것은 하나의 텍스처, 또

29 informel: 앵포르멜 예술과 '형상이 없는'이라는 일반적인 뜻을 동시에 염두에 두고 사용되었다. 앵포르멜 예술은 1차 대전 이후 등장한 사조로서, 선묘(線描)의 자동기법, 산란한 기호, 그림물감을 뚝뚝 떨어뜨리거나 석회를 처바르는 기법 등을 구사하여 형상에서 벗어나 공간이나 마티에르에 전념하고자 했다(옮긴이).

30 manière: 일반적으로 '방식,' 예술에서는 '양식', 철학에서는 '양태'를 뜻하며, 이 책에서도 이 다양한 의미가 복합적으로 고려되어 전개되고 있다. 문맥에 따라 번역어를 달리하도록 한다. 이와 관련해 maniérisme은 일차적으로 전기 르네상스와 바로크 사이, 약 1520~1600년에 이탈리아에서 있었던 운동인 마니에리슴(또는 매너리즘)을 지시한다. 예술의 영역에서 이 용어를 처음 사용한 이는 바사리Vasari였는데, 그는 maniera를 '스타일' '~풍'의 의미로 사용했다. 우리의 일상적 어법도 그렇듯이, 이 말도 애초에는 르네상스 대가들의 화풍만을 모방해 그렸다는 부정적인 어감을 가지고 사용되었다가, 이후에 독자적인 사조로 재조명되었다. 르네상스로부터 전개된 마니에리슴은 르네상스의 균형과 조화를 거부하고 감성적인 강렬함과 모호함을 선호한다. 회화에서는 주로 관점과 축소 비율의 왜곡, 복잡하고 산만한 구성, 강하면서도 때로 부조화스러운 색채, 과장된 포즈 등을 통해 표현된다. 건축에서는 르네상스 형태의 유희적인 과장(주로는 축소 비율과 관련하여)과 괴상한 장식의 과잉이 등장한다. 마니에리슴의 대표적인 작가로는 엘 그레코와 틴토레토가 있다. 한편, 들뢰즈는 이 용어를 철학의 영역으로 확장해 라이프니츠 철학의 특성을 규정하고자 한다. 즉 들뢰즈가 라이프니츠 철학을 maniérisme이라고 말하고, 그것을 본질주의essentialisme에 대립시킬 때, 우리는 이것을 '양태주의' 정도로 번역해 받아들일 수 있을 것이다. 이것은 들뢰즈가 라이프니츠 철학의 고유한 방법이라고 얘기한 '부차적인 것 말하기vice-diction'와 밀접한 연관을 갖는다. 즉 그것은 양태, 속성 등의 부차적인 것을 통해 본질적인 것의 규정에 도달하게 됨을 의미한다. 여기서는, 예술 사조로서의 maniérisme과의 일관성을 고려해, '마니에리슴'이라고 번역하기로 한다(옮긴이).

는 영혼의 주름, 사유의 주름인가?[31] 자신의 텍스처를 드러내는 물질은 재료가 되고, 마찬가지로 자신의 주름들을 드러내는 형상은 힘이 된다. 바로크에서 물질과 형상을 대체하는 것은 재료-힘의 쌍이다(원초적인 힘은 영혼의 힘이다).

4. 펼침: 이것은 확실히 접힘의 반대나 소멸이 아니라, 접힘 작용의 연속 또는 확장, 접힘이 현시(顯示)되는 조건이다. 접힘이 재현되기를 멈추고, '방법,' 작동, 작용이 되면, 펼침은 바로 이러한 방식으로 표현되는 작용의 결과가 된다. 한타이는 관(管) 모양의 우글거리는 주름을 재현하면서 시작하지만, 곧 천이나 종이를 접는다. 그러므로, 이것은 '습작'과 '화판'이라는 두 개의 극점과 같다. 때로는 표면이 국소적이고 불규칙적으로 접히고, 그리고 이것은 열려 있는 주름의 색칠된 외부 면들이어서, 그 결과 늘어남, 늘어놓음, 펼침은 색의 범위와 흰색의 범위를 서로의 위에서 변조시키면서 변하게 한다. 때로는 고체가 모서리를 따라 규칙적으로 접힌 평면 위에 내부 면들을 투사한다: 여기에서는, 주름이 받침점을 갖는데, 각 교차점에서 묶이고 닫히고, 펼쳐지면서 내부의 흰색을 회전하게 한다.[32] 때로는 물질의 겹주름 안에서 색을 진동시키고, 때로는 비물질적인 표면의 주름 안에서 빛을 진동시킨다. 그렇지만, 무엇 때문에 바로크의 선은 한타이의 하나의 가능성일 뿐인가? 그는 끊임없이 다른 가능성에 대면하는데, 그것은 동양의 선이다. 색칠된 것과 그렇지 않은 것은 형상과 바탕처럼 분배되는 것이 아니라, 상호적인 생성 안의 충만과 공허처럼 분배된다. 바로

31 물질적인 그리고 비물질적인 '두 질서'에 관해서, Jean Dubuffet, *Prospectus et tous écrits suivants*, Gallimard, II, pp. 79~81. 다음을 참조할 수 있다. *Catalogue des travaux de Jean Dubuffet*: "Tables paysagées, paysages du mental"; 그리고 "Habitats, Closerie Falbala, Salon d'été" (주거학적인 〈작은 방〉은 모나드의 진정한 내부이다).

32 한타이와 접기의 방식에 관해서, Marcelin Pleynet, *Identité de la lumière*, catalogue Arca Marseille 참조. 또한 Dominique Fourcade, *Un coup de pinceau c'est la pensée*, catalogue Centre Pompidou; Yves Michaud, *Métaphysique de Hantaï*, catalogue Venise; Geneviève Bonnefoi, *Hantaï*, Beaulieu.

이렇게 해서, 한타이는 주름의 눈을 비어 있게 하고, 측면들만을 색칠한다(동양의 선); 하지만 또한 공허가 더 이상 존속할 수 있게 내버려두지 않도록 같은 지역 안에서 연속적으로 접는다(바로크의 충만한 선). 아마도 동양에 대면하는 것은 근원적으로 바로크에 속하는 것이라고 말할 수 있을 것이다. 이것은 이미 이진법 산술과 함께한 라이프니츠의 모험이다: 1과 0에서 라이프니츠는 중국적인 방식의 충만과 공허를 인식한다. 그러나 바로크의 라이프니츠는 공허를 믿지 않으며, 그가 보기에 이것은 겹주름 잡힌 물질로 언제나 가득하다. 그 결과 이진법 산술은 십진법 체계 그리고 자연 자체가 외형적인 공허 안에 감춰둔 주름들을 꺼내어 중첩시킨다. 주름들은 바로크와 라이프니츠에게서 언제나 충만하다.[33]

5. **텍스처들**: 라이프니츠의 자연학은 두 가지 주요한 항목을 포함한다. 하나는 소위 파생적인 능동적 힘들과 관계하며, 이는 물질과 관계한다. 다른 하나는 수동적인 힘 또는 재료의 저항력, 텍스처다.[34] 베르나르 카슈가 지시한 바로크의 형태(늘어남이라기보다는 이력 현상)에 따라, 늘어남이 주름과 대립된다기보다는, 표현된 것이 순수 상태와 대립될 때, 파열 또는 갈라진 틈 앞에서 텍스처가 가장 잘 나타나는 것은 아마도 경계에서일 것이다. 여기에서 여전히 주름은 균열과 구멍을 거부하며, 같은 회화적 시선에 속하지 않는다. 일반적으로, 물질의 텍스처를 구성하는 것은, 그 물질이

---

33 라이프니츠는 이진법 산술에서, 수의 계열들 안에 있는 주기성(週期性)을 발견하기를 기대했다: 소수의 경우에서처럼, 자연이 아마도 "자신의 겹주름들 안에서" 감추고 있을 주기성(*Nouveaux essais*, IV, chap. 17, §13).

34 텍스처와 관련하여, 데 보스에게 보내는 편지, 1715년 8월. 라이프니츠의 자연학은 재료들의 저항력에 관한 지속적인 관심을 보여준다.

스스로 접히는 방식이다: 이것은 이질적이고 실재적으로 구별되는 부분들에 의해서가 아니라, 특정한 주름들에 힘입어 그 부분들이 분리 불가능하게 되는 방식을 통해 정의된다. 여기에서, 바로크와 조작적 관계에 있는 마니에리슴Maniérisme이라는 개념이 나온다. 이는 라이프니츠가 '종이 또는 막'을 원용하면서 말했던 것이다. 모든 것은 자신의 방식으로 스스로 접힌다. 끈과 막대기, 뿐만 아니라 광선(光線)의 오목함과 볼록함에 따라 배분되는 색깔들, 그리고 "떨리는 부분들이 짧고 당겨질수록" 날카로워지는 소리들. 텍스처는 그러므로 부분들 그 자체에 의존하는 것이 아니라, 그 부분들의 '응집성'을 규정하는 층들에 의존한다: 대상의 새로운 지위, 대상류는, 굴곡들과 겹주름들의 경우에서만큼이나, 팽창하는 상이한 층들과 분리 불가능하다. 물질은 자신이 받아들일 수 있는 주름들과 관련하여 표현의 물질이 된다. 이런 관점에서 물질의 주름 또는 텍스처는 여러 요인에 관계해야만 하며, 그리고 무엇보다도 빛, 명암 대조,[35] 주름이 빛을 받아들이는 방식은 그 자체로 시간과 조명에 따라 달라진다(트로뫼르, 니콜 그르노가 수행한 동시대의 연구들). 그리고 또한 깊이에 의존한다: 어떻게 주름은 중첩 가능하며 '얕은 깊이'를 스스로 규정하고, 어떻게 종이의 주름은 우리의 스케일로 최소의 깊이를 정의하는가. 마치 '실제처럼 보이는 그림'에 있는 편지꽂이함에서 보듯이 말이다. 여기에서는 꺾어진 카드의 재현이 이쪽 벽에 깊이를 던진다. 마찬가지로, 끊임없이 회화에 영감을 주었으며, 오늘날 하인젠이 새로운 잠재력을 불어넣은 천의 부드럽고 중첩 가능한 깊이. 줄무늬의 주름 잡힌 천의 재현이 그림 전체를 뒤덮으면, 이번에는 이슬람에서 온 선을 좇는 낙하와 상승, 파도와 태양 안에서 신체는 사라진다. 그러나 여전히 물질이라는 무대는, 이것이 늘어남 또는 이력 현상 안에서 포착되

---

35 clair-obscur: 회화의 명암법을 의미한다. 참고로, 이탈리아어에서 유래해 널리 쓰이는 말로 chiaroscuro가 있는데, 이 말 자체가 밝음과 어둠이라는 두 낱말의 합성어이다(옮긴이).

고 단단해진 물질인 한, 또 다른 물질의 주름들을 자기 안에서 표현할 수 있게 된다. 마치 르농시아의 나무 조각들에서, 레바논의 삼나무가 유연한 덮개천이 되고, 혹은 파라냐의 소나무가 '면(綿)과 깃'이 될 때처럼 말이다.[36] 끝으로, 이 모든 물질의 텍스처가 보다 상승된 지점, 즉 형상들을 포괄하고, 형상을 포괄된 것으로 보존하고, 아래의 물질적 주름들의 비밀만을 간직하는 정신적인 점을 향해 나아가는 방식. 이것은 어디에서 나오는가? 이것은 합성 부분들로 설명되지 않으며, '북적거림,' 윤곽의 영구적인 자리옮김은 정신적인 어떤 것, 뒤뷔페가 말한 것처럼 사유 질서의 마술환등이 물질 안에 투사되는 것에서 오는데 말이다. 또 다른 방식으로는, 조각가 장클로가 비록 유비적이긴 하지만 다른 길을 찾아낸다. 그 길이란, 무한하게 겹주름 잡혀 있고 이어 있고 매어 있는 자연적인 양배추 잎, 또는 무한하게 늘어나 있는 나사천으로부터 형이상학적인 작은 완두콩들로 나아가고, "잠의 주름들"이라는 표현에 충만한 의미를 부여하는 정신적인 잠자는 사람들 또는 모나드들의 머리로 나아갈 때 나타난다.[37] 능동적이거나 수동적인, 물질의 파생적 힘들은 영혼의 힘들인 원초적 힘들을 지시한다. 언제나 두 개의 층, 그리고 이것들의 조화, 이것들의 조화 작용.

6. 패러다임: 주름의 모델에 대한 탐구는 물론 물질의 선택을 거쳐간다. 그것은 동양이 보여주듯 종이의 주름인가, 아니면 서양을 지배하는 듯한 직물의 주름인가? 그러나 정말 문제가 되는 것은, 주름의 물질적 합성체들(텍스처)이 형상적 요소 또는 표현의 형식

36 르농시아Christian Renonciat: 1947년 생으로 소르본 대학에서 문학과 철학을 전공했다. 졸업한 후에 나무를 재료로 조각 작업을 시작했고, 80년대 이후 다양한 재료로 활동 영역을 넓혀갔다. 특히, 1980년대 제작된 '주름에 따른 주름pli selon pli'이라는 이름으로 분류된 작품들이 중요하다. 이 중에는 「Bâche 8 plis」(1985)라는 작품이 들어 있는데, 나무 재료를 사용하여 마치 천이 구겨지고 접혀져 있는 것처럼 제작하였다. 또한 「Trench Coat」라는 작품은 레바논 삼나무를 사용하여 코트를 형상화했다. 한편 파라냐 소나무란 브라질 남부 파라냐Paraña 강 인근에서 자라는 소나무를 말하는데, 뛰어난 재질로 유명하며 높이가 30m에 이른다(옮긴이).

37 Jeanclos-Mossé, *sculptures et dessins*, Maison de la culture d'Orléans.

을 은폐해서는 안 된다는 것이다. 이러한 관점에서 볼 때, 그리스의 주름은 만족스럽지 않다. 그것이 가장 높은 영역들, 정치 권력, 사유 역량에서 가치를 내보이려는 정당한 야망을 가졌지만 말이다: 얽어 짜는 것으로서의 직조(織造)의 플라톤적인 패러다임은 여전히 텍스처에 머물러 있으며 주름의 형상적 요소들을 끌어내지 않는다. 즉 『정치가』와 『티마이오스』가 보여주는 것과 같은, 그리스의 주름은 서로 뒤섞여 있는 두 항의 공통 척도를 상정하며, 따라서 그 비율의 반복에 상응하는 원을 설정하면서 작동한다. 이러한 이유에서, 플라톤에게서 형상들은 주름 잡혀 있지만, 그러나 누구도 주름의 형상적 요소에는 도달하지 않는다. 이것은 무한과 더불어서, 통약 불가능한 것과 척도에서 벗어난 것 안에서, 가변적 곡률이 원의 왕위(王位)를 대체할 때에만 나타날 수 있다.[38] 이러한 것이 바로크 주름의 상황이며, 더불어 사유 역량과 정치 권력에 상응하는 바로크 주름의 위상이다. 패러다임은 '마니에리슴적'인 것이 되며, 주름의 형상적 연역에 도달한다. 이러한 의미에서, 정신과 의사 클레랑보가 이슬람에서 온 주름에 대해 가지는 취향, 그리고 베일을 쓴 여자들을 담은 그의 기이한 사진들, 오늘날 하인젠의 그림에 근접한 진정한 그의 그림들은, 누가 무엇이라 하든 간에 단순히 사적인 도착(倒錯)을 보여주진 않는다. 말라르메의 숄, 그리고 패션 잡지를 편집했던 그의 욕망과 마찬가지인 것이다. 만일 클레랑보에게 어떤 착란이 있었다면, 그것은 그가 에테르 중독자의 환각적인 미세 지각들 안에서 재발견한 주름들을 좇았기 때문이다. 이렇듯 물질들과 가장 다양한 영역들을 포개는 일이 형상적 연역에 귀속된다. 형상적 연역은 여기에서 다음을 구분할 것이다: 단순한 그리고 합성된 〈주름들〉; 〈접은 가장자리〉(이때 매듭과 바느질은 주름에 의존하는 것들이다); 받침점이 있는 〈나사 천의 주름들〉.[39] 물질적 〈텍스처들〉이 나오는 것은 그 다음이다. 그리고 마

---

38 '공통 척도'의 현존과 부재에 관하여, *De la liberté*(F, p. 178).

39 Papetti, Valier, Fréminville et Tisseron, *La passion des étoffes chez un neuropsychiatre,*

지막으로 〈집적체〉 또는 〈응집체〉(펠트, 이는 직조〔織造〕가 아니라 압축에 의한 것이다). 우리는 앞으로 이 연역이 어떤 점에서 바로크 또는 라이프니츠 고유의 것인지 볼 것이다.

G. G. de Clérambault, Ed. Solin, 또한 사진들의 전재(全載)와 나사천 주름에 관한 두 번의 강연(pp. 49~57) 참조. 지나치게 많은 주름 사진들이 클레랑보 자신이 선택한 장면을 지시한다고 믿을 수 있을 것이다. 그런데 식민지 시대에 통용된 우편 엽서들은 또한 모로코 여자들의 얼굴을 포함하여 그들의 의상을 완전히 뒤덮고 있는 주름들의 체계를 보여준다: 이것은 이슬람풍의 바로크이다.

제2부 **포함**

제4장 충족 이유

"모든 것은 이유를 갖는다……" 널리 알려진 이 정식은 이미 이 원리의 감탄문적인 성격을, 이 원리와 외침의 동일성을, 가장 전형적인 〈이유〉의 외침을 충분히 암시한다. 모든 것은, 무엇이 일어나든지 간에, 일어난 어떤 것이다. 일어난 모든 것은 이유를 갖는다![1] 어떠한 원인이 우리가 찾으려는 이런 이유가 아니라는 점은 알려져 있다. 사물의 상태를 바꾸기 위한 것이든지, 사물을 생산하거나 파괴하기 위한 것이든지 간에, 원인은 일어난 것의 순서와 관련된다. 그러나 이 원리는, 인과관계를 포함하여, 어떤 사물에서 일어난 모든 것이 하나의 이유를 갖도록 요청한다. 우리가 사물에 일어난 것을 사건이라 부른다면, 그 사물이 사건을 겪는 것이든지 아니면 사건을 일어나도록 하는 것이든지 간에, 충족 이유란 사건을 사물의 술어들 중의 하나로서 포함하는 것이라고 말할 수 있을 것이다: 사물의 개념, 또는 관념. "술어 또는 사건"이라고 라이프니츠는 말한다.[2] 이상에서, 변곡에서 포함으로 나아갔던 길이 이미 있었다. 변곡은 선에서 또는 점에서 일어난 사건이다. 포함은 선이나 점의 개념 안에, 즉 형이상학적이라고 불리는 **다른 점** 안에 변곡을 놓는 술어작용 prédication이다. 마치 사물의 사건으로부터 관념의 술어로, 또는 '보는 것'에서 '읽는 것'으로 나아가는 것처럼, 우리는 변곡에서 포함으로 나아갔다: 우리는, 우리가 사물 위에서 보

---

1 아르노에게 보내는 편지, 1686년 7월 14일.

2 *Discours de métaphysique*, § 14.

는 것을 그것의 개념이나 관념 안에서 읽는다. 개념은 어떤 서명, 어떤 울타리와 같다. 충족 이유는 포함, 즉 사건과 술어의 동일성이다. 충족 이유를 이렇게 말할 수도 있다: "모든 것은 개념을 갖는다!" 형이상학적인 정식으로 하자면, "모든 술어작용은 사물의 본성 안에 토대를 갖는다." 그리고 논리적 정식으로는, "모든 술어는 주어 안에 있다." 그리고 여기에서 주어 또는 사물의 본성은 사물의 관념, 개념이다. 바로크가 '콘체토'[3]에 의해 특징지어진다는 점은 잘 알려져 있는데, 하지만 이것은 바로크의 콘체토가 고전적인 개념concept과 반대되는 한에서 그러하다. 라이프니츠가 개념을 새롭게 개념화했고, 이것으로 철학을 변형시켰다는 점 역시 널리 알려져 있다. 그러나 이 새로운 개념화, 라이프니츠의 콘체토가 무엇으로 구성되어 있는지 말해야만 한다. 데카르트가 앞서 창시한 바 있는 그러한 개념의 '고전적' 개념화에 라이프니츠의 콘체토가 대립된다는 점은, 데카르트주의자인 드 볼데르와의 서신에서 가장 잘 드러난다. 그리고 무엇보다 개념은 단순히 논리적 존재가 아니라 형이상학적 존재다; 일반성이나 보편성이 아니라 개체이다; 이것은 하나의 술어를 통해 정의되지 않으며, 여러 사건-술어들을 통해 정의된다.

그렇지만 이것은 모든 포함에 대해 참인가? 우리가 포함 또는 분석의 중요한 두 가지 유형의 구분에 직면하는 것은 바로 이러한 질문에서이다. 여기에서 분석이란 주어로 이해된 관념 안에서 술어를 발견하는 작업, 또는 술어로 이해된 사건에 대한 주어를 발견하는 작업이다. 라이프니츠는, 필연적 명제 또는 본질에 관한 진리("2 더하기 2는 4이다")의 경우에는 술어가 관념 안에 **명시적으로** 포함되어 있는 반면에, 우연적 실존("아담이 죄를 짓다" "시저가 루비콘 강을 건너다")의 경우에는 포함이 단지 **함축적이거나 잠재적이**

---

3 concetto: concept에 상응하는 이탈리아어. 르네상스와 바로크 예술 이론에서는, 작품 배후에 있는 주지적이고 서사적인 프로그램 혹은 작품 아래 깔려 있는 테마를 가리킨다. 이것은 종종 그리스와 로마의 문학과 신학, 그리고 성서로부터 취해진다(옮긴이).

라고 말하는 것처럼 보인다.[4] 라이프니츠가 종종 암시하듯, 분석이 전자의 경우에는 유한하고fini 후자의 경우에는 무한정하다indéfini 고만 이해해야 하는 것일까? 그러나 우리는 각각의 경우에 개념이나 주어가 정확히 무엇으로 구성되는지 아직 알지 못할 뿐더러, 만일 "명시적인"을 '유한한'과, "함축적인 또는 잠재적인"을 '무한정'과 동일시한다면 우리는 이중의 오해의 위험에 빠지게 된다. 본질은 신 자체의 무한함infinité으로부터 분리될 수 없기 때문에, 그 본질 분석이 유한하다면 놀라운 일이 될 것이다. 또한 실존 분석도 세계의 무한함과 분리될 수 없으며, 이 무한함은 무한한 다른 모든 것들보다 현실적임에 있어 뒤지지 않는다: 만일 세계 안에 무한정이 존재한다면, 신은 여기에 종속되지 않을 것이며 따라서 분석의 끝을 보게 되겠지만, 사정은 이와 같지 않다.[5] 요컨대, 명시적임을 유한과 동일시할 수 없으며, 마찬가지로 라이프니츠가 주장한 잠재적임을 현실적이지 않은 무한정과 동일시할 수 없다. 라이프니츠가 함축적임 또는 잠재적임을 실존의 포함에 고유한 것으로뿐만 아니라, 또한 본질의 포함의 유형으로도 제시하는 아주 중요한 텍스트를 고려한다면, 이러한 어려움은 배가된다: 명시적인 포함의 경우("2 더하기 2는 4이다")와 잠재적인 포함의 경우("모든 12의 배수는 6의 배수이다")로 나뉘는 것은 필연적 명제들이다.[6] 본질 명제는 명시적인 또는 함축적인 모든 종류의 분석에 맡겨지며, 반면 실존 명제는 극한에서 이로부터 벗어난다고도 말할 수 있을 듯하다.

---

4 *Discours de métaphysique*, § 8과 13 참조.

5 *De la liberté*(F, pp. 180~81): "신만이 분해의 끝, 즉 도달할 수 없는 끝이 아니라, 항들의 연결을 주어 안 술어의 전개로서 본다. 왜냐하면 신 자신이 계열 안에 있는 각각의 것을 보기 때문이다."

6 *De la liberté*(p. 183), 또한 *Sur le principe de raison*(C, p. 11), *Vérités nécessaires et vérités contingentes*(C, pp. 17~18), 또는 단편 X(GPh, VII, p. 300) 참조. 이 텍스트들은 유사한 수학적 예를 제시하며, 동의어들을 사용한다('virtualiter'와 마찬가지로 'latebat' 또는 'tecte'). 그러므로 쿠튀라는 올바른 근거에서 다음과 같이 말했다: "필연적 진리는 동일하다. 어떤 것들은 명백하게⋯⋯, 다른 것들은 잠재적으로 또는 함축적으로"(*La logique de Leibniz*, Olms, p. 206).

첫번째 과제는 본질을 정의하는 일이 될 것이다. 그런데 우리는 정의(定意)가 무엇인지 모르고서는 이 과제를 수행할 수 없는데, 따라서 우리는 이미 정의 가능한 본질들로부터, 이것들이 전제하는 것에 대해서는 알지 못한 채로 출발한다. 정의는 하나의 항(피정의항)과 적어도 두 개의 다른 항들(정의항들 또는 이유들)간의 동일성을 설정한다. 피정의항을 정의로 대신할 수 있는 치환이 있으며, 이러한 치환은 **상호적인 포함**을 구성한다: 예를 들어, 나는 2와 1을 가지고 3을 정의한다. 그러므로 몇 가지 사항을 주석으로 덧붙여야 한다. 첫째, 피정의항의 가능성을 보여주는 실재적인 또는 발생적인 정의가 문제된다: 우리는 1, 1과 1로, 또는 8 - 5로 3을 정의하지 않으며, 3이 포함하거나 3을 포함하는 소수 nombres premiers를 가지고 3을 정의한다. 둘째, 이러한 정의는 단지 유(類)나 종차(種差)에 의해 작동하지 않으며, 개념의 이해나 확장을 요청하지 않고, 게다가 유명론적 정의로 회귀하는 추상이나 일반성을 요청하지도 않는다. 셋째, 논증은 정의의 연쇄로서, 즉 상호 포함의 연쇄화로서 정의될 수 있다: 바로 이렇게 해서 "2 더하기 2는 4다"라고 논증한다.[7] 끝으로, 이미 아리스토텔레스가 '앞에 옴'과 '뒤에 옴'이라고 말한 바 있던 — 비록 여기에는 시간의 순서가 존재하지 않지만 — 선행(先行)이 복잡한 관념이라는 점을 우리는 예감한다: 정의항들 또는 이유들은 피정의항에 선행해야 한다. 왜냐하면 정의항들은 피정의항의 가능성을 규정하기 때문인데, 그러나 이것은 오직 '잠재태'에 따라 그러하지, '현실태'에 따라 그러한 것은 아니다. 현실태는 반대로 피정의항의 선행을 전제한다. 이로부터 바로 상호 포함, 그리고 모든 시간 관계의 부재가 등장한다.

그러므로 자명하게도, 정의에서 정의로 비시간적인 연쇄를 거슬러 올라가본다면, 정의할 수 없는 것에, 즉 마지막 이유들이면서

---

7 *Nouveaux essais*, IV, chap. 7, § 10.

더 이상 정의될 수 없는 정의항들에 도달한다. 왜 무한정하게 진행하지 않는가, 이 질문은 우리가 실재적인 정의들 사이에 놓이게 되자마자 모든 의미를 상실한다. 왜냐하면 무한정은 유명론적인 정의만을 제공하게 되며 또한 그러했기 때문이다. 만일 우리가 처음부터 실재적인 정의가 무엇인지 알았더라면, 정의할 수 없는 것으로 시작했어야만 했을 것이다. 그러나 우리는 이렇게 중간적인 것을 가지고 뛰어들고, '앞에 옴'과 '뒤에 옴'의 질서 안에서 절대적으로 일차적인 것으로서 다음을 발견한다: "단순하고 원초적인 관념." 정의에서 정의로 갈 때(논증), 정의할 수 없는 항들로부터 출발할 수 있을 뿐이며, 이 항들은 일차적인 정의 안에 들어온다. 이 정의 불가능한 것들은 분명히 정의들과 같이 상호 포함이 아니라, **자기-포함**이다: 이것들은 순수 상태, 〈동일적인 것들Identiques〉이며, 그러므로 각각은 자신을 포함하며 오직 자신만을 포함하고, 각각은 오직 자기 자신하고만 동일시될 수 있다. 라이프니츠는 동일성을 무한 안으로 실어 나른다: 〈동일적인 것〉은 무한의 자기-정립이며, 이것이 없다면 동일성은 가언적인 것으로 남는다(만일 A가 있다면, A는 A이다……).

동일성의 이러한 특징은, 라이프니츠가 이 원리들로부터 매우 특별하고 정말 바로크적인 개념화를 만들어냈다는 점을 보여주기에 충분하다. 오르테가 이 가세트는 이러한 관점에서 일련의 섬세한 주석을 했다: 한편으로, 라이프니츠는 이 원리들을 좋아하며, 그리고 끊임없이 원리들을 발명해낸 거의 유일한 철학자일 것이며, 그는 기쁨과 열정으로 원리들을 발명하며, 무기처럼 이것들을 휘두른다; 하지만 다른 한편으로, 그는 이 원리들을 가지고 유희하며, 이 원리들의 정식을 다양화하며multiplier, 원리들간의 관계를 변화시키고, 끊임없이 원리들을 '증명'하고자 한다. 원리들을 너무나도 좋아해서, 마치 이것들에 대한 존중이 부족하기라도 한 것처럼.[8] 라이프니츠의 원리들은 보편적인 공허한 형식이 아니다; 이 원리들로부터 존재를 만들어내는 기체(基體)나 유출은 더욱이 아니다. 그것들은 존재의 등급을 규정한 것이다. 만일 원리들이 우리에게 외침으로 나타난다면, 이것은 원리 각각이 하나의 등급의 존재들의 현존을 신호로 나타내기 때문이며, 이때 이 존재들은 스스로 소리를 지르며, 그 외침을 통해 자신들이 식별되도록 한다. 이러한 의미에서, 우리는 동일성의 원리가 우리로 하여금 아무것도 인식하지 못하게 한다는 것을 믿지 않는다. 비록 그 원리가 우리로 하여금 그 인식 안으로 침투해 들어가게 하지는 못한다 할지라도 말이다. 동일성의 원리, 정확히 말해 모순의 원리는, 라이프니츠가 말하듯, 하나의 등급의 존재들, 완전한 존재들인 바로 이 〈동일적인 것들〉을 인식할 수 있게 해준다. 동일성의 원리, 정확히 말해 모순의 원리는 오로지 〈동일적인 것들〉의 외침이며, 그것으로부터 추상화된 것일 수는 없다. 그것은 하나의 신호이다. 〈동일적인 것들〉은 그 자체로 정의 불가능하며, 우리에게 인식 불가능하다; 그럼에도 그것들은 그 원리로 인해 우리가 인식하거나 듣게 되는 하나의 규준을 갖는다.

그 자신에 의해 무한하다고 생각될 수 있는 형상, 어떤 원인에 의해서가 아니라 자기 자신에 의해 무한으로 직접 상승되는 모든 형상은 스스로에게 동일하다: "최후의 정도가 될 수 있는 본성." 이러한 것이 그 규준이다. 예를 들어, 우리는 속도를 무한하다고, 또는 숫자나 색을 그렇게 생각할 수 있는가? 반면, 사유는 무한으로 상승할 수 있는 형상인 듯하고, 또 연장 자체도 그러하다. 이 형상들이 전체도 아니면서, 부분도 가지고 있지 않다는 조건하에서 말이다: 이것들은 '절대자들' '가능한 일차적인 것들' '절대적으로 단순한 원초적 관념들,' A, B, C ······ 이다.[9] 그 각각은 스스로 자신

---

8 Ortega y Gasset, *L'évolution de la théorie déductive, l'idée de principe chez Leibniz*, Gallimard, pp. 10~12.

9 무한으로의 상승에 관한 기준 또는 시금석에 관해서, 그리고 "전체도 부분도" 아니라는 조건에 관해서는, *Nouveaux essais* ······, II, chap. 17, § 2-16 참조. 그리고 *Méditations sur la connaissance, la vérité et les idées*. 이 두 텍스트는 절대적인 연장('extensio absoluta')을 무한하고 원초적인 형상으로서 식별한다. 그러나 이것은 매우 특별한 의미

을 포함하고 자신 이외에는 포함하지 않으면서, 전체도 아니고 부분도 갖지 않으면서, 다른 것과 엄밀한 의미에서 어떤 관계도 갖지 않는다. 이것들은 서로 모순될 수 없는, 순수하게 '불균질한 것들 disparates,' 잡다한 절대자들이다. 왜냐하면 어느 누구는 긍정할 수 있고, 다른 누구는 부정할 수 있는 그런 요소가 없기 때문이다. 이것들은 블랑쇼가 말한 것처럼 "비-관계non-rapport"에 있다. 그리고 이것이야말로 바로 모순율이 말하는 것이다: 모순율에 따르면, 구분되는 두 〈동일적인 것들〉은 서로 모순될 수 없으며 능히 하나의 등급을 형성한다. 이것들을 신의 '속성들'이라고 부를 수 있다. 사람들은 바로 여기에서 스피노자와 라이프니츠에게 공통적인 사실상 유일한 테제, 즉 데카르트가 애써 피했던 우회로를 신 (神) 실존의 존재론적 증명을 위해 요구하는 공통된 방식을 발견한다: 하나의 무한히 완전한 〈존재〉가 필연적으로 실존한다고 결론내기에 앞서, 그것이 가능하다는 점(실재적 증명)을, 그리고 그것이 모순을 함축하지 않는다는 점을 보여야만 할 것이다. 그런데 바로 이러한 이유 때문에, 즉 모든 절대적 형상이 서로 모순될 수 없기 때문에, 그것들은 같은 〈존재〉에 속할 수 있으며, 또 이것이 가능하면서 실제로 같은 〈존재〉에 속한다. 형상들이기 때문에 이러한 실재적 구별은 형상적이며, 또 각각이 [속성으로] 귀속될 존재들 사이에 어떤 존재론적 차이도 가져오지 않는다: 그것들은 모두 존재론적으로 하나이고 형상적으로 다양한 단 하나의 같은 〈존재〉에 귀속된다.[10] 이미 여기에서 실재적 구별은 분리 가능성을 초

에서 그러한데, 왜냐하면 문제가 되는 것은 상대적인 공간도 아니고, 전체와 부분간의 관계 안에 있는 라이프니츠 고유의 연장도 아니기 때문이다: 문제가 되는 것은 "공간과의 관계에 따른 절대라는 관념"인 광활함이다.

10 필연적으로 '양립할 수 있는' 절대적으로 단순한 형상들에 대해, 모순의 불가능성에 관하여, 엘리자베스 공주에게 보내는 편지, 1678년, 그리고 무엇보다 *Qu'il existe un Etre infiniment parfait*(GPh, VII, pp. 261~62). 후자의 텍스트에서 라이프니츠는 이 증명을 스피노자에게 가르쳐주었다고 주장한다. 사람들은 이것을 이후 의심스럽게 생각할 것인데, 이 증명이 『윤리학』의 처음 열 개의 정리에 또한 속해 있기 때문이다: 속성들이 단 하나의 같은 〈존재〉를 통해 이야기될 수 있는 것은, 그것들이 공통적인 어떤 것도 갖지

래하지 않는다. 이후 칸트가 말할 것처럼, 존재론적 증명은 모든 가능성의 집합으로부터 필연적 존재의 개체성으로 나아간다: $\frac{\infty}{1}$. 〈동일적인 것들〉은 하나의 등급의 존재들이지만, 그러나 단 하나의 유일한 구성원을 가진 등급의 존재이다. 여기에서 선행(先行)의 규칙이 발견된다. 왜냐하면 절대적 형상들은 신의 가능성의 일차적 요소들로서 신에 앞선다. 비록 신이 '실재적으로' '현실적으로' 그것들에 앞서지만 말이다.

어떻게 〈동일적인 것들〉에서 〈정의 가능한 것들〉로 나아가는가? 〈동일적인 것들〉은 절대적으로 단순한 원초 관념들, A, B, …… 이며, 이것은 유일한 〈존재〉를 형이상학적으로 '합성'한다, AB…… 그러나 형이상학적 합성과 논리적 파생은 혼동되지 않을 것이다. 〈정의 가능한 것들〉은 파생된 관념들이다: 이것들이 만일 자신의 질서 안에서 일차적이라면 단순한 것일 수도 있지만, 그러나 이것들은 어떤 관계하에서, '결속(結束)'[11] 하에서, 또는 그 자체로 단순 복잡한 소사(小辭)[12]를 통해(예를 들어, B 안에 있는in A) 자신을 정의하는 최소한 두 개의 원초적인 것을 언제나 상정한다. 이렇게 〈동일적인 것들〉에서 〈정의 가능한 것들〉로, 원초적인 것들에서 파생된 것들로 수준들을 구분하며 나아가는 것은 바로 이 〈조합〉이다: 수준 I은 원초적인 것들 또는 정의 불가능한 〈동일적인 것들〉을 포함하며, 수준 II는 어떤 단순한 관계하에 있는 두 원초적인 것들에 의해 정의된, 단순한 파생물들을 포함한다; 수준 III은 세 개의 원초적인 것, 또는 그 자체로 합성된 어떤 관계에 있는

않기 때문이다…… 더군다나 스피노자와 라이프니츠는 둔스 스코투스라는 같은 원천을 가지고 있다. 그는 형상적으로 구별되는 〈본질들Quiddités〉이 단 하나의 같은 〈존재〉를 합성한다는 점을 보여주었다(Gilson, *Jean Duns Scot*, Ed. Vrin, pp. 243~54 참조: "본질들의 형상적 구별은 무한의 완전한 존재론적 통일성을 방해하지 않는다.")

11 라틴어 vinculum은 1) 끈, 줄, 사슬, 족쇄, 2) 관계, 인연, 유대, 속박을 의미한다. 프랑스어로는 일반적으로 lien으로 번역되나, 본문에서 들뢰즈는 라틴어를 그대로 사용하고 있다. 저자의 의도를 존중해, lien은 '끈'으로, vinculum은 '결속'으로 구별해 번역하기로 한다. 이 개념과 관련한 자세한 논의는 8장 참조(옮긴이).

12 접사·전치사·접속사·부정의 부사 따위를 일컫는 말(옮긴이).

단순한 하나의 원초적인 것과 하나의 파생물에 의해 정의되는 합성된 파생물들을 포함한다……[13] 유비로서 가치 있는 예를 하나 들어보자: 비록 우리가 우리의 사유를 파생시키기 위해 절대적인 원초물에서부터 출발할 수는 없지만, 어떤 영역에 상대적으로 원초적인 것들은 언제나 인정할 수 있다(이 원초적인 것들은 그 영역을 산출하는 대신 상정한다); 따라서 소수는 정수론에서 원초적인데, 왜냐하면 그 각각은 오직 자신 아니면 하나에 의해서만 나누어지는바, 자기-포함의 한 현상이기 때문이다. 혹은 기하학에서 정의 불가능한 공리들(예를 들어, '점' '공간' '매개하는' ……)은 수준 I을 형성하며, 여기에서부터 매번 두 개의 원초적인 것의 조합을 통해 수준 II가 파생되고, 그 다음으로 수준 III이 파생된다(직선은 두 점 사이를 매개하는 공간이다).[14] 아마도 신 자신이 절대적인 것 안에서 〈동일적인 것들〉로부터 〈정의 가능한 것들〉로의 이행을 보증할 것이다: 그는 모든 절대적인 원초적 형상들로 구성되어 있지만 또한 첫번째와 마지막으로 정의 가능한 것이며, 이것으로부터 다른 모든 것들이 파생된다. 그러나 이렇게 해서 조합 전체에 걸려 있는 어려움이 해소되지는 않는다. 쿠튀라는 이 점을 완벽하게 보여준다: 수준 II에서 갑자기 솟아오르는, 관사, 전치사, 동사와 격(格)에 의해 특징지어지는 관계들을 어떻게 이해할 것인가? 우리는 비-관계 안에서 포착된 절대적 형상들에서 출발한다. 그리고 여기에서 관계들 또는 '소사들'이 갑자기 솟아오르는데, 단지 우리의 지성에 대해서뿐만 아니라, 신 자체의 지성에서도 그러하다. 어떻게 관계가 비-관계로부터 솟아오를 수 있단 말인가?

확실히 신의 지성 안에는 많은 영역이 있다. 관계는 더 이상 신 그 자체가 아니라 창조의 가능성과 관계하는 영역에서 솟아오른다

---

13 *Recherches générales sur l'analyse des notions et vérités*(C, pp. 358~59). 크기의 정의항들 사이의 관계로서의 '결속'에 관하여, *De la méthode de l'universalité*, C, p. 101 참조.

14 젊은 시절의 저작 *Sur l'art combinatoire*, 이와 함께 Couturat, *Logique de Leibniz*, p. 560 의 주석 참조. 우리는 선의 예를 단순화시켰는데, 이것은 사실 수준 IV에 있다.

고 말할 수 있을 것이다. 이것은 최소한 하나의 참조사항이다. 알아야 할 문제는 어디에서가 아니라 어떻게 관계가 솟아오르는가 하는 것이지만 말이다. 바로크적 사유는 사실 무한을 여러 등급으로 구분하는 것에 특별한 중요성을 부여한다. 그리고 첫번째로, 만일 절대적 형상들이 전체와 부분들을 배제하는 자신에 의한 무한으로서 신을 구성한다면, 창조의 이념은 원인에 의한 두번째 무한을 지시한다. 더 큰 전체도 더 작은 부분도 없이, **전체들과 부분들을 구성하는 것은 바로 이 원인에 의한 무한이다.** 이것은 더 이상 어떤 집합이 아니라, 마지막 항도 극한도 갖지 않는 어떤 계열이다. 이 계열은 더 이상 엄밀하게 동일성의 원리에 의해 지배받지 않으며, 새로운 등급의 존재들을 신호로 알리는 상사성(相似性) 또는 상사 변환의 원리에 의해 지배받는다. 이것은 모두 외연extensions 또는 외연체extensités라고 불릴 만한 것이다: 고유한 의미에서 말하는 연장étendue뿐 아니라, 시간, 수, 무한히 나누어지는 물질, '부분 밖에 부분'으로 있는 것, 그리고 이러한 것으로서 상사성의 원리에 종속되어 있는 모든 것. 그런데 이 계열의 각 항은 앞선 항들에 대해서는 전체를 형성하며 뒤에 오는 항들에 대해서는 부분을 형성하는데, 둘 이상의 단순한 항들을 통해 정의된다. 이 항들은 이 새로운 함수하에서 지정 가능한 관계를 가지며, 따라서 이제 **부분**의 역할이 아니라, 요건, 이유 또는 구성하는 요소의 역할을 수행한다. 예를 들면, 수열에서, 전체와 부분으로서 각 항은 소수들을 통해 정의되며 소수들은 이런 관점에서 서로 관계맺게 된다: 4는 2의 배(倍)이고 8의 반(半)인데, 3과 1에 의해 정의된다. 또는 산술 삼각형에서 수열인 각 행(行)은 위의 것의 배인데, 요건과 곱셈 관계에 있는(그리고 요건들끼리 곱셈 관계를 만드는) 2의 거듭제곱을 통해 정의된다. 전체와 부분들(그리고 상사성)은 아직 관계가 아니라, 파생된 무한의 원리적 정식, 모든 가능한 관계에 대해 이해 가능한 일종의 물질의 원리적 정식이라는 점을 이해하는 것으로 충분하다: 그러므로 그 자체로는 관계가 없는 원초적 항들이 파생된 것의 요건 또는 정의항, 다시 말해 이 물질을 형성하는 것이 되면서 관계를 취하게 된다. 원초적인 것들이 관계 없이 단순한 자기-포함인 한, 이것들은 신의 속성들, 절대적으로 무한한 〈존재〉의 술어들이다. 그러나 이 〈존재〉로부터 파생되는 두번째 등급의 무한을 고려해보면, 술어들은 관계가 되기 위해 속성이기를 멈추고, 관계 속으로 들어간다. 이 관계는 무한히 부분과 전체를 정의하며, 이중의 선행에 따라 그 자체로 피정의항과 상호 포함 상태에 있다. 사람들은 이미 '충족 이유' 안으로 들어서게 되는데, 왜냐하면 관계하의 정의항들은 매번 피정의항의 이유이기 때문이다. 만일 관계를 정의해야만 한다면, 비-관계와 '물질 전체-부분들' 사이의 통일성이라고 말할 수 있을 것이다. 만약 관계가 환원 불가능한 난점을 라이프니츠에게 제시했다고 사람들이 자주 믿었다면, 이는 술어와 속성을 혼동했기 때문이며, 그 혼동은 모든 관계를 정확히 배제하는 절대적으로 단순한 관념들의 수준에서만 정당할 뿐이고, 파생된 수준에서부터, 〈술어〉=관계 수준에서부터는 관계-술어와 정의된 주어간의 상호 포함 안에서는 그러하지 않다(4는 3 나머지 1). 그리고 주어가 부분 없는 모나드가 될 바로 그때에도, 술어들은 계속해서 「모나돌로지」의 말에 따라 "변용과 관계들"일 것이다.

하지만 그 전에 세번째 등급의 무한이 있다. 계속 마지막 항을 갖지 않는, 그러나 **수렴하면서 극한을 향해 가는** 계열이 문제다.[15] 이제 외연extension이 아니라 내포intensions 또는 내포체intensités가, 관계가 아니라 법칙이, 〈조합〉이 아니라 〈특성〉이, 물질이 아니라 외연을 채우고 있는 물질 안의 '실재적인' 어떤 사물(물론 당연히, 어떤 '가능한' 실재)이 문제가 된다. 물질 안의 실재적인 것,

---

15 스피노자 또한 「편지 XII」에서 세 가지 무한을 구분했는데, 자신에 의한 무한, 자신의 원인에 의한 무한, 끝으로 경계들 안에 포함된 무한이 그것이다. 라이프니츠는 이 점에서 스피노자를 높이 평가한다. 비록 그의 경우에는 경계와 무한의 관계를 다르게 인식하지만. GPh, I, p. 137 참조.

사물은 내적 특징들을 갖는데, 그 특징의 규정은 매번 극한으로 수렴하는 크기들의 계열로 들어가고, 이 극한들 사이의 관계는 새로운 유형 ($\frac{dy}{dx}$)이며 하나의 법칙을 구성한다. 이후 헤르만 베일이 자연의 법칙은 필연적으로 하나의 미분방정식 équation différentielle이라고 말할 것이다. 라이프니츠의 가장 독창적인 점들 중 하나인 요건의 관념은 더 이상 정의항들을 지시하지 않고, 조건들, 극한들, 그리고 그 극한들 사이의 차이적 관계[16]를 지시하면서 이제 가장 엄밀한 자율적 의미를 얻게 된다. 더 이상 전체도 부분도 없으며, 대신 각 특징마다 정도들이 있다. 소리는 내적 특징으로 고유한 의미에서 강도 intensité를, 높이, 지속, 음색을 갖는다; 색은 색조, 포화, 값을 갖는다; 금(金)은 라이프니츠가 자주 원용하는 예에서 하나의 색, 무게, 전연성(展延性), 도가니와 질산에 대한 저항력을 갖는다. 물질 안의 실재는 연장(延長)일 뿐만 아니라, "불가침성, 관성, 격렬함 그리고 부착"이다. 물체의 **텍스처**라고 불리는 것은 바로 내적 특징들, 이것들의 변동의 여지 그리고 이것들의 극한의 관계의 집합이다: 예를 들어 금의 텍스처.[17] 〈요건들〉이 이렇게 〈정의 가능한 것들〉로부터 구분되는 한에서(비록 그것들이 정의를 제공할 수 있긴 하지만), 우리는 세번째 유형의 포함 앞에서 이번에는 상호적이지 않은, **일방적인** 것을 발견한다: 바로 여기에서 충족 이유는 원리가 된다. 계열상에 놓인 특징인 술어

주름, 라이프니츠와 바로크

---

16 '관계'를 뜻하는 rapport는 특이하게도 '비율'을 의미하기도 한다. 즉, 두 수, 두 항의 관계이되, 그것들이 만나 형성하는 일정한 가치, 값을 의미한다. 마찬가지로, rapport différentiel은 차이소의 관계이자 미분율을 의미한다('차이소'에 대해서는 7장 p. 162의 옮긴이 주 참조). 이러한 관계를 들뢰즈는 다른 곳에서 "상징적 관계"라고 지칭한 바 있다(「구조주의를 어떻게 식별할 것인가」 참조). 들뢰즈가 차이로부터 동일성이 발생한다고 말할 때, 우리는 이 개념이 들뢰즈의 철학 체계 내에서 중요한 역할을 담당할 것이라는 점을 알 수 있다. 동일적이지 않은 차이들로부터 어떤 규정들이 발생할 수 있다는 사실은 어디에서보다 미적분학에서 잘 증명되었다는 것이다. 그러므로 들뢰즈는 이 수학적인 개념을 철학으로 확장해 차이의 철학의 성립 가능성을 보이고자 하는 것이다(옮긴이).

17 금의 텍스처 또는 특징들의 연관에 대해서, *Nouveaux essais*, II, chap. 31, § 1, III, chap. 3, § 19 참조.

를 지닌 주어는 모두 실재적이다. 여기에서 술어들의 집합은 그 계열들의 극한들 사이의 관계이다(극한과 주어는 혼동되지 않을 것이다).

우리는 인식 대상의 관점에서 이 새로운 영역이 환원될 수 없다는 점을, 반면 동시에 인식 자체의 관점에서 이것의 과도적인 역할을, 두 가지 의미를 염두에 두며 강조해야만 한다. 첫째로, 사실 요건은 첫번째 무한에서 직관적으로 상정된 본질도 아니고, 정의와 논증 안에서 두번째 무한의 정리와 관계되는 본질도 아니다. 그것은 세번째 무한에 상응하며, 문제를 만들어내는 본질이다. 라이프니츠의 수학은 끊임없이 문제들을 환원될 수 없는 어떤 심급으로 만드는데, 이 심급은 정의들의 연쇄에 덧붙는 것이며, 또한 그것이 없다면 아마도 정의들이 이어지지 않을 것이다: 만일 수학적 문자들의 교환이 있다면, 그것은 사람들이 공리에 관계하기에 앞서 문제들에 전념하기 때문이다.[18] 이러한 의미에서, 공리들은 문제들에 관계하며, 논증을 훌륭히 피해간다. 만일 〈특성〉이 〈조합〉으로부터 구분된다면, 이것은 그 〈특성〉이 문제들 또는 극한들의 믿을 만한 계산이기 때문이다. 요건들과 공리들은 조건이다. 하지만 그것을 여전히 보편적인 것으로 만드는 칸트식의 경험의 조건이 아니라, 이러저러한 경우 안에서의 사물이 상응하는 문제의 조건이다. 여기에서 경우들은 그 급수들 안에 있는 변수의 값을 지시한다. 그리고 나타나는 것은 바로, 우리가 요건에 묶여 있다는 것, 거의 고정되어 있다는 것이다: 우리가 도달하는 정의항들조차, 예를 들어 산술이나 기하학의 정의항조차 유비로만 가치가 있으며 그리고 사실 상정된 영역의 내적 특징들이다(이를테면 수렴하는 급수가 있는 소수들). 공리, 정의의 연쇄로서의 논증은 삼단논법의 형태를 표방할 수 있다; 그러나, 우리는 '생략 삼단논법'을 통해 진행해 나아가는데, 이것은 삼단논법에만 적용되고, '내부적 제거,' 생략과 문

18 *Nouveaux essais*, IV, chap. 2, § 7: 문제의 범주에 관하여.

제를 제기하는 응축을 통해 작동한다.[19] 요컨대 만일 〈조합〉이 자신의 꿈의 어떤 것을 실현한다면, 그것은 오직 〈특성〉을 통해서이다. 하지만 이 지점에서 우리는 질문의 다른 측면으로 넘어가게 되는데, 그것은 인식 자체와 관계하는 것이며, 더 이상 가장 가까운 인식의 대상과는 관계하지 않는다. 사실 우리는 사물의 내적 특징들을 외부로부터 그리고 연속적인 실험을 통해 인식할 수 있으며, 그것들의 관계는 마치 동물들에서 일어난 것처럼 단순히 경험적인 연관의 상태에 머물러 있다. 그러나 경우들을 따라가며 또한 우리는 텍스처에, 말하자면 이 특징들의 진정한 연결에, 마치 그것의 각 계열들의 극한들 사이의 내부적 관계(이유)에 도달할 수 있다: 여기에서 우리는 합리적 인식을 갖게 되며, 그리고 내적 특징이 정의에 대해, 극한으로의 계산이 논증에 대해, 그리고 생략 삼단논법이 완전한 삼단논법에 대해 이미 가치를 지님을 설명하는 것은 바로 이러한 인식이다.[20] 이러한 것으로부터, 공리들을 필연적 진리들과 논증들의 질서 안으로 재통합하려는 라이프니츠의 관심(만일 그 공리들이 요건들인 한에서 논증을 피해간다면, 그것들이 전체와 부분들의 형상에 관계되는 만큼 더욱더 논증되어야만 한다)이 등장한다. 그러므로 우리를 때로는 동물의 인식으로 내려가도록 만들고, 때로는 합리적, 정의적 그리고 논증적 인식으로 올라가도록 만드는 것은 특징에 속하는 일이다.

우리는 이렇게 세 유형의 포함을 갖는다: 자기-포함, 상호적 포함, 일방적인 그러나 극한으로 한정될 수 있는 포함. 여기에 상응하는 것: **절대적으로 단순한 것들**, 〈동일적인 것들〉 또는 서로간의 관계없는 무한한 형상들; **상대적으로 단순한 것들**, 〈정의 가능한 것들〉, 이것들은 전체와 부분들의 무한한 계열로 들어가고, 반면 이

19 *Nouveaux essais*, I, chap. 1, § 4와 19. 생략 삼단논법에 관하여, Aristote, *Premiers analytiques*, II, 27 참조("만일 누군가 단 하나의 전제를 말한다면, 그것은 단지 그가 얻은 기호일 뿐이다……").

20 특징들의 연결에 도달하거나 또는 그렇지 않는 것(금의 경우): *Nouveaux essais*, III, chap. 4, § 16, III, chap. 11, § 22-24, IV, chap. 6, § 8-10.

것들의 정의항은 관계 안으로 들어간다; **극한적으로 단순한 것들,** 〈요건들〉 또는 극한들 사이의 관계를 지닌 채, 극한으로 향하는 수렴하는 계열들. 이것은 각각 〈알파벳〉〈조합〉〈특성〉이다. 바로크의 직물로 돌아가본다면, 인식은 인식되는 것 못지않게 접혀 있다고 사람들은 말할 것이다: 삼단논법 또는 정의의 연쇄는 라이프니츠가 말한 것처럼 하나의 '직물(織物)'인데, 그러나 "더 많이 합성된 무한히 많은 다른 직물"이, 우리에게 줄곧 유용한 생략 삼단논법이 그러한 것처럼 주름 잡힌 직물들이 있다.[21] 가장 순수한 삼단논법의 직물조차 사유의 속도에 따라 이미 접혀 있다. 관념들은 영혼 안에서 너무 많이 접혀 있어서 그것을 전개하는 것이 항상 가능한 것은 아니다. 마치 사물들이 스스로 자연 안에서 접혀 있듯이. 말브랑슈의 오류는 바로 우리가 신에게서 모조리 펼쳐진 〈이념들〉을 본다고 믿었다는 점이다. 그러나 신에게서조차 관념은 무한한 지성을 뒤덮는 주름이다. 절대적 〈형상들〉, 〈동일적인 것들〉은 단순하고 분리된 주름이고, 〈정의 가능한 것들〉은 이미 합성된 주름이고, 극한을 가진 〈요건들〉은 훨씬 더 복잡하게 접혀진 옷의 가장자리와 같다. (그리고 텍스처가 얽혀 시작된다.) 필연적으로 시선점 또는 받침점을 함축하는 모나드에 관해 말하자면, 이것들은 옷감의 주름과 유사점이 없지 않을 것이다.

우리는 네번째 종류의 개념에 도달하였다: 개체적 개념 또는 모나드는 더 이상 가능한 사물이 아니라, 가능한 실존자(실체)이다. 그러므로 완전한 목록은 다음과 같다: 동일성, 외연, 내포, 개체성; **형상들, 크기들, 사물들, 실체들.** 최종적인 것들은 여전히 단순한 개념이며, 개체적으로-단순한 것일까? 그리고 어떤 의미에서? 어쨌든 주어로 간주된 이러한 개념의 술어들은 하나의 극한으로 향하는 수렴하는 무한 급수를 여전히 형성한다. 이러한 이유로, 개체는 본성상 현실적으로 무한한 내포를 가지며, "무한을 포괄한

---

21 *Nouveaux essais*, IV, chap. 17, § 4('직물'에 관한 이론).

다."[22] 다음과 같은 의미에서, 개체적 개념, 모나드는 정확히 신의 역이다. 즉 역(逆)은 분자와 분모를 바꾸는 수라는 의미에서: 2, 즉 $\frac{2}{1}$ 은 역으로서 $\frac{1}{2}$ 을 갖는다. 그리고 신의 정식은 $\frac{\infty}{1}$ 이며, 신은 역으로서 모나드, $\frac{1}{\infty}$ 을 갖는다. 그러므로 과제는 모나드 안에서, 개체 안에서 수렴하는 무한한 계열이 내포의 수열과 같은 유형인지, 그렇지 않으면 다른 경우, 다른 유형의 포함, 네번째 유형이 문제되는지를 아는 것이다. 확실히, 개체적 실체들을 요건들, 내적 특징들을 갖는 것으로서 나타낼 수 있고 또 나타내어야만 한다: 바로 이런 식으로, 라이프니츠는 아리스토텔레스를 복원하며, 형상과 질료, 능동적 힘과 수동적 힘을 실체의 요건들로 만든다. 하지만 사물과 실체, 사물과 실존자 사이에는 못지않게 큰 차이들이 있다. 첫번째 차이는, 여러 내적 특징들, x, y ……을 가진 사물이 그러므로 여러 계열들에 관여한다는 점이다. 여기에서 이 계열들 각각은 극한, 이유 또는 사물 안의 계열들의 연관으로 향하며, 이 연관이란 $\frac{dy}{dx}$ 유형의 미분율이다. 사물들에 대한 우리의 지각은 '중복법'이라고, 또는 사물들의 각 경우에 있어서 "우리는 하나의 같은 주어에 대해 하나 이상의 개념을 가지고 있다"고, 예를 들자면 금의 무게나 전연성과도 같은 것을 가지고 있다고 말할 수도 있을 것이다.[23] 개체의 경우에 있어서는 더 이상 사정이 이와 같지 않다: 세계는 수렴하는 유일한 계열이고 무한하게 무한하다는 점을, 비록 그 계열의 일부만을 명석하게 표현할 뿐이긴 하지만 각 모나드는 온 전체를 표현한다는 점을 앞서 보았다. 하지만 정확히 말해, 어떤 모나드의 명석한 지역은 다른 모나드의 명석한 지역으로, 또 같은 모나드로 이어지며, 명석한 일부는 애매한 구역으로 무한하게 이어진다. 왜냐하면 각 모나드는 온 세계를 표현하기 때문이다. 내 안의 갑작스런 고통은, 내가 비록 깨닫고 있지 않다 하더라도 내가 가서 닿아 있는 계열의 이어짐일 뿐이며, 그리고 이것은

---

22 *Nouveaux essais*, III, chap. 3, § 6.
23 *Nouveaux essais*, III, chap. 4, § 16.

내 고통의 계열 안에서 지금 계속된다. 하나가 다른 하나 안으로 수렴하는 계열들의 이어짐 또는 계속이 있으며, 이것이 바로 '공존 가능성'의 조건이다. 이는 무한하게 무한한 수렴하는 단 하나의 계열을, 모든 계열들로 이루어진 〈세계〉를, 유일한 변수를 가진 곡선을 매번 재구성할 수 있게 한다. 그러므로 차이적 관계는 새로운 의미를 갖게 되는데, 왜냐하면 이것은 다른 계열 안에 있는 어떤 계열의 분석적 이어짐을 표현하며, 각자는 수렴하지만 그럼에도 서로간에는 발산하는 계열들의 통일성을 더 이상 표현하지 않기 때문이다. 이것 역시 의미를 달리하는, 항상 현실적인 네번째 의미를 갖는 무한이다: 이것은 이제 자신에 의해서, 원인에 의해서, 계열의 '극한'에 의해서 정의되지 않으며, 극한에 등급을 매기거나 또는 '집합'(세계의 현실적으로 무한한 집합 또는 초한수[超限數][24])의 계열들을 변형시키는 질서나 연속의 법칙에 의해 정의된다. 각 모나드가 온 세계를 표현하는 것처럼, 주어에 대해서 단 하나의 개념 이외에는 있을 수 없고, 그리고 주어-모나드들은 이제 세계를 표현하는 그들의 내적 방식에 의해서만 서로 구별될 것이다: 충족이유의 원리는 식별불가능자의 원리가 될 것이고, 유사한 두 주어도 없고 유사한 개체도 없다.

　사실 모나드에 유리하게 보이지 않는 두번째 차이가 있다. 자신의 텍스처 안에 있는 사물은 당연히 자신의 특징들이 들어 있는 계열들의 법칙, 극한들 사이의 차이적 관계를 포함한다. 반면, 이런저런 질서 안의 같은 세계를 포함하는, 자신의 주름 안의 모나드들은 이 무한한 계열을 포함하지만 이 유일한 계열의 법칙을 포함하진 않는다. 차이적 관계들, 서로 다른 질서들은 모나드 외부에 남아 있는 질서 전체의 집합을 지시한다. 바로 이러한 의미에서 세계는 모나드 안에 있는데, 반면 모나드는 세계를 향해 있다: 신 자신도 개체적 개념들을 인식하는 것이 그것들이 표현하는 세계와의

---

24 nombre transfini: 무한집합의 원소 수효를 나타낸다(옮긴이).

관계를 통해서만 가능하며, 그것들을 선택하는 것도 세계의 미적
분을 통해서만 가능하다. 모든 계열이 하나가 다른 하나 안으로 이
어지면서, 법칙 또는 이유는 초한수의 집합에서, 무한하게 무한한
계열의 집합, 즉 세계에서 밀려나, 또한 극한들 또는 극한들 사이
의 관계도 마찬가지로 세계를 인식하고 선택하는 신 안으로 밀려
들어가는 것과 같다. 이상의 것으로부터, 계열에서 집합으로, 그리
고 집합에서 신으로 나아가는, 신 실존의 우주론적 증명이 등장한
다.[25] 모든 계열은 물론 모나드 안에 있지만, 계열의 이유는 그렇지
않다. 그리고 이 계열의 이유로부터 모나드는 단지 특정한 결과만
을, 즉 자신의 부분을 실행하는 개체의 능력을 받아들일 뿐이다:
극한은 **외부적인 것**으로 머물러 있으며, 모나드들 사이의 **예정된**
조화 안에서만 나타날 수 있다. 하지만 아마도 모나드는 여기에서
무능력보다는 힘을 끌어낼 것이다: 이유의 외부성은 서로의 안으
로 계열들을 이어가는 적극적인 가능성의 귀결에 다름 아니다. 여
기에서 이 계열이란, 각 모나드의 명석한 표현에 상응하는 유한한
계열들뿐만 아니라, 그 각각의 질서 또는 시선점에 상응하는 무한
한 계열들까지를 말한다. 각 모나드가 모든 모나드에 공통적인 계
열의 이유를 포함할 수 없는 것은, 바로 모나드가 온 세계를 포함
하기 때문이다. 그러므로 우리는 네번째 유형의 포함에 직면해 있
다. 세계가 모나드 안으로 포함된 것은 물론 일방적인 것이지만,
정위(定位) 불가능한 것이다. 이것은 더 이상 극한에 정위 가능하
지 않은데, 왜냐하면 극한은 모나드 밖에 있기 때문이다. 네 가지
의 무한이 있듯이, 네 가지의 포함이 있다: 원초적 형상들의 무한

주름, 라이프니츠와 바로크

---

25 *L'origine radicale des choses*의 시작 부분 참조. 그리고 *Monadologie*, § 36~37: "충족 이
유 또는 최종 이유는, 우연성들의 세부사항의 연속 또는 계열들이 아무리 무한하다 하더
라도, 그 바깥에 있어야 한다." 후자의 텍스트는 영혼들 또는 모나드들을 경유하는 장점
을 갖는다. 여기에서 모나드들은 세계의 상태들과 마찬가지로 최종 이유를 함유하지 않
는다. 계열의 이유가 계열에 외부적이라는 것, 이것을 우리가 보기엔 이 경우에 글자 그
대로 이해해야만 한다: 이것은 우리가 미셸 세르를 따를 수 없는 유일한 지점들 중 하나
이다(I, p. 262). 라이프니츠가 종종 내세우는 논증은, "죄인을 포함하는 계열"은 모나드
안에 그 이유를 가질 수 없다는 것이다.

한 집합(=신); 극한 없는 무한한 계열들; 내부적 극한을 가진 무한한 계열들; 외부적 극한을 가진 무한한 계열들, 그리고 이것은 무한한 집합을 회복시킨다(=〈세계〉).

　이제 처음의 모호한 점들을 해소할 수 있게 되었다. 첫째, 왜 라이프니츠는 본질 진리들이 이것들을 〈동일적인 것들〉로 귀착시키는 유한 분석의 영역에 속하는 것으로 제시하고, 반면에 실존 진리들은 오로지 무한 분석을 지시하기라도 하는 것처럼, 그리고 "동일적인 진리들로 환원될 수 없을" 것처럼 제시했을까? 그러나 이 두 가설은 틀렸다. 본질은, 직관적이든 공리적이든 문제적이든 간에, 언제나 무한 안에 잡혀 있다. 〈동일적인 것들〉 자체가 직관적 본질이며, 이런 의미에서 무한 형상이다. 역으로, 본질의 영역에서 **우리는 우리를 언제나 멈춰 세울 수 있으며**, 그리고 우리는 정의를 궁극적인 〈동일적인 것〉인 것처럼, 〈요건〉을 정의인 것처럼, 〈극한〉을 마치 도달된 것처럼 사용할 수 있다. 실존의 영역 안에서는 반대로 우리를 멈춰 세울 수 없는데, 왜냐하면 계열들은 이어질 수 있고 이어져야만 하기 때문이며, 포함은 정위 가능하지 않기 때문이다. 둘째, 실존 분석은 잠재적이라고 말하고, 반면 본질 분석은 오직 현실적일 것이라고 말하는 것은 이제 더 이상 정확하지 않다. 모든 분석은 무한하며, 무한 안에, 분석 안에는 오직 현실적인 것만이 있을 뿐이다. 포함이 실존 명제 안에서 잠재적이라는 것은 다음과 같은 사실을 의미할 뿐이다. 즉 온 세계가 실존자 안에 포함되는 것을 제외하면 어떤 것도 포함되지 않는다는 것, 그리고 세계는 자신을 포함하는 실존자들 안에서만 현실적으로 실존한다는 것 말이다: 여기에서 여전히 '잠재적인'은 현실적인 포함의 정위 가능하지 않은 특징을 지시한다. 언제나 이중의 선행이 있다: 세계는 잠재적으로 우선하지만, 모나드는 현실적으로 우선한다. 그러므로 '잠재적'이라는 말은 어떤 본질 명제들에, 〈요건들〉과 관계하는 명제들에도 역시 적합하다는 점이 받아들여진다: 이런 경우, 이 말은 포함의 일방적인 특징을 지시한다. 만일 우리가 「자유에 관하여」의 텍스트로 돌아가본다면, 잠재적 포함은 상호적이지 않은 명제에 의존한다는 점을 보게 된다: "2, 2, 3을 곱한 배수는 모두 2, 3을 곱한 배수이다." 포함은 잠재적이다. 라이프니츠가 명확하게 말하듯이, 포함은 추출되어야 하며, 술어는 오직 "어떤 잠재태하에서"만 주어에 포함되기 때문이다.[26] 여기에서 산술적인 예는 단순하고 분명하지만 적절치는 않을 것 같다. 적절한 예는, 이어지는 텍스트가 확증하는바, 무리수이다. 왜냐하면 그것은 추출되어야 하는 제곱근, 또는 차라리 차이적 관계이기 때문이며, 그것은 같은 거듭제곱에 속하지 않는 양들에 관여하기 때문이다. 바로 이러한 의미에서, 라이프니츠는 상호적이지 않은 포함의 두 경우, 즉 무리수들과 실존자를 한데 재분류한다. 사물의 분석은 사실 술어들을 요건들로 규정하는 것이며, 그리고 이 규정은 내부적 극한의 관념에 따라, 제곱근으로부터의 추출, 내지는 크기의 탈잠재화를 통해 이루어진다. 실존자의 분석은 술어들을 세계로 규정하는 것이며, 그리고 이 규정은 외부적 극한의 관념에 따라, 거듭제곱의 계열의 이어짐을 통해 이루어진다. 우리는 항상 어떤 불확실성, 그러나 객관적인 불확실성을 재발견한다: 주름은 본질들과 실존자들 사이로 지나가는가, 아니면 한편으로는 신과 여기에 뒤따르는 것의 본질들과 다른 한편으로는 사물들과 실존자들의 본질들 사이로 지나가는가?

무한 형상들 또는 일차적인 본질quiddité들의 경우에서가 아니라면, 술어는 결코 속성이 아니다; 아니 이것은 차라리 신의 개념의 가능성의 조건, 가능한 모든 관계를 조건지을 비-관계이다. 사실 다른 모든 경우에서 술어는 오로지 관계 또는 사건이다. 관계 자체가 일종의 사건이며, 수학 문제는 이미 고대(古代)에도 형태

---

26 *De la liberté*: "증명한다는 것은 항들을 분해한다는 것에 다름 아니다…… 일종의 방정식, 즉 역(逆)명제에서의 술어와 주어의 일치를 끄집어내기 위해서 말이다; 그러나 다른 경우들, 필연적인 명제의 경우가 아니라 우연적인 명제의 경우에는, 최소한 포함을 추출하는 것이며, 그 결과 명제 안에 잠재되어 있고 어떤 역량 안에 내포되어 있었던 것이 분명하고 명시적인 논증을 통해 드러나도록 하는 것이다."

에 일어난 사건들을 통해 정의된다. 사건도 일종의 관계이며, 실존과 시간을 가진 관계이다.[27] 주어와 같은 개념에 포함된 것은, 바로 항상 동사로 표시되는 사건, 또는 전치사로 표시되는 관계이다: 나는 쓴다, 나는 독일로 간다, 나는 루비콘 강을 건넌다…… (그리고 마치 사물들이 말하듯이, 이야기하듯이. 예를 들자면 금과 같이: 나는 도가니와 질산에 저항한다). 일방적인 포함이 명제를 속성의 귀속 판단으로 환원하게 한다고 사람들이 생각할 수 있었다는 것은 참으로 이상하다. 반대로 귀속작용-attribution은 바로 아르노가 라이프니츠에 반대해 내세우는 것이며, 이를 통해 그는 포함을 비판하고 실체에 대한 데카르트의 개념화를 보전하고자 한다(나는 생각하고 있다. 나는 생각하는 사물이다……). 속성은 하나의 질(質)을 표현하며, 하나의 본질을 지시한다; 그런데 라이프니츠는 질을 통해 술어를 정의하는 것을 거부하며, 또한 실존하는 주어를, "가능태의 이유에 따라서"일지라도 어떤 본질로 정의하는 것을 거부한다. 주어는 자신의 통일성에 의해 정의되며, 술어는 행동이나 정념을 표현하는 동사로서 정의된다. 라이프니츠는 주어-계사-속사[속성]라는 귀속작용의 도식을 잘 이해하고 있다: 나는 글쓰고 있다 je suis écrivant, 나는 여행하고 있다 je suis voyageant…… 하지만 아르노가 소중히하는 이러한 '일반 문법'의 도식은 포함에는 결코 유리하지 않은 긍정의 개념화와 구별의 이론을 함축한다.[28] 라이프니츠의 포함은 주어-동사-보어라는 도식에 의존하며, 이 도식은 고대 이래로 귀속작용의 도식에 저항했다: 바로크의 문법, 여기에서 술어는 무엇보다 관계와 사건이지, 속성이 아니다.[29] 라이

---

27 아르노와의 서신 교환, 1686년 5월 13일의 "아르노의 편지에 대한 주석": "한 개체의 개념은 사실에 속하는 것 또는 사물들의 실존과 시간에 연관되는 것을 가능태의 이유에 따라서 포함한다."

28 Arnauld et Nicole, *La logique ou l'art de penser*, Ed. Flammarion, II, chap. 2.

29 고전적인 관점에서 속성attribut은 곧 술어prédicat이다. 예를 들어, The tree is green라는 문장을 생각해보자. tree와 green은 각각 형이상학적 관점에서는 주체와 속성이며, 언어학적 관점에서는 주어와 술어다. 이에 반해, 본문에서는 attribut와 prédicat가 관점에 따라 구분되는 것이 아니라, 양자 모두 형이상학적 의미와 언어학적 의미를 각각 지닌다는

프니츠가 속성의 모델을 사용할 때, 이것은 종과 유의 고전적 논리의 관점에 의한 것이며, 오로지 명목상의 요구사항에 따른 것이다.[30] 그는 포함을 확고하게 하기 위해서는 이것을 사용하지 않는다. 술어작용은 귀속작용이 아니다. 술어란 '여행의 실행'이며, 행위, 운동, 변화이지, 여행하는 상태가 아니다.[31] 술어는 바로 명제 자체이다. 그리고 나는 "나는 여행한다"를 "나는 여행하고 있다"로 환원할 수 없듯이, "나는 생각한다"를 "나는 생각하고 있다"로 환원할 수 없다. 사유는 지속적인 속성이 아니라, 하나의 사유에서 다른 사유로 넘어가는 부단한 이행으로서의 술어이기 때문이다.[32]

술어가 동사라는 것, 그리고 동사가 계사나 속사로 환원될 수 없다는 것이 바로 라이프니츠가 사건을 개념화하는 것의 기반이다. 첫번째로 사건이 개념의 상태로 상승될 만하다고 판단되었다: 이것은 스토아 학파에 의해 이루어졌는데, 이들은 사건을 속성이나 질이 아니라 명제의 주어의 비물체적 술어로 만들었다("나무는 푸르다"가 아니라 "나무는 푸르러지다……"). 이로부터 그들은, 명제는 사물에 대하여 '존재 방식,' '양상'을 말한다고 결론지었으며, 이것은 본질-우유accident라는 아리스토텔레스식의 이항 선택을 벗어나는 것이었다: 있다[이다]라는 동사는 '뒤이어 일어나다'로 대체되고, 본질은 양태로 대체된다.[33] 뒤이어 라이프니츠가 두번째

것이다. 이때, 술어는 동사로 표현된다. 그리고 "고대 이후로 귀속작용에 대항했다"는 말은 라이프니츠뿐만 아니라 스토아와 현상학의 언어관을 염두에 둔 것이다. 『의미의 논리』, 세번째 계열 참조. 한편 프랑스어의 보어complément는 영어의 목적어에 해당한다 (옮긴이).

30 Couturat, *La logique de Leibniz*, Olms, p. 70에 인용된 텍스트 참조.

31 아르노에게 보내는 편지, 1686년 7월: 포함은 "주어인 자아와 술어인 여행의 실행 사이의" 직접적 연결로서 제시된다.

32 여기에서는 저자의 의도를 우리말의 구조에 실어서 전달하기 힘들다. 본문에서 강조되는 대비 지점은 계사(être)와 동사(voyager) 사이에 있다. 속성을 주어에 귀속시키는 귀속작용에서 속성은 주어와 계사의 중심 관계에 부가적으로 첨가될 뿐이다. 그것의 존재론적 상황은 '나는 있다! 지금은 여행 중……' 정도로 번역될 수 있을 것이다. 따라서 그것은 전제된 존재의 얼마간의 지속적인 상황을 의미한다. 반면에 '나는 여행한다'의 술어는 끊임없이 달라지는 존재의 이행, 운동을 표시한다(옮긴이).

33 초기 스토아 학자들의 사건의 개념화에 관하여, 기초적인 텍스트는 여전히 Emile

위대한 사건의 논리학을 작동시켰다: 세계 자체는 사건이며, 비물체적(=잠재적) 술어인 한에서 심연으로서의 각 주어 안에 포함되어야만 한다. 그리고 각 주어는 이 심연으로부터 자신의 시선점에 상응하는 양태들(양상들)을 추출해낸다. 세계는 술어작용 자체이며, 양태들은 특수한 술어들이며, 그리고 주어란 세계의 한 양상에서 다른 양상으로 이행하는 것처럼 하나의 술어에서 다른 술어로 이행하는 것이다. 바로 **심연-양태들**의 쌍이 형상 또는 본질의 지위를 박탈한다: 라이프니츠는 이것으로 자신의 철학을 특징지었다.[34] 스토아 학파와 라이프니츠는 한편으로는 아리스토텔레스, 다른 한편으로는 데카르트의 본질주의에 반(反)하는 '마니에리슴'을 발명한다. 바로크를 구성하는 것으로서의 마니에리슴은 스토아의 마니에리슴으로부터 상속받아 이것을 우주로 확장한다. 이제 세번째 위대한 사건의 논리학은 화이트헤드와 더불어 올 것이다.

라이프니츠가 관계를 사유하는 데 큰 어려움을 겪었다는 말을 러셀로부터 듣는 일은 그만큼 이상하다. 어떤 방식에서는, 라이프니츠는 오직 그것만을, 관계를 사유하는 것밖에는 하지 않았으며, 러셀도 이것을 잘 알고 있다. 유일한 어려움은, 술어가 내적 관계임을 보여주는 내속성의 명제를 문장(文章)에서 끌어내는 일이 항상 쉽지만은 않다는 사실로부터 온다. 때로는 술어가 문장에서 주어지지 않고, 때로는 주어가 주어지지 않으며, 어떤 때는 양자 모두 주어지지 않는다. 내가 "여기에 세 사람이 있다voici trois hommes"라고 말할 때, 진짜 주어는 외연 3이며, 여기에서 이것은 오직 인간에 속하는 것으로서 질적으로 규정되고, 세 부분에 의해

Bréhier, *La théorie des incorporels dans l'ancien stoïcisme*, Ed. Vrin, chap. I과 II이다. 그리고 '있다être' 대신 '뒤이어 일어나다s'ensuivre'로 대체하는 것에 관하여, Brochard, *Etudes de philosophie ancienne et de philosophie moderne*, Ed. Alcan, pp. 226~27 참조. 라이프니츠에게서 이러한 대체가 다시 발견된다.

34 *Nouveaux essais*, IV, chap. 17, § 16: "완전성의 방식[양태]과 정도는 무한하게 변화한다. 하지만 심연은 어디에서나 같다. 이것은 나에게 근본적인 원칙이며 내 철학 전체를 지배한다…… 이 철학이 심연에서 가장 단순하다면, 방식들에 있어서는 또한 가장 풍부하다……"

양적으로 규정된다; 하지만 술어는 2와 1이고(인간들), 이는 내적 관계이다. 만일 내가 "물은 100도에서 끓는다"라고 말한다면, 주어는 물론 어떤 **사물**, 물이지만, 술어는 삼중점 위에서 용해 곡선 그리고 승화 곡선과의 관계로 진입하는 기화 곡선이다. 그리고 만일 내가 "피에르는 폴보다 작다" "폴은 피에르보다 크다"라고 말하면, 주어는 물론 이번에는 **실체들**이지만, 그러나 각 경우에 관계는 두 주어 사이에 있지 않다: 진짜 관계는, 길이의 양상에 있어, '폴의 표상자'가 주어 피에르 안으로 들어가는 술어작용, 또는 '피에르의 표상자'의 주어 폴 안으로 들어가는 술어작용이다. 이 관계 또는 이 술어는 언제나 내적이다. 그리고 이 키 자체가 앞선 경우들, 때로는 주어-외연, 때로는 사물의 술어(신체)를 지시한다. 요컨대, 라이프니츠에게는 이같이 관통하는 개념의 전(全) 역사가 있다. 전체-부분들, 사물들, 실체들로, 또한 외연들, 내포들, 개체들로. 그리고 이로 인해, 새로운 수준에 적합하게 개념 자체는 주어가 된다. 이것은 개념을 이성의 존재로 간주한 고전주의적 개념화와의 단절이다: 개념은 더 이상 본질이나 그 대상의 논리적 가능성이 아니라, 상응하는 주어의 형이상학적 실재이다. 모든 관계는 내적이라고 말해도 좋을 것이다. 왜냐하면 술어는 (논리적 개념화에서처럼) 속성이 아니기 때문이다.

이 확증은 실체에 관한 라이프니츠의 이론에서 온다; 심지어는 그 이론 전부가 이 확증을 위해 만들어진 것처럼 보인다. 아리스토텔레스에서 데카르트에 이르기까지 모든 이들이 원리상 일치하는 명목상의 두 가지 특징이 있다: 한편으로, 실체는 구체적인 것, 결정된 것, 개체적인 것이다. 아리스토텔레스가 **이것**이라고 말하고 데카르트가 **이 돌**이라고 말한 뜻에서 말이다; 다른 한편으로, 실체는 내속과 포함의 주어이다. 아리스토텔레스가 우유를 "실체 안에 있는 것"이라고 정의하고 데카르트가 실체를 "우리가 인식하는 것이 형상적으로 또는 탁월하게 **그** 안에 실존하는 사물"이라고 말한 뜻에서 말이다.[35] 그러나 실체의 실재적 정의를 찾으려 하자마자, 개념 안의 필수적이고 보편적인 본질 또는 보편적 속성을 위해 이 두 특징은 그 위상을 박탈당하는 듯하다. 그래서 아리스토텔레스에게 속성은 우유처럼 주어 안에 있는 것이 아니라, 주어에게서 긍정되는 것이며, 그 결과 속성을 두번째 실체로 다룰 수 있게 된다; 그리고 데카르트에게 본질적 속성은 실체와 뒤섞여서, 개체들은 이제 일반적으로 간주되는 속성의 양태들에 다름 아닌 것이 되기에 이른다. 귀속작용, 귀속작용을 통한 실체의 정의는 개체성과 포함을 확증하기는커녕 이것들을 재차 문제삼는다.

데카르트에 따르면, 실체의 일차적인 규준은 바로 단순함, 단순한 관념이다: 이것의 요소들은 오직 추상 또는 사고상의 구별을 통해서만 구별될 수 있다(예로서, 연장과 신체, 사유와 정신). 실체는 오직 추상을 통해서만 자신의 속성으로부터 구별될 수 있기 때문에 단순하다. 그런데 라이프니츠는 단순성을 유사-논리학적 규준으로 간주해 거부한다: 즉 실체가 아니면서 단순한 관념이 여럿, 최소한 셋이 있다. 그는 위험이 사라졌다고 가늠하는 한참 뒤에야 모나드를 단순한 관념이라고 말하게 된다. 그리고 그는 이것을 두 종류의 실체의 문제에서 제기할 것이다. 이 두 종류의 실체 중에서 다른 하나가 합성되었다는 오로지 그 이유 때문에 남은 하나가 단순하다고 이야기된다. 하지만 전 저작에 걸쳐, 그는 개념의 단순성보다는 존재의 통일성을 형이상학적 규준으로서 내세운다: 아르노는 이것이 기괴한 기법이라고 지적했는데, 왜냐하면 실체를 정의함에 있어 실체를 '양상, 또는 존재 방식,' 즉 운동이나 변화에 대립시킬 본질적 속성을 통해 정의하는 것을 포기하게 된다는 것이다. 이 말에 대해 라이프니츠는, 나에게는 통일성의 정도를 고려하는 '평범한 철학자들'이 있다고, 데카르트에 반(反)하여 아리스토텔레스가 있다고 아이러니컬하게 대답했다. 라이프니츠는 운동에 내부적인 통일성, 또는 능동적인 변화의 통일성을 정확히 실체

---

35 이러한 이유에서, 라이프니츠는 이따금 일반적인 의견("사람들이 주장하길")에 부합하도록, 또는 특히 아리스토텔레스에 부합하도록 술어의 내속을 요약해서 제시한다.

에 대해 주장하며, 그리고 이때 이것은 실체의 등급의 단순한 연장을 배제한다.[36] 운동을 "여러 장소에서 움직이는 것의 연속적인 실존"으로 정의하는 한, 이미 형성된 운동만 붙잡을 수 있을 뿐, 운동이 형성되고 있는 중에 지시하는 내적 통일성은 붙잡을 수 없다. 형성되는 운동은 다음 두 통일성을 한꺼번에 지시한다. 뒤따르는 상태가 "자연적 힘에 의해 현재의 자신에서부터" 출발해야만 한다는 의미에서 순간 내의 통일성, 그리고 자신의 지속 전체에 대한 내부적 통일성(실체의 자연학적 규준). 그리고 더욱 심오하게는, 질적 변화가 순간의 상태를 이행하게 만드는 능동적 통일성을 지시하며, 또한 이 이행 전체를 보증한다(심리학적 규준, 지각과 욕구).[37] 그러므로 실체는 사건으로서의 운동, 술어로서의 변화라는 이중적인 자발성을 대표한다. 만일 실체의 논리적 규준이 포함이라면, 이는 술어작용이 귀속작용이 아니기 때문에, 실체는 속성의 주어가 아니라 사건에 내부적인 통일성, 변화의 능동적인 통일성이기 때문이다.

〈단순한 것〉 이외에 데카르트는 다른 규준, 즉 〈완결된 것〉을 제안했는데, 이것은 실재적 구별을 가리킨다. 그러나 이것은 사고상의 구별만큼이나 개념 이외의 것에 관여하지 않는다: 완결된 것은 온전한 것이 아니라(이것은 사물에 속하는 모든 것을 포함한다), 실재적으로 구별되는 것인데, 다시 말해 다른 사물에 속하는 것들을 부정하면서 그 자신을 통해 '사유'될 수 있는 것을 말한다. 데카르트에 따르면 바로 이런 의미에서, 사유하는 사물과 연장된 사물은 각각 완결된 것이며, 또는 실재적으로 구별되며, 따라서 분리 가능하다.[38] 그러나 여기에서 다시 한번 라이프니츠는 데카르트가 개념

---

36 아르노의 편지 1687년 3월 4일자와 아르노에게 보내는 편지 4월 30일자 참조. 앙드레 로비네André Robinet는 라이프니츠가 오랫동안, 1696년까지 '단순 실체'라는 말을 피했음을 보여준다(*Architectonique disjonctive, automates systémiques et idéalité transcendantale dans l'oeuvre de Leibniz*, Ed. Vrin, p. 355, 그리고 Anne Becco, *Du simple selon Leibniz*, Vrin의 연구).

37 *De la nature en elle-même*, § 13: 국소적 운동과 질적 변화에 대하여.

을 충분히 밀고 나가지 못했음을 보여준다: 두 사물은 공통의 요건을 조금이라도 가지고 있기만 하면, 분리 가능하지 않으면서도 실재적으로 구별 가능한 것으로 생각될 수 있다. 데카르트는 단순한 존재들도, 그리고 개체적 실체들도 요건들을 가지고 있음을 보지 못한다: 이 요건들은 자신이 표현하는 공통의 세계 안에만, 또는 자신이 수렴해가는 내적 특징들 안에만 있다(형상-질료, 행위-힘, 능동적 통일성-제한). 우리가 앞서 보았던바, 실재적으로 구별되는 것이 필연적으로 분리되었거나 분리 가능한 것도 아니며, 분리 불가능한 것도 실재적으로 구별될 수 있다.[39] 극단적으로는, 그리고 스토아 학파가 말했던 것처럼, 어떤 것도 분리 가능하거나 분리되어 있지 않으며, 실체들간을 포함하여 모든 것은 요건에 힘입어 서로 결탁한다. 실체가 단 하나의 속성을 갖는다는 것은 틀렸다. 왜냐하면 실체는 무한하게 많은 양태를 갖기 때문이다. 하지만 여러 실체가 공통의 속성을 갖지 않는다는 것 또한 틀렸다. 왜냐하면 실체는 여전히 자신의 규준들 중 하나를 구성하는 요건들을 갖기 때문이다(인식론적 규준).[40] 그러므로 실체에 대한 다섯 가지 규준이 있다: 형이상학적 규준, 존재의 통일성; 논리학적 규준, 술어가 주어 안에 포함됨; 자연학적 규준, 운동에 내적인 통일성; 심리학적 규준, 변화의 능동적 통일성; 인식론적 규준, 분리 불가능성의 요건들. 모든 것은, 실체가 하나의 본질적 속성을 통해 정의되는 것, 또는 술어작용이 귀속작용과 혼동되는 것을 배제한다.

본질주의는 데카르트를 고전주의자로 만드는 반면, 라이프니츠

---

38 완결됨complet과 온전함entier의 구분은, 데카르트 저작의 문맥에서 다음 두 가지와 관련된다. 첫째, 인식을 위해서는 실재적으로 구별되는 것 모두를 알아야 하는가? 둘째, 신의 인식과 인간의 인식은 어떻게 구분되는가? 데카르트에 따르면, 본질적인 규정 하나를 아는 것은 완결된 것이며 인간의 인식이 이러한 반면, 세세한 규정 모두를 아는 것은 온전한 또는 완전한 것이며 신의 인식이 이러하다. 데카르트 전집 II권, pp. 660~61 참조(옮긴이).

39 "만일 분리 가능성이 실재적 구별의 귀결이라면," 말브랑슈에게 보내는 편지, GPh, I, pp. 325~26.

40 데카르트적 속성과 대비해서, 드 볼데르와의 서신 교환(GPh, II), 특히 1703년 6월 20일자 참조.

의 사유는 심오한 마니에리슴처럼 나타난다. 고전주의는 실체에 대해 견고하고 항구적인 하나의 속성을 필요로 하지만, 마니에리슴은 유체(流體)이고, 여기에서 양태들의 자발성은 속성의 본질성을 대체한다. 스프를 먹는 동안 몽둥이로 맞은 개의 영혼 안에서, 또는 젖을 빨고 있는 동안 말벌에 쏘인 아기 시저의 영혼 안에서 고통은 자발적이라고 말할 수 있을까? 그러나 맞거나 쏘인 것은 영혼이 아니다. 추상적인 것에 만족하지 말고, 계열들을 복원해야만 한다. 몽둥이의 운동은 내려침과 함께 시작되는 게 아니다: 어떤 사람이 몽둥이를 들고 그 뒤로 다가서고, 그 다음 몽둥이를 들어올리고는 마침내 개의 몸 위로 내려친다. 이 복잡한 운동은 내부적인 통일성을 지닌다. 바로 개의 영혼 안에서 복잡한 변화가 능동적인 통일성을 지니듯이 말이다: 고통은 기쁨 뒤에 갑자기 이어지는 것이 아니라, 수도 없이 많은 미세 지각들, 발걸음 소리, 적의를 품은 사람의 냄새, 들어올려지는 몽둥이의 인상, 요컨대 느낄 수 없는 '동요(動搖)'에 의해 준비된다. 그리고 이 동요로부터 '자발적으로' 고통이 나오기 시작하는데, 이 전체 과정은 마치 선행하는 변양들을 통합하는 자연적 힘에 의해서 진행되는 듯하다.[41] 만일 라이프니츠가 짐승의 영혼의 문제를 그토록 중요시한다면, 이것은 그가 망보는 동물의 보편적 동요를 진단할 수 있었기 때문이다. 망보는 동물은 자신의 기쁨을 고통으로, 추적을 도망으로, 휴식을 움직임으로 변하게 할 수 있는 것의 지각될 수 없는 기호들을 붙잡으려 애쓴다. 영혼은 **스스로** 고통을 **주는**데, 이때 영혼의 심연에 묻혀 있기 때문에 영혼이 거의 알아차리지 못했던 일련의 미세 지각들을 이 고통은 영혼의 의식으로 가져온다. 영혼의 심연, 어두운 심연은 라이프니츠를 사로잡고 있다: 실체들 또는 영혼들은 "모든 것을 자신의 고유한 심연"에서 끌어낸다. 이것은 마니에리슴의 두번째 양상이며, 이것이 없다면 첫번째는 공허한 채로 남게 된다.

---

41 *Eclaircissement des difficultés que M. Bayle a trouvées dans le système nouveau……*
(GPh, IV, pp. 532, 546~47).

첫번째는 속성의 본질성과 대립하는 양태의 자발성이다. 두번째는 형상의 밝음과 대립하는 어두운 심연의 편재성(遍在性)이고, 이것이 없다면 양태들은 솟아나올 곳이 없게 된다. 실체들의 마니에리 슴의 온전한 정식은 이것이다: "실체에게 모든 것은 완전한 자발성에 의해 자신 고유의 심연으로부터 태어난다."[42]

존재들의 등급	술어	주어	포함	무한	원리
동일적인 것들 (절대적으로-단순한)	형상들 또는 술어들	신	자기-포함	자기 자신에 의한 무한	모순의 원리
정의 가능한 것들(상대적으로-단순한)	관계들(정의 항들간의)	외연들 또는 크기(전체들과 부분들)	상호적 포함	원인에 의한 무한	상사성의 원리
조건화 가능한 것들(극한적으로-단순한)	요건들(이것의 관계들 또는 법칙들)	내포들 또는 사물들(정도를 가지며 극한으로 향하는 것)	정위 가능한 일방적 포함	내적 극한을 가진 무한 계열	충족 이유의 원리
개체적인 것들 (단항적으로-단순한)	사건들 또는 양태들(실존과의 관계)	실존자들 또는 실체들	정위 불가능한 일방적 포함	외적 극한을 가진 무한 계열	식별 불가능자의 원리

원리들 중 무엇이 원리들의 놀이에 대한 오르테가 이 가세트의 인상을 기초하는가? 그것은 이 항들 대부분이 유동한다는 데에 있다. 보다 정확히 말해서, 이 항들은 열 안에 고정되어 있는데, 그것

42 *Addition à l'explication du système nouveau*……(GPh, IV, p. 586).

들은 거기에서 자신을 펼친다: 이 항들은 한 구역 안에서 자신을 펼치면서 자리잡는다. 하지만 이것들은 이미 또는 여전히 앞의 것 안에 접혀서, 또는 뒤의 것 안에 다시 접힌 채로 실존한다. 그러므로 충족 〈이유〉: 이것은 사물들 안에서 자신을 향해pour soi 나타나며, 바로 여기에서 내적 특징들은 연관을 맺고 사물의 이유를 부여하게 된다. 하지만 그에 이어 식별불가능자의 원리는 충족 이유에 대한 단순한 의존인 양 나타날 때까지 〈이유〉를 개체의 수준에까지 펼쳐 설명explication하는 것에 다름 아니다. 그리고 그에 앞서 충족 이유는 정의항들 사이의 관계로서 정의 가능한 것들 안에 있었는데, 그래서 상사성의 틀 또는 구역 안에서 이미 놀이하고 있었다. 더 나아가, 모순의 원리 자체가 이미 동일한 것들의 고유한 원리를 표현하고 있으며, 충족 이유의 원리로 양자택일을 형성하는 데에 그치지 않고, 그 반대로 비-모순이 이유로서 **충분한** 구역 (우리가 모순 없이 무한까지 상승시킬 수 있는 것)에 자리잡고 있다. 모순의 원리는 이런 의미에서 충족 이유의 한 경우이다.[43] 하지만 충족 이유가 이번에는 비-모순의 한 경우가 아닌가? 실체와 사물, 조건화 가능한 것과 정의 가능한 것도 마찬가지이다. 그리고 여전히 우리는 지금으로서는 소수의 원리밖에는 간주할 수 없다. 원리들의 이행과 변형의 모든 놀이가 있다: 쿠튀라가 봤던 것처럼, 충족 이유는 비-모순의 역(逆)이다.[44] 하지만 다음과 같이 표현되는 한, 식별불가능자의 원리는 충족 이유의 원리의 역이다: 후자는 "사물에 의한 하나의 개념," 전자는 "개념에 의한 하나의 사물, 단 하나의 유일한 사물"(어떤 경우에 사물 = 개체). 여기에는, 라이프니츠의 철학에서만 발견되는 유례없는 특징이 있다: 원리에 대한

---

43 *Monadologie*, § 36으로부터: "충족 이유는 우연한 진리들에서도 발견되어야 한다……" 이는 그것이 필연적 진리들에 이미 적용됨을 함축한다. 그리고 *Théodicée*, "Remarques sur le livre de l'origine du mal," § 14.

44 Couturat, *La logique de Leibniz*, p. 215: "동일성의 원리는 모든 동일 명제가 참이라는 것을 확증하고, 이유의 원리는 반대로 모든 참인 명제가 분석적임을, 즉 잠재적으로 동일함을 확증한다."

극단적인 애착이, 칸막이치는 것을 선호하기는커녕, 이동하는 모든 칸막이하에서 존재들, 사물들, 개념들의 이행을 주재한다. 원리를 창조하는 이 특별한 철학적 활동에서, 원리들이 있다기보다 두 개의 극(極)이 있다고 말할 수 있을 것이다. 모든 원리가 한데 다시 접혀지는 하나의 극과, 반대로 모든 원리가 각자의 구역을 구별하면서 모두 펼쳐지는 다른 하나의 극. 두 극은 다음과 같다: 〈모든 것〉은 언제나 같은 것이다, 단 하나의 유일한 〈심연〉밖에는 없다; 그리고 〈모든 것〉은 정도에 따라 구별된다, 〈모든 것〉은 방식[양태]에 따라 다르다…… 이것은 원리들의 두 원리다. 어떠한 철학도 단 하나의 유일한 세계의 긍정, 그리고 이 세계 안의 무한한 차이 혹은 다양함의 긍정을 이토록 멀리까지 밀고 나아가지 못했다.

제5장 공존 불가능성, 개체성, 자유

아담은 죄를 지었다, 그러나 그 반대, 죄인 아닌 아담은 불가능
하지도 그 자체로 모순적이지도 않다("2 더하기 2는 4가 아니다"는
모순이지만). 이러한 것이 실존 명제의 고유한 점이다. 하지만 문
제가 어디에 있는지 이해해야만 한다: 대립되는 양자, 죄인 아담
과 죄인 아닌 아담 사이에는 물론 모순 관계가 있다. 반면에 죄인
아닌 아담이 그 자체로 모순적이지 않다는 것을 설명하기 위해서
는 전혀 다른 유형의 관계를 들여와야만 한다. 이 다른 관계는 두
명의 아담 사이에 있는 것이 아니라, 죄인 아닌 아담과 아담이 죄
를 지은 세계 사이에 있다. 물론 아담이 죄를 지은 세계가 아담 안
에 포함되어 있는 한, 다시 모순에 빠져들게 된다. 하지만 그 세계
는 수없이 많은 다른 모나드들 안에도 또한 포함되어 있다. 바로
이런 의미에서, 죄인 아닌 아담과 아담이 죄를 지은 세계 사이에는
본래적인 배제의 관계가 있어야만 한다. 죄인 아닌 아담은 또 다른
세계를 포함할 것이다. 두 세계 사이에는 모순과는 다른 어떤 관계
가 있다(비록 두 세계를 구성하는 이 주어들 사이에는 국소적인 모순
이 있겠지만). 이것은 모순contradiction이 아니라, '부차적인 것
말하기vice-diction'이다. 신이 무한히 많은 가능 세계들 중에서 선
택한다는 것은 널리 퍼져 있는 관념이고, 특히 말브랑슈에게서 발
견된다; 그러나 라이프니츠의 고유한 점은 가능 세계들 사이에서
근본적으로 독창적인 관계를 내세운다는 점이다. 이 새로운 관계
를, 라이프니츠는 신의 지성 안에 묻혀 있는 거대한 신비라고 말하

면서, **공존 불가능성**이라고 이름붙인다.[1] 우리는 라이프니츠가 고정시켜놓은 조건하에서, 그의 문제에 대한 해답을 찾으려 하는 상황에 다시 놓이게 된다: 신의 이유들이 무엇인지, 신이 이유들을 각 경우에 어떻게 적용하는 것인지 알 수 없지만, 그러나 신이 그것을 가졌다는 점, 그리고 그것의 원리가 무엇인지는 보여줄 수 있다.

세계는 하나에서 다른 하나로 이어지면서 독특점들 주위에서 수렴하는 무한히 많은 계열이라는 것을 우리는 앞서 보았다. 그래서 각 개체, 각 개체적 모나드는 자신의 집합 안에서 모두 같은 세계를 표현한다. 비록 이것들은 이 세계의 부분, 하나의 계열, 보다 정확히 말해 유한한 배열만을 명석하게 표현할 뿐이지만 말이다. 이로부터 도출되는바, 얻어진 계열들이 독특점들의 근방에서 발산할 때, 또 다른 세계가 나타난다. 1) 하나의 세계를 구성하는, 수렴하고 이어질 수 있는 계열들의 집합, 2) 같은 세계를 표현하는 모나드들의 집합(죄인 아담, 황제 시저, 구세주 그리스도⋯⋯)을 공존 가능하다고 말할 것이다. 1) 발산하고, 따라서 두 가능 세계에 속하는 계열들, 2) 그 각각이 다른 것과 상이한 세계를 표현하는 모나드들(황제 시저와 죄인 아닌 아담)을 공존 불가능하다고 말할 것이다. 공존 불가능성 또는 '부차적인 것 말하기'의 관계를 정의할

---

1 단편 *Vingt-quatre propositions*, GPh, VII, pp. 289~91, 그리고 단편 *Les vérités absolument premières*⋯⋯, p. 195. 쿠튀라(*La logique de Leibniz*, p. 219)와 게루(*Dynamique et métaphysique leibniziennes*, p. 170)는 공존 불가능성이 부정 또는 대립을 함축하고 있으며, 이것은 라이프니츠가 모나드와 같은 적극적인positive 개념 사이에서 인식할 수 없는 것이라고 생각한다: 그래서 라이프니츠는 공존 불가능성의 원천이 인식될 수 없다고 선언하는 데까지 이른다는 것이다. 그러나 우리가 보기에 라이프니츠에게 공존 불가능성은 어떤 형태의 모순으로도 환원 불가능한 독창적인 관계이다. 그것은 차이이지, 부정이 아니다. 이러한 이유에서, 우리는 이하에서 계열들의 발산 또는 수렴에만 의존하는 해석을 제안한다: 이 해석을 통해 우리는 '라이프니츠의 방식'에 더 가까워지는 장점을 갖는다. 하지만 그렇다면 왜 라이프니츠는 그 원천이 인식될 수 없다고 선언할까? 한편으로는, 17세기에 계열 이론에서 발산은 여전히 잘못 알려져 있었기 때문이다. 다른 한편으로, 보다 일반적으로, 공존 불가능한 세계의 수준에서, 우리는 계열들이 발산한다고 상정하는 처지에 놓이지만 그 이유는 알지 못한다.

수 있게 하는 것은 계열들의 우발적인 발산이다. 이렇게 무한히 많은 가능 세계를 제시하면서, 라이프니츠는 상대적인 우리 세계를 보다 더 심오한 절대적 세계의 반영으로 만드는 이원성을 결코 재도입하지 않는다: 반대로, 그는 상대적인 우리 세계를 실존하는 유일한 세계로 만들었으며, 그리고 이 세계는 다른 가능 세계들을 물리치는데, 왜냐하면 이것이 상대적으로 '가장 좋은 것'이기 때문이다. 신은 서로간에 공존 불가능한 무한히 많은 가능 세계 중 선택하며, 그리고 가장 좋은 것, 즉 가능한 실재성을 가장 많이 지니는 것을 선택한다. 〈좋음〉은 두 세계의 규준인 반면, 〈가장 좋음〉은 유일하고 상대적인 세계의 규준이다. 최선(最善)의 원리는 원리들의 문제를 다시 제기하는데, 왜냐하면 이것이 충족 이유를 세계에 처음으로 적용한 것이기 때문이다.

세계는 자신을 표현하는 모나드들 밖에서는 실존하지 않지만, 그러나 모나드에 앞서는 것이 있다. 신은 아담이 죄를 짓도록 하거나 또는 아담이 죄지을 것을 인식할 각오를 하고, 아담을 먼저 만들지 않았다: 그는 아담이 죄를 짓는 세계를 창조하며, 또한 이것〔이 세계〕을 표현하는 모든 개체들 안에 이 세계를 포함시킨다(루크레티아²를 능욕하는 섹스투스, 루비콘 강을 건너는 시저). 우리는 일련의 변곡들 또는 사건들로서의 세계에서 출발한다: 세계는 **독특점들의 순수한 방출**(放出)이다. 예를 들어 세 개의 독특점이 있다: 최초의 인간인 것, 기쁨의 정원에서 사는 것, 자신의 갈비뼈에서 나온 여자를 갖는 것. 그리고 그 다음 네번째로 죄짓는 것. 이러한 사건-독특점들은 '평범한ordinaire 점들' 또는 '정규적régulier

2 Lucretia: 고대 로마 전설에 나오는 여주인공. 전설에 따르면, 그녀는 루키우스 타르퀴니우스 콜라티누스라는 귀족의 아내로 아름답고 덕망이 있었다고 한다. 그녀의 비극은 로마의 폭군 에트루리아 왕 루키우스 타르퀴니우스 수페르부스의 아들인 섹스투스 타르퀴니우스에게 능욕당하면서 시작되었다. 그녀는 아버지와 남편으로부터 타르퀴니우스 가문에게 복수해주겠다는 약속을 받아낸 뒤 칼로 자살한다. 그러자 루키우스 유니우스 브루투스가 격노한 군중을 이끌고 반란을 일으켜 타르퀴니우스 가문을 로마에서 몰아냈다. 이 사건(B. C. 509년에 일어났던 것으로 전함)을 계기로 로마 공화국이 세워지게 되었다(옮긴이).

점들'(여기에서 이 차이는 별로 중요하지 않다)과 관계한다. 독특점들은 평범한 점들 또는 정규적 점들의 성운(星雲)으로 둘러싸여 있다. 그리고 독특한 점을 세우는 변곡을 도처로 이행하게 만들 수 있는 한에서, 모든 점은 특별하다고remarquable 또는 독특하다고 말할 수 있다. 그러나 독특한 점이란 상이한 벡터들 아래의 두 평범한 점의 일치에 다름 아니므로(정사각형의 점 B는 선분 AB의 끝점인 a와 선분 BC의 시작점인 c의 일치이다), 모든 점은 평범하다고 또한 말할 수 있다.[3] 라이프니츠 철학의 두 극을 좇아, 〈모든 것〉은 정규적이다! 그리고 〈모든 것〉은 독특하다! 그렇다 해도, 주어진 스케일에서, 우리는 서로서로 관계하고 있는 독특한 점들과 평범한 또는 정규적 점들을 구별한다.

우리의 네 독특점으로 되돌아가보자. 양방향으로 공통의 값을 갖는 정규적인 선 위에서, 이 독특점들 중 하나를 다른 하나의 근방으로 매번 이어지게 할 수 있다고 우리는 상정한다. 하지만 여기에는 다섯번째 독특점이 있다: 이 경향에 저항하는 것. 이것은 단순히 네번째, '죄짓다'에 모순되는 것이 아니며, 그래서 그 둘 사이에서 선택해야만 한다. 이것은 다섯번째에서 다른 셋으로 향하는 이어짐의 선들이 수렴하지 않는다는 것, 즉 다시 말해 **공통의 값을 통과하지 않는다는 것**이다: 이것은 같은 정원도, 같은 원시 시대도, 같은 여성의 탄생도 아니다. 어떤 분기(分岐)가 있다. 최소한 우리는 이것을 상정하는데, 왜냐하면 그 이유가 여기에서 우리에게 포착되지 않기 때문이다. 그것 중 하나가 있다는 것을 아는 것으로 우리는 만족한다. 이것은 다음과 같이 말할 수 있기에 언제나 충분하다: 여기에서 무엇 때문에 죄인 아닌 아담이 이 세계와 공존 불가능하다고 상정되는가 하면 그것은 이 세계의 독특점들에 대해 발산하는 독특점을 함축하기 때문이다.

이 세계의 기원에 어떤 계산, 차라리 어떤 신적 놀이가 있다는

---

3 *Nouveaux essais*, II, chap. 1, § 18: "특별한 것은 그렇지 않은 부분들로 구성되어야 한다."

것, 이것은 가장 위대한 많은 사상가들이 생각했던 바이다. 그러나 모든 것은 그 놀이의 본성, 그것의 우발적인 규칙, 그리고 우리가 그로부터 재구성할 수 있는 가장 인간적인 모델에 달려 있다. 라이프니츠에게서는 우선, 수렴하고 발산하는 것들에 의해 지배받는 무한한 계열들의 계산이 있는 듯하다. 라이프니츠는 『신정론』의 끝에서 이것에 대한 거대한 바로크적 재현을 제공한다. 이것은 바로크식 설화(說話)의 일반적인 규준에 가장 전형적으로 상응하는 텍스트이다. 서술들이 서로의 안으로 끼워 넣어져 있는 것, 그리고 서술자-서술 관계의 변주.[4] 이것은 사실 철학적 대화인데, 이 안에는 섹스투스 타르퀴니우스가 청한 아폴론의 신탁(神託)이 삽입되어 있고, 그 다음에는 테오도로스 면전에서 섹스투스와 주피터 간의 직접 만남이 이어진다. 그러나 이것은 그를 아테네로 가도록 지시하는 주피터와 테오도로스와의 대담으로 대체된다. 이것은 테오도로스의 숭고한 꿈이 이 새로운 만남을 앞설 때까지 계속된다. 이것은 건축의 꿈이다: 꼭대기는 있지만 밑바닥은 없으며, 그리고 그 각각이 하나의 세계인 무한히 많은 나누어진 공간으로 이루어진 거대한 피라미드. 모든 세계 중에서 가장 좋은 세계가 있기 때문에 꼭대기는 있다. 그리고 이 모든 공간은 안개 속으로 사라지기 때문에, 그리고 이중 가장 나쁘다고 말할 수 있는 마지막 것이 없기 때문에 밑바닥은 없다. 각 공간에는 이마에 숫자를 붙이고 있는 섹스투스가 한 명씩 있는데, 그는 커다란 책 바로 옆에서 "극장 상연과 같이" 자기 삶의 한 토막 또는 전체를 연기(演技)한다. 그 숫자는 섹스투스의 삶을 더욱 세밀한 부분까지 보다 더 작은 스케일로 묘사하는 페이지를 가리키는 것처럼 보이는 반면, 다른 페이지들은 틀림없이 그가 속하는 세계의 다른 사건들을 묘사한다. 이것이 읽히는 것과 보이는 것의 바로크식 조합이다. 그리고 다른 공간

주름. 라이프니츠와 바로크

---

4 *Théodicée*, §§ 413-17. 『신정론』의 텍스트가 어떤 점에서 바로크식 설화의 모델인지 확인하기 위해서는, Gérard Genette, *Figures* II, Ed. du Seuil, p. 195 이하에서 제안된 규준들을 참조할 수 있을 것이다.

들에서는, 다른 섹스투스들과 다른 책들이 있다. 주피터에게서 떠난 뒤, 어떤 섹스투스는 코린트로 가서 거기에서 유명해지고, 어떤 섹스투스는 이전 공간에서처럼 로마로 돌아가 루크레티아를 능욕하는 대신에 트라키아로 가서 왕이 된다. 모든 독특점들은 서로간에 발산하며, 그 각각은 다른 것들의 상이한 값들 아래에서만 앞의 것(신전을 떠남)과 수렴한다. 이러한 모든 섹스투스는 가능하지만, 하지만 이것들은 세계들의 부분을 공존 불가능하게 만든다.

신전을 떠나는 것과 같이, 그 근방에서 계열들이 발산하는 어떤 점을 분기라고 말한다. 라이프니츠의 신봉자인 보르헤스는 중국의 철학자-건축가인 취팽을 원용하는데, 이 사람은 "갈라지는 오솔길이 있는 정원"의 창시자이다: 수렴하거나 또는 발산하는 무한한 계열들을 가지고, 또한 모든 가능성을 포괄하는 시간의 직조(織造)를 형성하는 바로크식 미로. "예를 들어 팽은 어떤 비밀을 간직하고 있다; 알지 못하는 누군가가 그의 문을 두드린다; 팽은 그를 죽이기로 결정한다. 당연히 여러 가지 결말이 가능하다: 팽은 이 침입자를 죽일 수도 있다, 이 침입자는 팽을 죽일 수도 있다, 둘 모두 모면할 수도 있다, 둘 모두 죽을 수도 있다, 등등. 취팽의 작품에는 모든 결말이 생산되며, 각각의 결말은 또 다른 분기의 출발점이다."[5] 라이프니츠의 또 다른 신봉자이자, 가장 위대한 대중적인 소설가인 모리스 르블랑은 '단조로운 철학 교수' 발타자르의 삶을 묘사했는데, 이 사람에게는 모든 것이 평범하고 모든 것이 언제나 정규적이었다…… 그러나 고아였던 그는 자신의 아버지를 찾는 데 전념했는데, 그의 아버지는 세 가지 독특한 점을 지니고 있었다: 자신의 고유한 지문, 가슴에 문신으로 새겨진 MTP라는 글자, 그리고 그의 아버지는 머리가 없다고 말해주었던 한 예언자의 계

---

5 Borges, *Fictions*, Gallimard, "Le jardin aux sentiers qui bifurquent."
 *번역서는 황병하 옮김, "끝임없이 두 갈래로 갈라지는 길들이 있는 정원," 『픽션들』, 보르헤스 전집 2권, 민음사.

시. 그런데 목이 잘려 죽은 쿠시-방돔 백작이 지문을 담고 문신을 묘사한 문서에서 발타자르를 자신의 상속인으로 삼았다. 그러나 발타자르는 마스트로피에 Mastropieds (MTP) 패거리에게 끌려가는데, 이 패거리의 이전 두목은 단두대에서 참수당한 사람이었으며 발타자르를 자신의 아들이라고 주장했었다. 그는 한 영국 사람에 의해 납치당한 후에, 어떤 함장에게 인도되는데, 이 사람 또한 목이 잘리고, 이 사람의 사라진 아들 뮈스타파 Mustapha (MTP)는 같은 지문을 가지고 있었다. 그는 'Mane Thecel Phares'라는 좌우명을 가진 한 시인에 의해 구조되는데, 이번에는 이 사람이 그가 자신의 아들임을 주장하지만, 광기의 발작으로 머리가 돌아버리고[6] 한 부랑자를 살해한다. 최종 설명은 다음과 같다. 이 부랑자는 전에 부유한 아이들을 위한 기숙학교를 운영했었는데, 네 명의 아이에다가 자신의 아이까지 이곳에 있었다. 그러나 홍수가 난 뒤에, 그는 이 다섯 명 중 누가 살아남았는지를 알 수 없게 되어버렸다. 알코올 중독자가 된 채 그 또한 미쳐버렸다. 그는 살아남은 이의 지문의 표식과 문신의 기호를 네 아버지에게 보냈고, 이것은 그 아이가 자신의 아들이라고 각각을 설득하기 위한 것이었다.[7] 이상에는 분기하는 이야기들이 뒤섞여 있으며, 이것들은 공존 불가능한 세계들 안에서 발산하는 계열들로 동시에 전개된다. 발타자르는 같은 세계 안에서 이 모든 아버지의 아들이 될 수는 없다: 다수적 사기.

왜 보르헤스가 라이프니츠 대신 중국 철학자를 원용하는지 우리는 알고 있다. 전적으로 모리스 르블랑과 마찬가지로, 그는 신이 동시에 공존 불가능한 세계들 중 하나, 가장 좋은 것을 선택하는 대신, 그 모든 세계들을 실존하도록 이행하게 만드는 것을 원한다. 그리고 아마도 이것은 전체적으로 가능할 텐데, 왜냐하면 공존 불

---

6 perdre la tête: tête는 '머리' '사고력'이라는 의미이다. 여기에서 perdre la tête는 직역을 하면 '머리를 잃다'이지만, 관용적으로는 '머리가 돌다, 미치다'라는 뜻을 갖는다. 그러므로 앞서 '머리가 없다'라는 점쟁이의 예언은 '미쳐 있다'라는 의미로도 해석될 수 있다 (옮긴이).

7 Maurice Leblanc, *La vie extravagante de Balthazar*, Le Livre de poche.

가능성은 불가능성 또는 모순과는 구분되는 본래적인 관계이기 때문이다. 그럼에도 불구하고, 죄인 아담과 죄인 아닌 아담 사이에서와 같이, 국소적인 모순들이 있다. 하지만 무엇보다 신이 가능한 모든 것, 심지어는 공존 불가능한 것들까지도 실존으로 이행하게 하지 못하는 것은 바로 그가 〔만일 그렇게 한다면〕 모리스 르블랑의 부랑자처럼 거짓말하는 신, 기만하는 신, 사기치는 신이 될 것이기 때문이다. 라이프니츠는 기만하지 않는 신이라는 데카르트의 논증의 많은 부분을 불신하지만, 공존 불가능성의 수준에서 신에게 새로운 토대를 제공한다: 신은 놀이한다, 그러나 놀이에 규칙을 부여한다(보르헤스와 르블랑의 규칙 없는 놀이와는 반대로). 이 규칙이란, 가능한 세계들은 만일 신이 선택한 세계와 공존 불가능하다면 실존으로 이행할 수 없다는 것이다. 라이프니츠에 따르면, 『아스트레』와 같은 소설들만이 이렇게 공존 불가능한 것의 관념을 우리에게 제공한다.[8]

이것에서 개체의 정의, 개체적 개념의 정의를 끌어낼 수 있다. 각 모나드는 세계를 표현한다는 것(정위 불가능한 포함), 그러나 자신의 시선점에 근거하여 부분적인 지대 즉 **구역**만을 명석하게 표현한다는 것(정위된 지구〔地區〕)을 우리는 앞서 보았다. 그리고 아마도 그 명석하게 밝혀진 지역은 각각의 신체로 들어가는 듯했다. 그러나 여기에는 개체에 대한 명목상의 정의밖에는 없는데, 왜냐하면 이 지역 또는 신체와의 그 관계를 구성하는 것이 무엇인지 알지 못하기 때문이다. 이제 우리는 개체가 무엇보다도 이 개체의 '원초적 술어들'이 될 몇 개의 국소적인 독특점들 주위에서 구성된다고 말할 수 있다: 예를 들어, 아담의 경우에는 먼저 고려되었던 네 가지 술어.[9] 이것이 개체에 대한 실재적 정의이다: **몇 개의 수렴**

---

8 부르게Bourguet에게 보내는 편지, 1714년 12월(GPh, III, p. 572).
 *『아스트레 *L'Astrée*』는 뒤르페D'Urfée의 작품이다.
9 아르노와의 서신 교환, 1686년 5월 13일의 "아르노의 편지에 대한 주석." 명백히 '원초적 술어들'이 아담에 저장되어 있는 것은 아니다. 각자 자신의 술어를 가지고 있는 것은 각 개체다. 그 술어들은 각자에게 유한한 수인가? 그렇지 않다, 왜냐하면 언제나 두 개

하는 전(前)-개체적 독특성들의 집중, 축적, 일치(독특한 점들은 같은 점에서 일치할 수 있다, 마치 분리되어 있는 삼각형들의 다른 꼭지점들이 피라미드의 공통의 꼭지점에서 일치하듯이). 이것은 모나드의 핵과도 같다. 각 모나드의 심장에는, 게루의 가설에 따르자면, '단순 개념'이 없다: 이것은 라이프니츠의 방법에 반(反)하여, 개념들의 사슬 안의 두 극단에 만족하는 것이다.[10] 각 모나드의 심장에는, 매번 개체적 개념의 요건들인 독특성들이 있다. 각 개체가 세계의 부분만을 명석하게 표현한다는 것, 이것은 실재적 정의에서 나온다: 개체는 자신을 구성하는 독특성들에 의해 규정된 지역을 명석하게 표현한다. 각 개체가 온 세계를 표현한다는 것, 이것 또한 실재적 정의에서 나온다: 각 개체를 구성하는 독특성들은 사실, 상응하는 계열들이 수렴한다는 조건하에서, 다른 독특성들에까지 모든 방향으로 이어진다. 그리하여 각 개체는 공존 가능한 세계의 전체를 포함하고, 또한 이 세계와 공존 불가능한 다른 세계들만을 배제한다(여기에서 계열들은 발산한다). 이상에서 라이프니츠는 다음과 같이 줄곧 강조했다. 신은 공존 불가능한 여러 세계에 걸쳐 있는 "불확실한 아담" 또는 변덕스러운 아담을 창조한 것이 아니라, 세계가 있는 만큼이나 많은 수의 발산하는 아담들을 "가능태의 이유에 따라" 창조하였으며, 여기에서 각 아담은 자신이 속한 세계 전체를 포함한다(또한 이 세계의 공존 가능한 다른 모든 모나드 또한 이 세계를 포함하면서 거기에 속한다). 요컨대, 가능한 각 모나드는 몇 개의 전-개체적인 독특성들에 의해 정의되며, 따라서 이 독특성들과 수렴하는 독특성들을 가진 모든 모나드들과 공존 가능하며, 발산 또는 이어지지-않음을 함축하는 독특성들을 가진 모나드

의 독특점 사이에 독특점을 복수화시킬 수 있기 때문이다. 하지만 이 문제는 중요치 않다. 주목해야 할 것은, 어떤 두 개의 개체도 같은 원초적 술어를 갖지 않는다는 점이다. 이후 다룰 주제, "불확실한 아담," 공존 불가능한 세계들에 공통인 아담, "유(類)의 이유하에서" 취해진 원초적 술어에 관해서는, 같은 텍스트 참조.

10 이 가설에 대하여, Gueroult, "La constitution de la substance chez Leibniz," *Revue de métaphysique et de morale*, 1947 참조.

들과는 공존 불가능하다.

그런데 왜 공존 불가능한 세계들 안에서 발산하는 이 모든 개체에 아담이라는 고유명사를 부여하는가? 그것은 한 독특성이 언제라도 자신의 이어짐에서 고립되고, 오려내어지고, 잘려내어질 수 있기 때문이다: 그러므로 아담이 죄짓는 정원이 아담이 죄지을 수 없는 정원과 같지 않다는 것은 더 이상 중요하지 않고, 독특성은 무규정적이게 되고, 그것은 이제 **어떤** 정원에 다름 아니고, 또한 원초적 술어는 이제 이런저런 세계 안에 붙잡혀 있지 않고 "유(類)의 이유하에서"만 고려되며, 이와 동시에 그것의 주어는 일반적인 **어떤** 아담, **어떤** 섹스투스 등등이 된다. 이로부터 개체화가 점점 더 종으로 특수화할 요량에서 일반적인 술어에서부터 출발한다고 결론내리지는 않을 것이다. 개체화는 분화의 규칙하에서, 유에서 점점 더 작은 종들로 나아가는 것이 아니라, 개체를 이런저런 세계와 관계시키는 수렴 또는 이어짐의 규칙하에서, 독특성에서 독특성으로 나아간다.[11]

개체적 차이는 종적이지 않고, 개체는 마지막 또는 궁극적인 종이 아니다.[12] 그렇지만 라이프니츠가 개체를 '최하위의 종'처럼 말하는 일도 있다; 하지만 이것은 개체에 대한 단지 유명론적 정의

---

11 잘 알려져 있듯이, 유(類)와 종(種)의 구분과 포함관계를 통해 존재자들 전체에 대한 체계를 구성하려고 했던 이는 아리스토텔레스였다. 이에 대한 그리스어는 각각 genus-species이며, 프랑스어로는 genre-espèce로 번역된다. 그러므로 général-spécifique를 보통 '일반적인-특수한'으로 번역하지만, 철학사적인 의미를 부각시킨다면 '유적-종적'으로 번역하는 것이 타당할 듯하다. 같은 취지에서, généraliser-spécifier는 '유로 일반화하다-종으로 특수화하다'로 번역하고자 한다. 여기에서 들뢰즈는 아리스토텔레스와 라이프니츠의 존재론적 기획의 차이를 분명하게 드러낸다. 들뢰즈는 일관되게 아리스토텔레스의 존재론적 구획을 비판하는데, 그가 보기에, 아리스토텔레스의 형이상학 체계는 존재의 다의성(多義性) 또는 유비에 의존하기 때문이다. 더 나아가 아리스토텔레스 이후 전개된 철학의 진행을 존재의 일의성(一意性)의 관점에서 비판하는 것은 『차이와 반복』의 중심 주제 중 하나이다. 특히 『차이와 반복』, 1장 참조(옮긴이).

12 *Nouveaux essais*, II, 1, § 2: *Eclaircissement des difficultés que M. Bayle a trouvées dans le système nouveau* (GPh, IV, p. 566). 다른 텍스트에서 라이프니츠는 개체를 최종적인 종에 근접시킨다; 그러나 이 비교는 수학적인 종에 적용되는 것이며 자연학적 종에는 적용되지 않는다는 것이 정확하다. *Discours de métaphysique*, § 9; 아르노에게 보내는 편지, GPh, II, p. 131 참조.

이며, 라이프니츠는 이것을 원용함에 있어 뚜렷한 목적을 가지고, 즉 개체와 개념을 대립시키는 모든 이들과 관계를 끊고자 하는 목적에서 그렇게 한다. 한쪽, 유명론자들에게는 개체가 유일하게 실존하는 것이며, 개념은 잘 조정된 단어에 다름 아니다; 다른 한쪽, 보편론자들에게 개념은 무한하게 자신을 종으로 특수화할 수 있는 능력을 가지며, 개체는 단지 우연적이거나 개념에서 벗어나는 규정을 지시할 뿐이다. 그러나 라이프니츠에게는, 동시에, 오직 개념만이 실존하며, 그리고 이것은 개념의 역량에 의해서이다: 모나드 또는 영혼. 또한 이 개념의 역량(주어가 되는 것)은 유를 무한하게 종으로 특수화하는 데에 있는 것이 아니라, 독특성들을 압축하고 이어지게 하는 데에 있다. 이 독특성들은 일반성들이 아니라, 사건들, 사건의 물방울들이다. 세계가 이 세계를 표현하는 개체들과의 관계에서 잠재적으로 일차적인 한에서(신은 죄인 아담이 아니라, 아담이 죄를 지은 세계를 창조했다……), 이 독특성들은 여전히 전-개체적이다. **이런 의미에서, 개체는 전-개체적 독특성들의 현실화**이며, 앞서 있는 어떤 종적 특수화도 함축하지 않는다. 차라리 그 반대로 말해야만 하며, 종적 특수화가 그 자체로 개체화를 전제한다는 것을 인정해야만 한다.

이것은 라이프니츠가 구분한 두 경우에 있어 참이다: 수학적 종과 물리학적 종. 앞의 경우에서, "두 사물은 모든 면에서 전혀 닮지 않고, 종에 있어 서로 다르도록 만드는 가장 작은 차이": 두 수학적 존재들 사이의 모든 개체적 차이는 필연적으로 종적이다. 왜냐하면 이 차이는 정의항들 사이의 관계의 형식하에서만 수학적으로 언명될 수 있기 때문이다(이를테면 타원의 경우, 두 초점의 관계). 바로 이런 의미에서, 형이상학적 개체는 '최하위의 종'으로 동화될 수 있다; 이 비교는 수학적인 것으로만 가치가 있다. 수학에서, 종적 차이는 개체화하는 것인데, 그러나 이는 개체적 차이가 이미 종적이기 때문이다: 개체들만큼이나 많은 수의 종이 있고, 철로 되어 있건 석고로 되어 있건 간에, 어떤 형태를 가진 물질은 두 개의 수학적 개체를 구성하지 않는다. 수학에서, 종적 특수화를 구성하는 것은 바로 개체이다; 그런데, 물리적 사물 또는 유기체 적 물체에서는 이제 사정이 이와 같지 않다.[13] 여기에서는, 우리가 앞서 보았듯이, 종이 끊임없이 변화하고 나누어지고, 동시에 사물 또는 물체가 끊임없이 변하게 되는 계열들을 상이한 특징들이 구 성한다. 이 계열들은 어떤 진화론도 제기하지 않지만, 종적 특수화 와 물체의 변경(變更)간의 관계를 특징짓는다. 분류의 다양한 특 징과 구분되지 않는 이러한 다중-특수화는 물체 또는 사물의 개체 성이 다른 곳에서 온다는 것을 상정한다. 또한 사실 개체적인 것, 그 리고 변경 가능한 물체를 개체화하는 것은 이 물체와 분리 불가능 한 영혼뿐이다.[14] 그리고 사물에서조차, 도처에 있는 것은 바로 이 모든 실체적 형식들이다. 그러므로 종적 특수화는, 다른 곳에서 오 며 종과 유에 대해 일차적인 개체화를 전제한다.

우리는 식별불가능자의 원리와 연속체의 법칙 사이의 가장 작은 대립을 헛되이 찾고 있다. 후자는 주요한 세 영역에서 작동하는 종 적 특수화의 법칙이다: 전체들과 부분들의 수학적 영역, 종 또는 물체적 특징들의 자연학적 영역, 독특성들의 우주론적 영역(하나 의 독특성이 규정된 질서 안에서 다른 독특성의 근방에까지 이어지는 한에서). 식별불가능자의 원리는 개체화의 원리이며, 이것에 따르 면 수, 종 또는 시간에 의해서 오직 외부에서만 구분될 수 있는 서 로 닮은 두 개체는 없다: 첫째, 개체적인 것은 영혼인데, 왜냐하면 영혼은 다른 영혼들의 독특성과 구분되는 — 비록 모두 서로 이어 질 수는 있지만 — 몇 개의 독특성의 둘레로 울타리를 치기 때문이 다. 둘째, 자신의 종의 연속체 안에 들어 있는 물리적 물체를 개체 화하는 것은 영혼 또는 영혼들이다. 셋째, 만일 고유하게 수학적인 종들이 그 스스로 개체화하는 것이라면, 이는 같은 종의 두 형태가 비록 물리적으로는 서로 구분되지만, 같은 '영혼 또는 앙텔레쉬'를

---

13 두 유형의 종 사이의 차이에 관하여, *Nouveaux essais*, III, chap. 6, § 14.
14 *Nouveaux essais*, II, chap. 27, §§ 4-5.

지시하는 수학적으로 단 하나의 같은 개체이기 때문이다. 식별불가능자의 원리는 베어낸 자국들을 설치한다; 그러나 이 베어낸 자국은 연속성의 누락이나 단절이 아니라, 반대로 누락이 없도록, 즉 '가장 좋은' 방식으로 연속체를 배분한다(이를테면 무리수). 식별불가능자와 연속성을 대립시키기 위해서는 두 원리의 지나치게 간결한 정식에 만족해야만 한다: 그러니까 사람들은 두 개체 사이의 차이는 내적이고 환원 불가능(=1)한 반면, 연속성에 근거하자면 이 차이는 사라지면서 0으로 향해야만 한다고 말한다. 그러나 이 셋 중 어떤 의미에서도 연속성은 차이를 사라지게 하지 않는다: 사라지는 것은 바로 정확히 차이를 구성하는 내적 비율raision을 위하여 어떤 관계의 항들에 부여할 수 있는 모든 값일 뿐이다.[15] 차이는 이제 다각형과 원 사이가 아니라, 다각형의 변들의 순수 가변성에 있다; 차이는 이제 운동과 정지 사이가 아니라, 속도의 순수 가변성에 있다. 차이는 외부적이고 감각적이기를 멈추고(이런 의미에서 차이는 사라진다), 식별불가능자의 원리에 맞추어 내부적, 지성적 또는 개념적이게 된다. 그리고 만일 연속성의 법칙의 가장 일반적인 정식을 원한다면, **감각적인 것이 어디에서 끝나고 지성적인 것이 어디에서 시작하는 것인지**, 사람들이 알지 못하고 알 수도 없는 이 관념에서 아마도 그것을 재발견하게 될 것이다: 이것은 '두 세계는 없다'고 말하는 새로운 방식이다.[16] 두 심급의 일치 안

---

15 *Justification du calcul des infinitésimales par celui de l'algèbre ordinaire*(GM, IV, p. 104): 두 길이가 사라지고 있으며 이것들의 관계가 $\frac{0}{0}$ 으로 향하고 있을 때, 어떻게 두 길이의 차이 또는 비율은 한 점에서 존속하는가.

16 *Nouveaux essais*, IV, chap. 16, § 12: "감성적인 것과 합리적인 것이 어디에서 시작하는지 말하기 어렵다." 텍스처와 연속성의 화해를 거부하려고 했던 이는 칸트다. 이러한 화해는 현상과 물 자체의 혼동을 함축할 것이기 때문이다; 그러므로 모순을 낳는 것은 바로 (칸트가 복원한 것과 같은) 두 세계의 구분이다; 그리고 사실 칸트에게서 감성적인 것이 어디에서 끝나고 지성적인 것이 어디에서 시작하는지 알 수 있다. 말하자면, 텍스처의 원리와 연속성의 법칙이 서로 대립하는데, 그러나 이것은 칸트식의 체계 내에서 그러하다. 모순을 상정한 다른 저자에게서도 이것을 볼 수 있다: 게루(*Descartes selon l'ordre des raisons*, Ed. Aubier, I, p. 284)와 필로넨코Philonenko("La loi de continuité et le principe des indiscernables," *Revue de métaphysique et de morale*, 1967)도 라이프니

에서, 영혼 위에 연속체의 역류(逆流)도 있다. 왜냐하면, 만일 모든 개체가 자신이 가진 원초적 독특성들에 의해 다른 모든 개체들과 구분된다 해도, 이 독특성들은 다른 개체들의 독특성들에까지 이어지기 때문이다. 그리고 이렇게 이어지는 것은 다음의 순서에 따라, 즉 한 개체의 '구역'은 이웃해 있거나 또는 뒤이어 이어지는 구역 안으로 무한히 연속되도록 만드는 시공간의 순서에 따라 이루어진다. 이 구역들, 각 모나드에 고유한 특별 지대들 안에서 비교되는 외연과 내포체는 식물, 동물, 인간, 천사의 영혼들 또는 모나드들의 종, 연속해 있는 "모나드들 안의 무한히 많은 정도들"을 구분하는 것까지도 허용한다.[17]

세계의 놀이는 여러 양상을 갖는다: 그것은 독특성을 방출한다; 그것은 한 독특성에서 다른 독특성으로 나아가는 무한한 계열을 [천막을 치듯] 친다; 그것은 수렴과 발산의 규칙을 창시하고, 이러한 가능한 것들의 계열은 이 규칙에 따라 무한 집합 안에서 유기적으로 조직되는데, 여기에서 각 집합은 공존 가능하지만 두 집합은 서로 공존 불가능하다; 그것은 세계를 표현하는 모나드들 또는 개체들의 핵 안에 이런저런 방식으로 그 세계의 독특성들을 분배한다. 그러므로 신은 세계들 중 가장 좋은 세계, 즉 가능한 실재성에 있어 가장 풍부한 공존 가능한 집합을 선택했을 뿐만 아니라, 가능한 개체들 안으로 독특성들을 가장 잘 배분할 것을 선택했다(같은 세계에 대해 독특성들의 다른 배분을, 개체들의 다른 경계 획정(劃定)을 인식할 수도 있을 것이다). 그러므로 세계가 건축술적으로 공존 가능한 집합 안에서 구성되는 규칙들이 있고, 세계가 이 집합의 개체들 안에서 현실화되는 규칙들이 위층에 있으며, 그리고 마지막으로, 우리가 보았듯이, 세계가 이 집합에 고유한 물질 안에서 실현되는 규칙들이 아래층에 있다. 이런 관점에서 라이프니츠는

츠에게서 이상적인 것과 현행적인 것을 두 세계로서 원용한다. 그러나 두 세계란 없으며, 분절된 자리는 라이프니츠에 따르면 결코 벌어진 간극이나 불연속이 아니다.

17 *Principes de la Nature et de la Grâce*, § 4.

놀이에 개입하는 세 가지 규준을 제안한다. 하나는 건축물[체계]의 적합성과 관련되고, 다른 하나는 내부의 "방들의 수와 우아함"과 관련되고, 마지막으로 다른 하나는 지면의, 재료의, 그리고 바로 인접해 있는 외부의 파사드의 편의성과 관련된다.[18] 이것은 건축의, 또는 포장(鋪裝) 공사의 거대한 놀이이다: 가능한 한 빈곳을 가장 적게 하면서, 그리고 가능한 한 형태를 가장 많게 하면서 어떻게 하나의 공간을 채우는가. 시공간은 탁자, 즉 선택된 세계에 의해 (가장 좋게) 채워질, 미리 실존하는 그릇이 아니라는 제한하에서 그러하다: 반대로, 시공간은 하나의 독특점에서 다른 독특점으로, 하나의 개체에서 다른 개체로의 나누어질 수 없는 거리의 순서와도 같으며, 그리고 연장은 이 거리들에 따라 계속되는 이어짐과도 같은데, 이 시공간과 연장은 각각의 세계에 속한다. 바로 공간, 시간, 그리고 연장이 각각 세계 안에 있으며, 그 역은 아니다. 이 놀이는 놀이의 말 역할을 하는 놀이자들 뿐만 아니라, 놀이를 하는 곳인 탁자와 이 탁자의 재료까지도 내면화한다.

니체와 말라르메는 주사위 던지기를 방출하는 세계─〈사유〉를 우리에게 다시 드러내주었다. 그러나 이들에게는 모든 원리를 상실한 원리 없는 세계가 중요하다: 이런 이유에서, 주사위 던지기는 〈우연〉을 긍정하고 모든 우연을 사유하는 역량이며, 이것은 무엇보다도 원리가 아니라 모든 원리의 부재이다. 또한 이것은 우연에서 나오는 것, 원리상 우연을 제한하면서 그로부터 빠져나오는 것을 부재 또는 무로 돌려준다: "세계는 부재의 익명의 영역이며, 이것으로부터 사물들이 나타나고 그리고는 사라지는 것이다…… 나타남은 그 뒤에 어떤 인격도 없고, 단지 무 이외에 어떤 것도 없는 마스크이다." 어떤 것이라기보다는 〈아무것도 아닌 것 le Rien〉.[19] 신의 부재 안에서, 인간 자체의 부재 안에서 원리 없이 사유하는 것은 놀이의 오래된 〈지배자〉의 자리를 찬탈하고 산산조각 난 같

18 *De l'origine radicale des choses.*
19 Eugen Fink, *Le jeu comme symbole du monde*, Ed. de Minuit, pp. 238~39.

은 세계(탁자는 부서진다……) 안으로 공존 불가능한 것들을 들어가게 하는 놀이하는—아이의 위험천만한 일이 된다.[20] 하지만 세계가 자신의 원리를 상실하기에 앞서, '니힐리즘'의 그 긴 역사에서 일어난 일은 무엇인가? 우리와 가장 가깝게는, 원리들의 마지막 피난처, 칸트의 피난처로서의, 인간의 〈이성〉이 무너져야만 했다: 그 이성은 '신경증'으로 죽었다. 그러나, 또한 그에 앞서 정신병적인 중간 장면, 모든 신학적 〈이성〉의 위기와 몰락이 필요했었다. 바로 여기에 바로크가 자리한다: 신학적 이상이 도처에서 공격받고, 세계가 끊임없이 신학적 이상에 반하는 증명, 폭력, 재앙을 축적하고, 더군다나 대지가 흔들리기 시작하는 순간에……, 이 신학적 이상을 지킬 수 있는 수단이 있는가? 바로크의 해결은 이런 것이다: 원리를 다양화할 것이고, 언제나 이것들 중 하나를 소매에서 꺼낼 것이고, 그리고 이로 인해 이것들의 용도를 바꿀 것. 이제 주어질 수 있는 어떤 대상이 이런 빛나는 원리에 상응하는지 묻지 않고, 감추어진 어떤 원리가 이 주어진 대상에, 즉 이런저런 "복잡하게 얽혀 난처한perplexe 경우"에 상응하는지 물을 것이다. 이러한 것으로서의 원리들로 반영적인 용도를 만들어낼 것이고, 경우가 주어지면 원리들을 발명할 것이다: 이것은 〈법률〉을 보편적 〈판례〉로 변형하는 것이다.[21] 이것은 개념과 독특성의 결혼이다. 이것은 라이프니츠식의 혁명이며, 라이프니츠는 가장 대표적인 마니에리슴의 영웅, 프로스페로에 가장 가깝다. "신비스러운 프로스페로, 마술사이자 합리론자, 삶의 비밀들에 대한 전문가이자 곡예사, 행복을 분배하는 자, 그러나 그 자신 빛나는 고독에 몰두한 자."[22]

20 주사위 던지기와 우연에 관해서, 『니체와 철학』 1장, 11-14절 참조. 본문 중 "탁자는 부서진다"는 니체로부터 온 말이다. 『차라투스트라는 이렇게 말했다』, III, 『일곱 개의 봉인』 참조(여기에서, 탁자는 주사위 놀이를 위한 탁자이며, 대지는 신들의 탁자이다. 그리고 "대지는 갈라진다")(옮긴이).

21 Gaston Grua, *Jurisprudence universelle et théodicée selon Leibniz*, PUF 참조.

22 Tibor Klaniczay, "La naissance du Maniérisme et du Baroque au point de vue sociologique," in *Renaissance, Maniérisme, Baroque*, Ed. Vrin, p. 221. 저자는 르네상스의 쇠퇴를 초래하는 큰 위기의 그림과 이 위기와 관련된 두 가지 태도, 즉 마니에리슴과

제5장 — 공존 불가능성, 개체성, 자유

라이프니츠의 놀이가 〈가장 좋음〉의 원리, 가능 세계들 중 가장 좋은 세계를 선택하는 신의 지배하에 있다고 말하는 것은 확실히 충분치 않다. 왜냐하면 가장 좋은 것은 귀결일 뿐이기 때문이다. 그리고 귀결로서조차도 그것은 〈좋음〉의 해체로부터 직접적으로 유래한다(〈좋음〉에서 구해낼 수 있는 것을 구해서 지키는 것……). 라이프니츠의 놀이의 참된 특징, 그리고 그 놀이를 주사위 던지기에 대립시키는 것은 우선 원리들의 증식이다: 놀이는 원리의 과잉에 의한 것이지, 원리의 결여에 의한 것이 아니다. 놀이는 원리들 그자체의 놀이이며, 원리들을 발명하는 놀이이다. 그러므로 이것은 숙고의 놀이, 체스 또는 체커 놀이이며, 여기에서는 재주(우연이 아니라)가 오래된 현명함과 오래된 신중함을 대체한다. 세번째로, 이것은 채우기의 놀이이며, 여기에서 비어 있는 곳은 쫓겨나고 어떤 것도 부재의 상태로 남겨지지 않는다: 이것은 역전된 솔리테르[23] 게임이다. 즉, 빈 자리로 옮겨가고 또 옮겨간 곳에 있는 조각을 없애는 대신, 빈 곳이 꽉 찰 때까지 "누군가 옮겨가서 생긴 구멍을 메우는" 그러한 것이다. 끝으로, 이것은 전투가 아니며, 말살의 전쟁보다는 유격전에 가깝고, 체스나 체커 놀이보다는 바둑에 더 가깝다: 상대방을 부재하게 만들기 위해서 점령하는 것이 아니라, 그곳을 무력화시키고 공존 불가능하게 하고 발산하게 하기 위해서 그들이 있는 곳을 포위한다.[24] 그렇다, 이것이 바로크다. 세계가 원리들을 상실하기 이전의 바로크: 무(無)라기보다는 〈어떤 것〉을 보존하고, 원리의 과잉, 원리의 무절제, 원리에 고유한 무절제를

바로크의 그림을 보여준다.

23 Solitaire: 카드놀이의 일종(옮긴이).

24 레몽에게 보내는 편지, 1716년 1월 참조(GPh, III, pp. 668~69) 참조. 여기에서 라이프니츠는 차례차례 판 위에서 말[馬]을 가지고 하는 게임, 체커 게임, 체스 게임을 위해 우연을 기각하고; 역전된 솔리테르 게임을 위해 비어 있음을 기각하고; 비-전쟁의 중국 게임 또는 약탈자라는 로마 게임을 위해 전쟁의 모델을 기각한다. 현실적인 전략 모델로서의 비-전쟁에 관해서는 다음을 참조할 수 있을 것이다. Guy Brossolet, *Essai sur la non-bataille*, Ed. Belin: 저자는 작센의 장군을 원용하지만, 매우 라이프니츠적인 도식을 제안한다("가볍고 수가 많지만 독립적인 조각들에 기반을 둔 모듈 방식의 전쟁," p. 113).

통해 사람들이 세계의 비참함에 응답하는 빛나는 순간.

라이프니츠의 낙관론은 얼마나 이상한가.[25] 다시 한번, 그것은 제 구실을 하지 못하는 비참함이 아니며, 가장 좋은 것은 플라톤의 〈좋음〉의 폐허 위에서만 꽃을 피운다. 만일 이 세계가 실존한다면, 이 세계가 가장 좋기 때문에 있는 것이 아니라, 오히려 그 역으로, 이 세계가 있기 때문에, 이것이 있는 세계이기 때문에 가장 좋은 것이다. 철학자는 경험론에 이르러 그렇게 될 〈수사관〉이 아직 아니며, 칸트에 이르러 그렇게 될 〈판사〉는 더욱이 아니다(〈이성〉의 법정). 그는 〈변호사〉, 신의 변호사이다: 철학자는 라이프니츠가 만든 말인 '신정론'에 따라 신의 〈입장Cause〉을 방어한다.[26] 확실히, 악에 맞서 신을 정당화하는 것은 언제나 철학자의 공통된 자리였다. 그러나 바로크는 기나긴 위기의 계기이며, 여기에서 평범한 위안은 이제 별 소용이 없다. 변호사가 세계를 재구축해야 할 정도로, 세계의 붕괴가 발생한다. 정확하게 같은 세계를, 그러나 다른 광경 위에, 그리고 세계를 정당화할 수 있는 새로운 원리들에 관계시키면서 재구축해야만 한다(여기에는 판례가 있다). 거대한 위기에는 강화된 정당화가 상응해야만 한다: 세계는 가장 좋아야만 하

---

25 프리드만Georges Friedmann(*Leibniz et Spinoza*, Gallimard, p. 218)은 라이프니츠 철학이 보편적인 동요의 사유라고 주장한다: 가장 좋은 것은 "신의 신뢰의 표지인데, 라이프니츠 자신은 그 반대로 신을 불신하는 것처럼 보인다."

26 브룅쉬비히Jacques Brunschwig가 이 변호사라는 주제를 끌어냈다: 『신정론』은 "신중한 의미(신의 정의[正義]라는 교리)와 마찬가지로 과감한 의미(신의 정당화 또는 정당성을 입증하는 재판)로도" 이해되어야 한다. "신의 정의를 통해 변호되는 신의 입장 *La cause de Dieu plaidée par sa justice*……"이라는 논문에 적합하게 말이다. "신이라는 사건, 복잡한 사건들 중 하나인 이것에 젊은이로서 그가 자신의 박사 논문을 바쳤다……" (Introduction à la *Théodicée*, Ed. Garnier-Flammarion)

＊따라서 우리는 Théodicée를 신정론(神正論)이면서 동시에 변신론(辯神論)이라고 번역할 수 있다. 또한 원인이라는 뜻을 갖는 cause라는 말 자체도 원래 법정 용어에서 나온 것이다. 재판 대상이 된 사건을 일으킨 사물이나 동기를 일컬었던 말이 일반적으로 어떤 것의 원인이나 이유를 의미하는 것으로 확장되었다. 그러므로 위 본문은 사건의 원인을 규명하는 재판의 과정과 세계의 이유를 추적하는 철학적 탐구가 중첩되는 이미지 속에서 이해된다. 이런 맥락에서 cause de Dieu는 '(변호되는) 신의 입장'이자 동시에 '신이라는 원인'이다.

는데, 그 전체에서뿐만 아니라, 그 세부에서 또는 그 모든 경우에서도 그러하다.[27] 이것은 말 그대로 분열증적인 재구축이다: 신의 변호사는 세계 내부에 있는 소위 '자기-조형적'인 변양을 가지고 세계를 재구축하는 인격들을 소집한다. 이러한 것들이 모나드들, 또는 라이프니츠에게서 〈자아〉들, 자동인형들이다. 이 자동인형들 각각은 자신의 심연에서 온 세계를 이끌어내며, 자기 고유의 용수철이 풀려나오는 것처럼, 미리 규정된 자기 고유의 자발성이 풀려나오는 것처럼, 외부와의 관계 또는 다른 자동인형들과의 관계를 다룬다. 모나드들을 춤추는 것으로 인식해야 한다. 하지만 이 춤은 바로크의 춤이며, 여기에서 춤추는 이들은 자동인형들이다: 이것은 두 모나드 간의 나눌 수 없는 거리(공간)와 같이, 완전히 "거리에 대한 파토스"이다. 이 둘 사이의 만남은 축제 행렬, 즉 둘 간의 거리를 유지하는 한에서 각자의 자발성의 전개가 된다; 작용과 반작용은 이 거리의 양쪽으로 분산되어 있는 자세들의 연쇄에 자리를 내준다(마니에리슴).[28]

낙관론의 원리, 또는 〈가장 좋은 것〉의 원리는 신의 자유를 지켜낸다: 그 자유를 보증하는 것은 세계와 신의 놀이이다. 죄를 짓지 않은 아담, 루크레티아를 능욕하지 않은 섹스투스가 다른 가능 세계들에는 있다. 시저가 루비콘 강을 건너지 않는 것, 이것은 불가능하지 않으며, 단지 선택된 가장 좋은 세계와 공존 불가능할 뿐이다. 그가 루비콘 강을 건넌다는 것은 그러므로 절대적으로 필연적이지 않으며, 상대적으로만, 우리의 세계와 관련해서만 확실하다. 오로지, 인간의 자유만이 그 자체로 지켜지지 않는데, 그 자유가

---

27 *Essai anagogique*(GPh, VII, p. 272): "우주의 가장 작은 부분들도 가장 큰 완전성의 질서에 따라 규제된다. 만일 그렇지 않다면, 전체도 그렇지 않을 것이다."

28 '마니에리슴'은 분열증의 가장 비장한 특질들 중 하나이다. 다른 두 방식으로, 블란켄부르그Blankenburg(*Tanz in der Therapie Schizophrener*, Psych. Psychosom, 1969)와 스즈니세르Evelyne Sznycer("Droit de suite baroque," in Navratil, *Schizophrénie et art*, Ed. Complexe)는 분열증과 바로크 춤, 독일 춤, 파반느, 미뉴에트, 쿠랑트 등을 근접시킨다. 스즈니세르는 분열증 내부의 세계의 재구성과 변양들에 관한 프로이트의 테제들을 상기시키고, 이른바 '흑평'이라고 하는 남용의 기능을 끌어낸다.

이 실존 세계 안에서 작용하는 한에서 그러하다. 인간의 관점에서는, 만일 아담이 이 세계에서 확실히 죄를 짓는다면, 그가 다른 세계에서 죄를 짓지 않을 수도 있다는 것으로는 충분치 않다. 사람들은 라이프니츠가 스피노자보다 훨씬 더 강하게 우리를 단죄했다는 인상을 받는다. 스피노자에게는 최소한 해방이 가능한 절차가 있었다. 반면 라이프니츠에게는 울타리쳐진 조건하에서 모든 것이 처음부터 닫혀 있다. 라이프니츠가 우리에게 인간의 자유를 약속하는 텍스트의 대부분은 신의 단순한 자유라는 길로 접어든다. 확실히, 공존 불가능성은 라이프니츠가 미래의 우발적 사건이라는 고대의 문제를 스토아 학파의 아포리아에 빠지지 않으면서 풀 수 있게 허용한다(내일 바다에 전투가 있을 것인가?).[29] 그러나 공존 불가능성은 소위 자발적인 사건의 특징, 즉 바다의 전투를 원하거나 아니면 원하지 않는 인간의 자유를 전혀 보장하지 않는다. 어떻게 인간이 자유로운 의지를 가질 수 있겠는가? 그의 "개체적 개념이 언젠가 자신에게 일어날 것을 단 한 번에 확실하게 지니는데" 말이다. 어떻게 자유를 분열증적인 자동인형의 내적이고 완결적이고 예정(豫定)된 규정과 뒤섞을 수 있겠는가?

주어 안에 술어가 포함된 것으로 우리는 되돌아간다. 그리고 만일 술어가 속성이라면, 확실히 사람들은 주어의 자유를 구해낼 수 있는 것을 발견하기 어렵다. 그러나 술어는 사건이며, 주어 안에서 지각의 변화로서 나타난다: 어떤 동기(動機)를 지각 변화의 이유로서 지정할 수 있을 때, 사건은 자발적이다. 하나는 짧고 하나는 긴, 최소한 두 곳의 텍스트에서 라이프니츠는 최초로 동기에 관한 현상학의 위대한 토대를 놓는다.[30] 그는 여기에서 두 가지 착각을

---

29 사건의 논리에 있어 매우 중요한 것으로서, 우발적인 미래라는 고대의 문제에 관하여, Schuhl, *Le dominateur et les possibles*, PUF, 그리고 Vuillemin, *Nécessité ou contingence*, Ed. de Minuit 참조. 기초적인 명제들 중 하나는 가능한 것으로부터 불가능한 것이 출현하지 않는다는 것이다. 그러나 라이프니츠는 가능한 것으로부터 불가능한 것이 출현한다고 간주하는 게 가능하다.

30 클라크와의 서신 교환, 라이프니츠의 다섯번째 편지, §§ 14-15; *Nouveaux essais*, II,

고발한다: 하나는 동기를 **대상화**하는 데에 있다. 마치 동기가 저울 위의 저울추(錘)인 것처럼, 그리고 숙고란 조건이 같을 때 저울의 어느 쪽이 기울어지는지를 알아내는 일이라도 되는 것처럼 말이다. 다른 착각은 동기를 **배가**(倍加)시키는 데 있는데, 왜냐하면 사람들이 '원하기를 원하기'라도 할 수 있는 양, 대상화된 동기들 중에서 선택하기 위해서 주관적인 동기들을 무한하게 필요로 하기 때문이다. 그러나 사실 자신의 고유한 동기를 행하는 것은 바로 영혼이며, 그리고 이 동기는 언제나 주관적이다. 우리는 매순간 수천의 '작은 용수철들'의 작용하에서 모든 방향으로 우리의 영혼을 접는 모든 작은 성향들에서 출발해야 한다: 동요. 이것은 저울을 대신하는 시계추의 모델, '불안'[31]이다. 들어오는 이 작은 유혹〔외력〕들을 합산한 결과를 겪는 대신, 영혼이 이런 방향과 저런 측면으로 온 전체를 접도록 만드는 이런저런 진폭이 영혼에 주어질 때, 행동은 자발적이다. 예를 들어, 나는 계속 공부를 할 것인지 아니면 술집에 갈 것인지 사이에서 망설인다: 이것은 고립된 두 '사물'이 아니라, 두 방향이며, 이 각각은 가능한 지각들 내지는 환각적이기까지 한 지각들 전체를 야기한다(마시는 것뿐만 아니라, 술집의 냄새와 웅성거림, 공부하는 것뿐만 아니라, 책장 소리와 주위의 정적……). 그리고 만일 우리가 동기로 되돌아가 두번째로 고려해보면, 그것은 같은 것으로 머물러 있지 않고, 저울 위의 저울추처럼 앞뒤로 오가며, 추의 진폭에 따라 저울이 변한다. 자발적인 행위는 자유로운데, 왜냐하면 자유로운 행위란 지속의 어떤 순간에서 영혼 전체를 표현하는 행위이며, 자아를 표현하는 행위이기 때문이다. 아담은 자유롭게 죄를 짓는가? 이 물음은 그의 영혼이 그 순간에 사과의 향과 맛, 그리고 이브의 유혹으로 쉽게 가득 차게 된 어떤 진폭을 지닌다는 것을 의미한다. 또 다른 진폭도 가능할 것이며, 이것은 신의 금지를 담고 있을 것이다. 모든 것은 "안일함" 여

chap. 20, 21.
31 독일어 Unruhe는 불안, 동요, 시계추라는 뜻을 갖는다(옮긴이).

부의 문제이다.

앞서 변곡에서 포함으로 가면서, 우리는 어떻게 변곡들이 자연스럽게 영혼들 안에 포함되어 있는지를 보았다. 성향은 바로 영혼 안의 주름이며, 포함된 것으로서의 변곡이다. 여기에서 영혼은 필연적으로 강제됨 없이 성향을 지닌다라는 라이프니츠의 정식이 나온다.[32] 동기는 내적인 규정 자체가 아니라, 성향이다. 그것은 과거의 결과가 아니라, 현재의 표현이다. 어떤 점에서는, 라이프니츠에게 포함은 언제나 현재에 연동되어 있다고 말해야만 한다: 나는 글쓴다, 나는 여행한다…… 만일 포함이 과거와 미래로 무한히 연장된다면, 이것은 포함이 매 차례 포함의 분배에 거주하는 생생한 현재에 우선 관련되기 때문이다. 이것은 나의 개체적 개념이 내가 그 순간에 하는 일, 내가 지금 하고 있는 일을 포함하기 때문이며, 내가 그 일을 하도록 밀어내었던 것을 또한 무한하게 포함하기 때문이고, 그리고 그 일로부터 유래하게 될 모든 것을 무한하게 포함하기 때문이다.[33] 현재의 이러한 특권은 모나드 안의 내속의 기능을 정확히 지시한다: 이것은 어떤 술어를 포함함에 있어, 그 술어에 동사의 값을, 즉 지금 일어나고 있는 운동의 통일성을 부여하지 않고서는 포함하지 않는다. 내속은 자유의 조건이지, 그 방해물이 아니다. 라이프니츠가 완전한 또는 실현된 앙텔레쉬를 원용할 때, 과거로 간주되도록 포함이 요구하는 현실태, 그리고 어떤 본질을 지시하는 현실태가 문제가 되는 것은 아니다. 울타리의 조건, 폐쇄의 조건은 전혀 다른 의미를 갖는다: 완전한, 실현된 현실태란 자신을 포함하는 영혼으로부터, 지금 일어나고 있는 운동의 고유한 통일성을 받아들이는 현실태이다. 이런 관점에서 베르그송은 라이프니츠와 매우 가깝고, 바로 라이프니츠에게서 줄곧 이 정식이 발견된

---

32 *Discours de métaphysique*, § 30.

33 *Monadologie*, § 36: "현재 내가 글쓰고 있는 행위의 작용인(作用因) 안에는 현재와 과거의 무한히 많은 형태와 운동이 들어 있으며, 목적인(目的因) 안에는 내 영혼의 현재와 과거의 무한히 많은 작은 성향과 기질들이 들어 있다."

다: 미래를 품고 있고 과거로 가득 찬 현재.[34] 내적인 결정론이 아
니라, 자유 자체를 구성하는 내부성. 생생한 현재는 본질적으로 외
연과 내포체[강도]에 있어 가변적인 것이다. 이것은 매순간 모나
드의 특별 지구 또는 구역, 모나드가 명석하게 표현하는 지대와 구
별되지 않는다. 그러므로 바로 이것이 어떤 순간에 영혼의 진폭을
구성한다. 다소간 연장되어, 다소간 강렬한 채로, 생생한 현재는
같은 행동에 동기를 부여하지 않고, 같은 운동에 통일성을 부여하
지 않는다. 아담은 죄를 짓지 않을 수도 있었다: 만일 그의 영혼이
그 순간에 어떤 다른 운동의 통일성을 구성할 수 있는 다른 진폭을
지니고 있었다면 말이다. 행위는 자유로운데, 왜냐하면 행위는 현
재의 영혼 전체를 표현하기 때문이다.

신의 저주에 관한 어둡고도 훌륭한 이론만큼보다 이를 더 잘 보
여줄 수 있는 것은 없다. 이 경우에서조차도, 저주받은 자, 유다 또
는 베엘제붑[35]은 과거의 행위에 대해서 값을 치르는 것이 아니라,
자기 영혼의 현행적 진폭을 구성하고 현재의 자기 영혼을 채우는,
신에 대한 증오에 대해 값을 치른다. 그들은 과거 행위 **때문에** 저
주를 받지 않는다. 그들은 자신들이 매순간 새롭게 하는 현재 행
위, 그 안에서 소름끼치는 쾌감을 발견하며 "범죄에 범죄를 추가"
하기 위해서 끊임없이 다시 시작하는 신에 대한 이러한 증오에 의
해서 저주받는다. 유다가 신을 배신했기 때문이 아니라, 배신한 후
에 더욱더 신을 증오하고, 또한 증오하면서 죽어갔기 때문에 그는
저주받는다. 이것은 한 영혼에 있어 진폭의 절대적인 최소치이다:
자신의 명석한 지역 안에 단 하나의 술어, '신을 증오함' 이외에는
포함하지 않는 것. 이것은 그 영혼에 남아 있는 유일한 작은 빛, 독

---

34 *Nouveaux essais*, 서문: "이 미세 지각들의 귀결로서, 현재는 미래를 품고 또 과거로 가
득 찬다." 지금 일어나고 있는 운동에 관해서는, *De la Nature en elle-même*, §13: "신체
는 단지 운동의 현재 순간에 꼭 자신만큼의 자리를 차지하는 것이 아니다. 그것은 또한
다음 상태가 현재의 자신으로부터 나오는 방식으로 자연적 힘을 통해 자리를 옮기는 항
력 또는 압력을 포함한다."

35 「마태복음」 12:24 참조(옮긴이).

특하게 창백한 미광(微光), 〈이성〉의 분노'이다. 만일 그 영혼이 얼마간의 진폭을 되찾는다면, 만일 현재에서 증오를 멈춘다면, 그 영혼은 즉시 저주받기를 멈추겠지만, 그 영혼은 다른 영혼이 되고 다른 운동의 통일성을 만들 것이다. 라이프니츠가 말하듯이, 저주받은 자는 영원히 저주받는 것이 아니라, "항상 저주받아 마땅하며," 각 순간마다 저주받는 것이다.[36] 또한 저주받은 자들은 자유롭고, 축복받은 자들만큼이나 현재에 있어 자유롭다. 이들을 저주하는 것은 그들이 가진 현재의 정신의 협소함, 진폭의 부족이다. 이들은 복수의 인간들 또는 원한의 인간들이다. 한참 뒤에 니체가 묘사하게 될 그대로, 이들은 자신의 과거의 결과를 겪는 듯이 아니라, 날마다 매순간 긁어모으는 현행적이고 현재적인 흔적과 단절할 수 없는 듯하다. 아마도 저주에 대한 이러한 시각은 보다 광범위한 맥락과 관계하는 바로크의 깊은 심층에 속한다: 현재에 있는 죽음을 지금 일어나고 있는 운동으로서 인식한 것이 바로 바로크이며, 여기에서 이 운동은 사람들이 기다리는 것이 아니라 사람들과 '동반'하고 있는 것이다.[37]

아담은 죄를 짓지 않을 수 있었고, 저주받은 자들은 자유로워질 수 있다: 만일 그 영혼이 다른 진폭, 다른 주름, 다른 경사를 지닌다면 충분했거나 충분할 것이다. (우리의 세계와 공존 불가능한) 다른 세계에서가 아니라면, 그 영혼이 그렇게 할 수는 없다고 누군가는 말할 것이다. 그러나 정확하게, 그렇게 할 수 없다는 것은 그 영혼이 그렇게 하면 다른 영혼이 될 것이라는 점을 의미한다: 영혼이 하는 것, 영혼 전체가 그것을 하며, 이것이 그의 자유를 구성한

36 *Théodicée*, §§ 269-72. 그리고 *Profession de foi du philosophe*, Belaval, Ed. Vrin의 여러 곳. 여기에서 라이프니츠는 저주를 현재 진행 중인 운동에 비유한다: "움직이게 된 물체는 한 자리에 머물러 있지 않지만, 계속 그곳으로 향해 갑니다. 마찬가지로, 그들은 저주받지 않았지만, 그들이 원하는 바대로, 어쩔 수 없이 계속 저주받아 마땅한 상태가 되며, 다시 말해 끊임없이 자기 스스로 새롭게 저주합니다"(pp. 85, 95 그리고 101, 여기에 라틴 시구로 되어 있는 베엘제불의 노래가 있다).

37 Jean Rousset, *La littérature de l'âge baroque en France*, Ed. Corti, pp. 116~17에 인용된 케베도Quevedo의 텍스트 참조. 루세는 '운동 중인 죽음'에 대해 말한다.

다. 영혼은 그렇게 하도록 결정되어 있지 않다. 누군가는 여전히, 최소한 영혼이 지금 상태로 되도록 결정되어 있다고, 그리고 매 계기마다 영혼의 진폭의 정도가 그 자신 안에 기입되어 있고 신에 의해 계획되어 있다고 말할 것이다. 하지만 이 변화란 무엇인가? 신이 아담의 안일함과 저주받은 자들의 협소함을 계획한다는 것은, 안일함과 협소함이 자유로운 행위의 동기가 되고 어떤 결정의 결과가 되지 않는다는 것을 배제하지 않는다. 신이 한 영혼의 진폭의 정도(程度)들을 앞서 정렬한다는 것은, 그 정도의 각각이 어떤 순간에 영혼 전체가 된다는 것을 배제하지 않는다. 다른 정도가 다른 영혼과 다른 세계를 함축한다는 것은, 이 정도가 이 세계 안의 어떤 영혼의 자유를 현실화하는 것을 배제하지 않는다. 자동인형은 자유로운데, 미리 결정되어 있기 때문이 아니라, 자신이 생산하는 사건의 동기를 매 차례 구성하기 때문이다. 자동인형은 프로그래밍되어 있는데, "물질적 자동인형"이 기계적 작동들을 위한 규정에 의해 프로그래밍되어 있듯이, "정신적 자동인형"은 자발적 행위들을 위한 동기 부여에 의해 프로그래밍되어 있다: 만일 사물들이 신의 지성 안에 포괄되어 있다면, 그것들은 "자유로운 것은 자유로운 것으로, 또한 맹목적이고 기계적인 것은 기계적인 것으로서" 그러하다.[38]

사람들은 라이프니츠의 주제들과 베르그송의 테제 사이의 유사성에 사로잡힌다: 동기에 관한 착각을 같이 비판하는 것, 영혼의 변곡들을 같이 개념화하는 것, 내속과 포함을 자유로운 행위의 조건으로서 같이 요구하는 것, 자유로운 행위를 자아를 표현하는 것으로서 같이 기술하는 것("자유로운 결정이 유래하는 곳은 바로 영혼의 전체이며, 이 행위는 결부되어 있는 역학적 계열이 근본적인 자아와 보다 많이 동일시되려고 하면 할수록 더 자유롭게 된다").[39] 그

38 자크로Jaquelot에게 보내는 편지, 1704년 9월, GPh, VI, p. 559.
39 Bergson, *Essai sur les données immédiates de la conscience*, PUF(éd. du centenaire), pp. 105~20. p. 117에서 베르그송이 제안하는 변곡의 도식에 주목할 수 있을 것이다.

리고 베르그송이 두번째 문제를 내세울 때, 어떻게 라이프니츠를 재발견하지 않겠는가. 즉 지금 일어나고 있는 행위와 더 이상 관련되는 것이 아니라, "미래나 과거의 행동"과 관련되는 문제: "앞서 있었던 모든 것"을 인식할 수 있는 우월한 지성은 절대적인 필연성을 가지고 행위를 예언할 수 있는가? 라이프니츠에 따르면, 이것은 독자(讀者)로서의 신의 상황이다. 신은 각자에게서 "도처에서 지금 일어나고 있는 것과 더 나아가 앞서 일어났던 것 또는 앞으로 일어날 것"까지도 읽고, 과거에서 미래를 읽는데, 왜냐하면 그는 "시간과 더불어서만 감각될 수 있도록 전개되는 모든 겹주름들을 펼칠" 수 있기 때문이다.[40] 여기에서 현재는 자신의 특권을 잃고, 결정론은 예정설로서 재도입되는 듯하다. 하지만 어떤 의미에서? 신은 모든 것을 미리 앞질러 알기 때문에? 아니면 신은 언제나 그리고 도처에 있기 때문은 아닐까? 사실 첫번째 가설은 너무 모호하다: 어떤 경우, 신은 앞서 있었던 것들에 근거해서만 모든 것을 알고, 그렇다면 "그는 행위를 예언 또는 예견할 수 있는가?" 라는 문제로 가게 된다; 아니면 다른 경우에는, 그는 모든 것을 절대적으로 아는 것이고, 이는 두번째 가설로 가게 된다. 그런데, 신이 언제나 도처에 있다고 말하는 것은 정확하게 그가 모나드의 모든 사태들을, 이 사태들이 아무리 작다 하더라도, 그리고 "어떤 간격 없이" 행위의 순간에 모나드와 동시에 발생하는[41] 방식으로 관통한다고 말하는 것이다.[42] 읽는다는 것은 앞선 사태의 관념으로부터 뒤따라오는 사태의 관념을 결론내리는 데에 있는 것이 아니라, 뒤따라오는 사태 자체가 앞선 사태로부터 "자연적인 힘에 의해" 나오게 되는 노력 또는 경향을 포착하는 데에 있다. 신적인 독서란 신이 모나드 안으로 들어가는 진정한 이행(移行)이다(얼마간은 화

40 *Monadologie*, § 61, 그리고 *Principes de la Nature et de la Grâce*, § 13.
41 cöincider, zusammenfallen: 사건이 동시에 발생하다, 기하학에서 도형이 일치하다 등의 의미로 사용된다(옮긴이).
42 Bergson, pp. 123~26, 그리고 변곡의 두번째 도식 참조.

이트헤드가 어떤 자리로의 "자연의 이행"을 말한 것과 마찬가지로).
물론 각 모나드는 신의 이행 이외에 다른 어떤 것이 아니다: 각 모
나드는 시선점을 가지고 있지만, 이 시선점은 신의 독서 또는 시선
의 '결과'이며, 신은 모나드를 관통하며 모나드와 함께 일치한다.[43]
모나드는 자유로운데, 왜냐하면 자신의 행동이 자신을 지나가는
것과 자신 안에서 일어나는 것의 결과이기 때문이다. 신이 자신의
예지력(豫知力)에 근거해서 먼저 그곳을 지나갔다고 말하는 것은
아무런 의미도 없다. 왜냐하면 영원성은 뒤로 물러서는 것만큼이
나 앞으로 나아가는 것에도 없으며, 시간의 질서 안에서 이어지는
모든 이행과 한꺼번에 일치하는 데에, 세계를 구성하는 모든 생생
한 현재와 한꺼번에 일치하는 데에 있기 때문이다.

포함의 체계 내에서, 위협받는 것으로 밝혀지는 것은 자유가 아
니라, 오히려 도덕이다. 왜냐하면 만일 자유로운 행위가 영혼이 이
행위를 하는 순간 이 영혼의 전체를 표현하는 것이라면, 세계의 각
부분 즉 모나드를 자극해야만 하는 가장 좋은 것으로의 경향이란,
그 경향이 세계 또는 모나드들의 전체에 대한 신의 선택을 자극하
는 한에 있어, 무엇이 되겠는가? 그럼에도 불구하고, 어느 누구도
라이프니츠보다 더 도덕에, 그것도 매우 구체적인 도덕에 관심을
갖지는 않았다. 이성적인 영혼의 진폭은 바로 그 영혼이 명석하게
표현하는 지역, 영혼의 생생한 현재이다. 그런데 이 진폭은 차라리
통계학적이며, 큰 폭의 변동들에 종속된다: 하나의 같은 영혼이
같은 진폭을 갖지 않는다. 어린이, 어른 또는 노인, 건강하거나 병
든 상태 등등. 심지어 진폭은 주어진 한 순간에도 가변적인 경계들
을 갖는다. 도덕은 각자에 대해 다음과 같은 것으로 이루어져 있
다: 이런저런 조건에서 가능한 최대치를 표현하는 자유로운 행위
를 생산하는 방식으로, 매번 자신의 명석한 표현의 지역을 확장하
려는 노력, 자신의 진폭을 증가시키려는 노력. 이것이 사람들이 진

43 *Discours de métaphysique*, § 14.

보라 말하는 것이며, 라이프니츠의 도덕 전체는 어떤 진보의 도덕이다. 예를 들어, 내가 술집에 갈 때, 나는 내 진폭이 최대치가 되는 쪽을, 내 지역이 가장 멀리까지 나아가는 쪽을 선택했는가, 나는 어떤 순간, 즉 나를 다르게 기울였을 다른 범위, 다른 방향을 발견하는 시간을 기다릴 수는 없는가? 아담의 죄는 자신의 모든 구역, 정원을 탐색하지 않은 너무 조급하고 너무 안일한 영혼에 상응하는 것이 아닌가? 자신의 명석한 지역을 확장하고, 신의 이행을 최대한 길게 만들고, 집결된 모든 독특성들을 현실화하고, 심지어는 새로운 독특성들을 획득하는 것, 이는 영혼의 진보가 될 것이며, 그리고 이를 통해 영혼이 신을 모방한다고 말할 수 있을 법한 것들이다. 물론 당연히, 외연의 정복만이 아니라, 역량의 증폭, 강화, 상승, 차원의 증가, 구분의 획득 또한 중요하다.

그럼에도 불구하고, 영혼의 진보 또는 확장의 이러한 가능성은 세계 내의 진보들의 총량과 충돌하는 듯하다. 여기에서 이 양(量)은 공존 가능한 모나드들에 상응하는 지역들 전체의 수렴에 의해 정의되기 때문이다.[44] 만일 시간이 없다면, 즉 실존하는 모든 모나드들이 동시에 이성적인 수준까지 상승하도록 호출받는다면, 그 말은 참일 것이다. 그러나 사정은 이렇지가 않다: 이성적이 되도록 운명지어진 영혼들은 세계 안에서 자신의 시간을 기다리며, 처음엔 아담의 씨[정자] 안에 잠들어 있는 감각적인 영혼일 뿐이며, 그것은 미래의 상승의 시간을 표시하고 있는 출생 증명서로서의 '봉인된 증서'만을 운반한다. 이 출생 증명서는 어두운 모나드 안에서 불붙는 빛이다. 그리고 역으로, 우리가 죽을 때, 우리 자신 위에 우리를 무한하게 되접을 때에는, 신체의 부활이 두번째이자 궁극적인 상승을 우리에게 알릴 때까지 우리는 다시 동물적이거나 감각적인 영혼이 된다. 물론 오랫동안 다시 감각적이게 된 우리의

---

44 부르게에게 보내는 편지, 1715년 8월 5일자 참조. 이 텍스트는 세계의 '수열'을 통해 진보의 양을 "가능한 모든 수열 중 가장 완전한 것"으로서 정의한다. 비록 어떠한 상태도 가장 완전하지는 않지만 말이다.

영혼은 이번에는 사망 증명서라는 새로운 봉인된 증서를 담고 있
으며, 이것은 죽음 직전에 있는 영혼의 최후의 이성적인 사유이다.
정확하게, 저주받은 자들은 그 마지막 사유가 신에 대한 증오인 영
혼들인데, 왜냐하면 이들의 영혼이 모든 것을 혐오하고, 이 증오
내지는 분노밖에는 명석하게 둘러싸지 않을 때, 그것이 증오의 가
능한 최대치 또는 이성의 가장 작은 진폭이기 때문이다. 부활은 이
들이 자신들의 새로운 현재를 만들어내는 이 사유에 이들을 여전
히 관계시킨다.[45] 진보의 문제에서 고려해야 할 것은 바로 이 시간
의 질서이다: 영혼들을 올라가게, 다시 내려가게, 다시 올라가게
만드는 극작법 전체.

　모든 경우에 있어서, 세계는 이 세계를 표현하는 모나드들 안에
서 주름 잡혀 있는 것으로밖에는 실존하지 않으며, 모든 모나드들
의 공통 지평으로서, 또는 모나드들이 포함하는 계열들의 외부적
법칙으로서 잠재적으로밖에 자신을 펼치지 않는다는 점은 사실이
다. 하지만, 보다 엄밀한 의미에서, 고유한 내적 의미에서, 하나의
모나드가 자신의 삶을 '살도록' 호출받았을 때, 그리고 이성의 수준
으로 올라서도록 호출받았을 때 더더욱, 이 모나드는 명석하게 밝
혀진 것으로 포함된 자신의 지대에 상응하는 세계의 그러한 구역을
자신 안에서 펼친다: 모나드는 "자신의 모든 지각들을 전개"하도록
호출받으며, 이것이 바로 그의 임무이다. 그런데 같은 순간에, 무한
히 많은 모나드는 여전히 호출받지 않으면서 주름 잡힌 채 머물러
있고, 또 다른 무한히 많은 모나드는 자신 위에 다시 주름 잡힌 채
수면 상태로 들어가 있거나 들어가게 되고, 또 다른 무한히 많은 모
나드는 자신이 더 이상 해체할 수 없는 단 하나의 유일한 주름 위에
단단히 묶여 스스로를 저주한다. 모나드-영혼이 자신의 이성적인

---

45 이성적인 것이 되도록 호출된 감각적인 영혼들 안에 있는 "차후에 결과를 야기할 봉인된
　증서"에 관하여, *La cause de Dieu plaidée par sa justice*, § 82 참조. 죽음 이후 부활을 기
　다리며 감각적인 상태로 회귀하는 것에 관하여: *Considérations sur la doctrine d'un
　esprit universel*, §§ 12-14. 부활의 관점에서 그리고 마지막 사유의 관점에서, 저주받은
　자들의 경우에 관하여: *Profession de foi du philosophe*, pp. 37~93.

삶 동안에 자신이 펼치는 구역을 증폭시키고 심화시킬 수 있고, 이 구역을 진화의, 발전의, 구분의, 반성의 보다 높은 정도로 올려놓는 것은 바로 이러한 세 가지 '안으로-말림'을 이용해서이다: 우리가 앞서 말한 통계학적 편차들을 능가하는, 의식의 무한한 진보. 이러한 영혼의 진보는 필연적으로 다른 영혼들의 희생을 대가로 이루어진다고 종종 이야기되었다. 그러나 이는 참이 아니며, 그 다른 영혼들도 저주받은 자가 아니라면 마찬가지로 그렇게 될 수 있다. 그것은 오직 저주받은 자들의 희생만을 대가로 하며, 그리고 이들은 스스로 자유롭게 떨어져 나간다. 아마도 그들에게 가장 나쁜 처벌은 그들이 다른 이들의 진보를 위해 기여한다는 것일 텐데, 그들이 제공하는 부정적인 예를 통해서가 아니라, 자신들 고유의 빛을 포기하면서 비자발적으로 세계에 풀어놓는 적극적인 진보의 양에 의해서 그렇다. 이런 의미에서 더더욱 저주받은 자들은 자신들의 뜻에 반하여서, 결코 가능 세계 중 가장 좋은 세계에 속하지 않는다. 라이프니츠의 낙관론은 가장 좋은 세계의 초석으로서 무한히 많은 저주받은 자들 위에 근거한다: **그들은 무한한 양의 가능한 진보를 자유롭게 풀어놓는데,** 이것은 그들의 분노를 다양화하고, 진보하는 세계를 가능케 한다. 아래층을 진동하게 만드는 베엘제불의 증오의 외침을 이해하지 않고서는 세계들 중 가장 좋은 세계에 대해 사유할 수 없다. 바로크의 집은 자기가 가진 두 개의 층을, 틴토레토의 「최후의 심판」의 방식으로, 저주받은 자들의 층과 행복한 자들의 층으로서 구성한다. 여기에서도 여전히 진보의 총량은 신에 의해서 앞서 규정되거나 사후에 규정되지 않으며, 양심을 모두 더하고 저주받은 자들을 모두 빼는 과정을 통과하는 무한 급수의 계산 안에서 영원히 규정된다.[46]

---

46 미셸 세르(*Le système de Leibniz*, I, pp. 233~86)는 특히 부르게에게 보내는 편지에 담긴 라이프니츠의 진보의 도식들과 이 도식들의 수학적이고 자연학적인 함축을 세밀히 분석했다. 저주받은 자들은 이 도식에서 필수불가결한 자연학적 역할을 하는 것으로 보인다 (얼마간은 '악마'와 같이).

제6장 사건이란 무엇인가?

계승자 또는 후계자, 화이트헤드. 마치 플라톤주의자들이 아카데미의 대표에 관해 말했던 것처럼. 그러나 이것은 조금은 비밀스러운 학교이다. 화이트헤드와 더불어 세번째로 **사건이란 무엇인가**라는 물음이 울려퍼진다.[1] 그는 속성의 도식에 대한 근본적인 비판, 원리들의 거대한 놀이, 범주들의 다양화, 보편과 경우의 일치, 개념에서 주어로의 변형에 다시 착수한다: 엄청난 욕심. 비트겐슈타인의 제자들이 자신들의 난해한 문제들, 자만, 공포에 도달하기 전까지, 이것은 임시적으로 앵글로-아메리카의 최후의 위대한 철학이다. 사건, 이것은 단지 "인간이 압도된다"라는 것만은 아니다: 거대한 피라미드는 하나의 사건이며, 이것의 지속 1시간, 30분, 5분은 자연의 이행, 또는 신의 이행, 신의 시선이다. 모든 것이 사건이기 위해서, 사건의 조건은 무엇인가? 사건은 혼돈chaos 안에서, 혼돈스러운 다양체 안에서 일종의 선별하는 체가 개입한다는 조건 하에서 발생한다.

혼돈은 실존하지 않으며, 이것은 하나의 추상인데, 왜냐하면 혼

---

1 우리는 여기 아래에 있는 화이트헤드의 세 권의 주요한 저서를 참조한다: 사건을 구성하는 일차적인 두 가지, 외연과 내포체를 위해서 *The Concept of Nature*, Cambridge University Press; 그리고 세번째인 포착(捕捉)을 위해서 *Process and Reality*, The Free Press, 그리고 *Adventure of Ideas*, idem. 화이트헤드 철학의 전체에 관해서는, Wahl, *Vers le concret*, Ed. Vrin, Cesselin, *La philosophie organique de Whitehead*, PUF, Dumoncel, *Whitehead ou le cosmos torrentiel*, Archives de philosophie, 1984년 12월과 1985년 1월.

돈은 그것으로부터 어떤 사물(무(無)라기보다는 어떤 사물)을 나오게 만드는 체와 분리될 수 없기 때문이다. 혼돈은 순수 여럿Many, 순수 이접적인 잡다함인 반면, 그 어떤 사물은 하나One이지만, 이미 존재하는 통일성이 아니라 차라리 어떤 독특성을 지시하는 부정관사이다. 어떻게 여럿은 하나가 되는가? 탄성적이고 형상 없는 얇은 막과도 같은, 전자기장과도 같은, 또는 『티마이오스』의 수용체와도 같은 거대한 체가 어떤 것을 혼돈으로부터 나오도록 만들기 위해서 개입해야만 한다. 비록 그 어떤 사물이 이 혼돈과 거의 다르지 않다 하더라도 말이다. 바로 이런 의미에서 라이프니츠는 이미 혼돈에 대한 여러 가지 개략적인 근사(近似)를 제공할 수 있었다. 우주론적인 근사에 의하면, 혼돈은 가능한 것들의 집합, 즉 각각이 자기 자신을 위해 실존하려는 경향이 있는 한에서의 개체적 본질들 전체가 될 것이다; 그러나 체는 공존 가능한 것들만을, 그리고 공존 가능한 것들 중 가장 좋은 조합만을 지나가도록 한다. 자연학적인 근사에 따르면, 혼돈은 바닥 없는 암흑이 될 것이지만, 그러나 체는 여기에서 '어두운 심연'을 추출해내며, 그리고 이것은 검은색과 거의 다르지 않다 해도, 그럼에도 모든 색깔을 담고 있다: 이 체는 자연을 구성하는 무한 작동 기계와 같다. 심리학적 관점에서는, 혼돈은 보편적인 혼미함, 무한소들 즉 무한히 작은 만큼 가능한 모든 지각작용들의 집합이 될 것이다; 그러나 체는 여기에서 규칙화된 지각작용들 안으로 통합될 수 있는 차이소들을 추출해낼 것이다.[2] 만일 혼돈이 실존하지 않는다면, 이는 그것이 오직 이 거

---

2 바로 미셀 세르가 이러한 라이프니츠의 체('cribratio')의 작용을 분석했다. I, pp. 107~27: "의식-하부에 두 종류가 있을 것이다: 가장 깊은 것은 어떤 전체, 순수한 일반 다양체 또는 가능태, 기호의 우발적 혼합으로 구조화되어 있을 것이다; 가장 얕은 것은 이 다양체가 조합된 도식들로 뒤덮여 있으며, 이미 완전한 수학, 산술, 기하학, 무한소 계산으로 구조화되어 있을 것이다……"(p. 111). 세르는 이 방법과 데카르트의 방법 사이의 심오한 대립을 보여준다: 우리 감각으로부터 최종적인 필터 — 이 필터 너머에는 혼돈이 있을 것이다 — 까지 무한하게 중첩된 필터 또는 체가 있다. 필터의 모델은 다음 텍스트의 열쇠이다: *Méditations sur la connaissance, la vérité et les idées*.

＊차이소에 관해서는, 7장, p. 162의 옮긴이 주 참조.

대한 체의 이면(裏面)이기 때문이며, 이 거대한 체가 전체와 부분들의 계열을 무한히 합성하기 때문이다. 이때 이 계열들이 우리에게 혼돈스럽게 보이는 것(불확실하게 뒤로 이어지는 항들)은 오직 그것들을 뒤따라가지 못하는 우리의 무능력, 또는 우리 개인적인 체들의 불충분함 때문이다.[3] 동굴조차도 혼돈이 아니며, 하나의 계열이다. 이 계열의 요소들은 다시 점점 더 미묘해지는 질료로 채워지는 동굴들이며, 계열 각각은 뒤따라 이어지는 것으로 연장된다.

이것은 물론 라이프니츠에게만큼 화이트헤드에게도 사건의 첫번째 합성요소 또는 조건이다: 외연. 하나의 요소가 그것에 뒤따르는 요소들 위로, 전자는 전체이고 후자는 전체의 부분들이 되는 방식으로 연장될 때, 외연이 있다. 이러한 전체–부분들이라는 연결connexion은 마지막 항도 극한도 없는 무한 계열을 형성한다(만일 우리의 의미의 극한을 무시한다면). 사건은 음파(音波), 광파(光波)와 같이, 또는 점점 더 작은 지속 안에서 점점 더 작은 공간의 부분들과도 같이, 무한히 많은 배수음 또는 약수음[4]을 가진 진동이다. 왜냐하면 공간과 시간은 극한들이 아니라, 그 자체로 외연 안에 있는 모든 계열들의 추상적 좌표들이기 때문이다: 분, 초, 열번째 초…… 이제 우리는 사건의 두번째 합성요소를 고려할 수 있다: 외연적 계열들은 본래적 특성들을 갖는데(예를 들어, 소리의 높이, 강도, 음색, 또는 색의 색조, 값, 포화), 이것은 이번에는 새로운 무한 계열 안으로 들어가면서 거기에서 극한들로 수렴하며, 그리고 극한들간의 관계[비]는 하나의 연접conjonction을 구성한다.

---

3 부르게에게 보내는 편지, 1714년 3월(GPh, III, p. 565): "제가 혼돈이란 없다고 주장할 때, 우리의 천체 또는 다른 물체들이 외부적인 혼동 상태에 빠져 있지 않다고 이해하는 것은 아닙니다……, 그러나 저는 사물의 작은 부분들을 지각할 만큼 충분히 침투성이 강한 감각 기관들을 가지고 있는 자라면 모든 것을 유기적으로 조직되어 있는 것으로 발견할 거라고 이해합니다…… 왜냐하면 하나의 피조물이 물질의 가장 작은 조각까지 모두 동시에 침투하는 것은 불가능하기 때문입니다. 하위–분할은 현행적으로 무한히 나아가니까요."

4 harmoniques는 배수의 진동수를 가진 음파를, sous-multiples은 약수의 진동수를 가진 음파를 의미한다. 각각 배수음(倍數音)과 약수음(約數音)이라고 옮기기로 한다(옮긴이).

물질, 즉 공간과 시간을 채우고 있는 것은, 이곳에 들어가 있는 상이한 재료들과의 관계하에서, 매번 자신의 텍스처를 규정하는 이런저런 특징들을 보여준다. 이것은 이제 외연이 아니며, 앞서 보았듯이, 내포들, 내포체들[강도들], 정도들이다. 이것은 이제 무(無)라기보다는 어떤 사물인 것이 아니라, 저것이라기보다는 이것이다. 이제 부정관사가 아니라, 지시대명사이다. 수학과 물리학에 토대를 둔 화이트헤드의 분석이 라이프니츠의 분석과 일치함에도 불구하고, 전적으로 독립적인 것으로 보인다는 것은 놀라운 일이다.

더 나아가 세번째 합성요소가 있는데, 개체가 그것이다. 라이프니츠와 가장 직접적으로 대면하게 되는 곳이 바로 여기이다. 화이트헤드에게 개체는 창조성, 〈새로운 것〉의 형성이다. 이것은 부정사(不定詞)나 지시사가 아니라 인칭사이다. 만일 우리가 부분들을 가지고 있으면서 자신 스스로 부분이기도 한 것, 또한 본래적인 특성들을 가진 것을 요소라고 부른다면, 개체는 요소들의 "합생(合生)"[5]이라고 말할 수 있다. 이것은 연결이나 연접과는 다른 것, 즉 **포착**[6]이다: 하나의 요소는 이것을 포착하고 있는 다른 요소의 주어진 것, '자료datum'이다. 포착은 개체적 통일성이다. 모든 사물은 선행한 것들과 병존하는 것들을 포착하며, 차차 나아가 세계를 포착한다. 눈은 빛의 포착이다. 생명체는 물, 땅, 탄소 그리고 소금을

---

5 concrescence: 합생이란 임의의 어떤 현실적 존재인 하나의 과정에 붙여진 명칭이다. 그것은 '개별적 존재자의 실재적인 내적 구조'(*Process and Reality*, p. 385)이다. 합생은 다자many가 일자one의 통일 속에 결합해 들어가는 것이다. 합생의 초기 위상은 문제되는 현실적 존재의 현실적 세계를 구성하는 다수의 이접적 존재들에 대한 별개의 여러 느낌들로 이루어진다. 그 이하의 위상에서 이러한 별개의 여러 느낌들은 그 현실적 존재의 만족이라 불리는 느낌의 통일 속에 하나로 결합해 들어가게, 곧 합생하게 된다. "'합생'이란 다수의 사물들로 구성된 우주가, 그 '다자'의 각 항을 '일자'의 구조 속에 결정적으로 종속시킴으로써 개체적 통일성을 획득하게 되는 그런 과정을 일컫는 말이다"(p. 387). 만족에 도달하면서 현실적 존재는 완결되어 소멸한다 — 즉 그것은 합생의 새로운 사례들을 위한 여건이 되기에 이르는 것이다. 이상 오영환 옮김, 『과정과 실재』(민음사), 용어 해설 p. 651에서 인용(옮긴이).

6 préhension: 『과정과 실재』, 용어 해설 pp. 649~51 참조. 여기에는 '파악'이라고 번역되어 있다(옮긴이).

포착한다. 어떤 순간의 피라미드는 보나파르트의 군인들을 포착하며(40세기가 너희들을 주시한다), 그 역도 마찬가지다. "메아리, 반사광들, 흔적들, 프리즘의 변형, 관점들, 문턱들, 주름들"은 어떤 방식으로든 정신적 삶을 예견하는 포착들이다.[7] 포착의 벡터는 세계에서 주체로, 포착된 자료에서 포착하는 자('위로 상승하는 자')로 나아간다; 또한 포착의 자료들은 **공적인** 요소들인 반면, 주체는 내밀한 또는 **사적인** 요소이며, 이는 직접성, 개체성, 혁신성을 표현한다.[8] 그러나 자료, 포착된 것은 그 자체 앞서 실존하거나 함께 공존하는 포착이며, 그 결과 모든 포착은 포착의 포착이고, 사건은 "포착들의 연쇄적 계열"이다. 각각의 새로운 포착은 자료가 되고 공적인 것이 되는데, 하지만 이것을 객관화하는 또 다른 포착들에 대해서 그러하다; 사건은 분리 불가능하게 하나의 포착의 객관화이면서 다른 포착의 주관화이고, 동시에 공적이며 사적이고, 잠세적이며 현실적이고, 자신만의 고유한 생성을 가진 또 다른 사건과 주체의 생성 안으로 들어간다. 언제나 사건 안에는 정신적인 어떤 것이 있다.

포착하는 것과 포착된 것을 넘어서, 포착은 또 다른 세 가지 특징을 나타낸다. 우선, 주관적 형식은 자료가 주체 안에서 표현되는 방식, 또는 주체가 능동적으로 자료를 포착하는 방식이다(감정, 가치평가, 계획, 의식……). 이것은 자료가 주체 안에 주름 잡히는 형식, '느낌feeling' 또는 방식인데, 최소한 포착이 적극적일 때에 그렇다. 왜냐하면 주체가 자신의 합생의 몇몇 자료들을 배제하는 한, 또 그렇기 때문에 그 배제의 주관적 형식에 의해서만 채워지는 한, 부정적인 포착들이 있기 때문이다. 두번째로, 주관적 조준은 하나의 자료에서 다른 자료로의 이행을 하나의 포착 안에 안정시키고, 또는 하나의 포착에서 다른 포착으로의 이행을 하나의 생성 안에

---

7 Dumoncel, 1985, p. 573.

8 『과정과 실재』는 지속적으로 '공적-사적'의 쌍을 내세운다. 이러한 구분의 시초는 *Discours de métaphysique*, § 14에 있다; 우리는 이 주제의 중요성을 보게 된다.

안정시키고, 미래를 품고 있는 현재 안에 과거를 놓는다. 끝으로, 최종 국면으로서의 만족, 즉 **자기-향유**self-enjoyment는, 포착이 자신이 고유한 자료들로 가득 찰 때, 주체가 점점 더 풍부한 사적인 삶에 도달하면서 자기 자신으로 가득 차게 되는 방식을 특징짓는다. 이것은 성서의 관념이면서 또한 신플라톤주의의 관념이며, 영국 경험론이 이것을 가장 높은 위치로 끌어올렸다(특히 사무엘 버틀러). 자신의 발생 원천인 요소들을 응시하고 또 강렬하게 수축시키는 그만큼 더 많이 자기 자신으로 가득 차게 되면서, 식물은 신의 영광을 노래하고, 또한 이러한 포착 안에서 자신의 고유한 생성의 **자기-향유**를 겪게 된다.

이러한 포착의 특징들은 또한 라이프니츠의 모나드에도 속한다. 그리고 무엇보다도 지각은 포착하는 주체의 자료인데, 주체가 수동적 결과를 겪는다는 의미에서가 아니라, 그 반대로 주체가 잠세적인 것을 현실화하는 한에서, 또는 그것의 자발성에 힘입어 그것을 객관화시키는 한에서 그러하다: 또한 지각은 모나드 자신의 고유한 시선점과 관련되는 모나드의 능동적 표현이다.[9] 그러나 모나드는 자신의 지각들이 감각적, 정서적 또는 개념적이라는 점에 상응하여, 자신의 방식인 능동적 표현 형식을 여럿 가지고 있다.[10] 욕구는 이런 의미에서 하나의 지각에서 다른 지각으로의 이행을, 하나의 생성을 구축하는 것으로서 지시한다. 끝으로, 이런 생성이 실행될 때에는 반드시 지각의 집합이 "온전하고 진정한 기쁨"으로 통합되려고 한다. 그 기쁨이란, 모나드가 세계를 표현할 때 자기 자신을 채우는 〈만족〉, 진동들을 수축시키고 무의식적으로 그 진동의 배수음들을 계산하고 그로부터 항상 더 멀리 나아갈 수 있는 힘을 이끌어내서 새로운 무엇을 생산할 수 있게 되는 음악적 〈즐거움〉이다.[11] 왜냐하면 바로 라이프니츠에서 화이트헤드와 베르그

---

9 데 보스에게 보내는 편지, 1709년 4월: "영혼의 고유한 작용은 지각입니다."
10 아르노에게 보내는 편지, 1687년 9월, GPh, II, p. 112.
11 *Principes de la Nature et de la Grâce*, § 17.

송을 줄곧 사로잡게 될 문제가 철학에서 솟아오르기 때문이다: 어떻게 영원한 것에 도달하는가가 아니라, 어떤 조건에서 객관적 세계는 새로움의 주관적 생산, 즉 창조를 허용하는가? 가장 좋은 세계는 다른 의미를 갖지 않는다: 그것은 제일 덜 혐오스러운 것이나 제일 덜 추한 것이 아니라, 그 세계의 〈전체〉가 새로움의 생산, '사적' 주관성의 진정한 각자의 몫의 해방을 가능케 하는 것을 말한다. 설사 저주받은 사람들을 제외하는 대가를 치르더라도 말이다. 가장 좋은 세계는 영원한 것을 재생산하는 세계가 아니라, 새로운 것이 생산되는 세계, 새로움과 창조성의 능력을 가진 세계이다: 철학의 목적론적 전환.[12]

그럼에도 불구하고 영원한 〈대상들〉이 있다. 화이트헤드에 따르면, 이것은 심지어 사건의 네번째이자 마지막 합성요소이기도 하다: 외연들, 내포체들, 개체들 또는 포착들, 그리고 끝으로 영원한 대상들 또는 '이입들ingressions.' 사실 외연들은 끊임없이 자리를 옮기며, 운동에 의해 옮겨온 부분들을 얻고 또 잃는다; 사물들은 끊임없이 변한다; 포착들조차 끊임없이 다양한 혼합물들을 받아들이고 또 내보낸다. 사건은 흐름이다. 그러므로 무엇이 다음과 같이 말할 수 있게 허용하는가: 저것은 같은 강이다, 저것은 같은 사물 또는 같은 경우인가……? 저것은 거대한 피라미드이다…… 어떤 영속성이 흐름 안에 들어가 구현되어야만, 어떤 영속성이 포착 안에서 붙잡혀야만 한다. 거대한 피라미드는 두 가지 것을 지시한다. 매순간 분자들을 얻고 잃는 자연의 이행 또는 흐름을 지시하기도 하지만, 또한 그 순간들을 가로지르면서 같은 것으로 머물러 있는 하나의 영원한 대상을 지시하기도 한다.[13] 포착들은 언제나

주름. 라이프니츠와 바로크

---

12 『철학자의 신앙 고백』은 주관적 '만족'에 대한 분석, 그리고 '새로움'과 전체의 합치에 있어 가장 멀리 나아간다(pp. 87~89).

13 Whitehead, *The Concept of Nature*, p. 77: "어제와 오늘 거대한 피라미드 안에서 자연적 삶을 통해 구성된 사건은 두 부분으로 분할될 수 있다. 즉 어제의 거대한 피라미드와 오늘의 거대한 피라미드. 하지만 그 또한 거대한 피라미드라고 불리는 인식의 대상은 오늘과 어제 같은 대상이다."

현실적인 것들인 반면(하나의 포착은 다른 현실적인 포착과의 관계 하에서만 잠세적이다), 영원한 대상들은 흐름들 안에서 실재화되는 순수 〈가능태들〉이면서, 또한 포착들 안에서 현실화되는 순수 〈잠 재태들〉이기도 하다. 이러한 이유에서, 포착이 다른 포착들을 붙 잡을 때마다 영원한 대상들을 파악한다(고유한 의미에서의 개념적 느낌). 영원한 대상들은 사건 안으로 이입한다. 이것들은 때로는 색, 소리와 같이 포착들의 복합체의 질을 규정하는 〈질들〉이고, 때 로는 피라미드와 같이 연장을 규정하는 〈형태들〉이고, 때로는 금, 대리석과 같이 질료를 오려내는 〈사물들〉이다. 이들의 영원성은 창 조성과 대립되지 않는다. 이것들은 자신들이 들어가는 현실화 또 는 실재화의 과정과 분리될 수 없기 때문에, 자신들을 실재화하는 흐름, 또는 자신들을 현실화하는 포착들의 경계들 안쪽이 아니고 서는 영속성을 갖지 않는다. 영원한 대상은 그러므로 구현되기를 중단할 수가 있다. 마찬가지로 새로운 사물들, 새로운 색조, 새로 운 형태[14]가 결국에는 자신의 조건들을 발견할 수 있듯이 말이다.

상황은 라이프니츠도 다르지 않았다. 왜냐하면, 만일 모나드들, 즉 단순 실체들이 언제나 현실적이라면, 본유 관념이 증명하듯이, 모나드들은 자신들이 그 자체로 현실화시키는 잠재태들을 지시할 뿐만 아니라, 또한 복합 실체들(이를테면 지각된 질들) 안에서, 또 는 물질적 결집체들(사물들) 안에서, 또는 연장된 현상들(형태들) 안에서 실재화되는 가능태들을 지시하기 때문이다. 즉, 모든 것은 바닥에서 흐르는 강으로, "항구적인 흐름 안에 있고, 부분들이 연 속적으로 그 안으로 들어가고 또 밖으로 나온다."[15] 그러므로 영속 적인 것은 잠재적인 것을 현실화하는 모나드들로 환원되는 것이 아니라, 모나드들이 자신의 반성의 행위들 안에서 붙잡는, 그리고 연장된 물질적 복합체들 안에서 구현되는 가능태들로 확장된다.

---

14 figure: 형상(形象)이라고 해야 할 것이나, form의 역어 형상(形相)과 혼동될 우려가 있
어 일관적으로 형태(形態)로 번역한다(옮긴이).
15 *Monadologie*, § 71(그리고 '반성적 행위'에 관해서는, § 30).

반성적 대상은 이성적 모나드의 상관물이다. 화이트헤드에게서 영원한 대상이, 사유하는 포착의 상관물인 것처럼 말이다. 형태들, 사물들 그리고 질들은 모나드들 안에서 반영[반성]되거나 또는 현실화되고, 반면 흐름 안에서 실재화되는 영속성의 도식들이다; 복합 실체들조차도, 우리가 앞서 보았듯이, 그 각각을 표시해줄 궁극적인 질을 필요로 한다.

　오늘 저녁 콘서트가 있다. 그것은 사건이다. 음의 진동들이 퍼져나가고, 주기적인 운동들이 배수음과 약수음을 지닌 채 퍼져나간 그 공간을 관통한다. 그 음들은 내적 특성들, 높이, 강도, 음색을 지닌다. 악기나 목소리의 음의 원천들은 그 음들을 방출하는 것으로 그치지 않는다: 그 각각은 자신의 음들을 지각하고, 또한 그렇게 하면서 다른 음들을 지각한다. 이것은 상호-표현하는 능동적 지각들, 내지는 서로를 포착하는 포착들이다: "제 짝에게서 버림받은 한 마리 새처럼, 외로운 피아노가 먼저 슬픈 소리를 냈다; 바이올린은 가까이 있는 나무인 듯 그 소리를 듣고 응답했다. 그것은 세계의 시작과 같았다……" 음의 원천들은, 자신의 지각들로 가득 차고 하나의 지각에서 다른 지각으로 이행함에 따라, 자기 즐거움으로, 강렬한 만족으로 차오르는 모나드들 또는 포착들이다. 그리고 음계들의 음은 영원한 대상들, 즉 음의 원천들 안에 현실화되는 순수 〈잠재태들〉이면서, 또한 진동들 또는 흐름들 안에서 실재화되는 순수 〈가능태들〉이다. "악기 연주자들이 작은 악절을 연주함에 있어, 그 악절이 나타나기 위해서 요구되는 관례를 수행하는 것보다 훨씬 덜 연주한다……" 하지만 여기에서 라이프니츠는 이 전체에 바로크식 콘서트의 조건들을 추가한다: 만일 콘서트가 두 곳의 음원(音原)으로 나뉜다고 가정했을 때, 각각의 음원은 자신의 고유한 지각들 이외에는 듣지 못하지만, 다른 지각들을 듣는 것보다 훨씬 더 훌륭하게 상대 음원과 화음을 이룬다. 그리고 여기에는 각자의 자발성 안에 포괄된 것으로 드러나는 조화의 수직적 규칙이 개입한다. 이것은 수평적 연결들을 대체하는 화음들이다.[16]

이러한 라이프니츠의 이러한 바로크적 조건과 관련되는 큰 차이가 한 가지 존재한다. 그 차이란, 화이트헤드에게서 포착들은 서로 직접 결부되어 있다는 점이다. 포착들이 자료를 위해 다른 포착들을 받아들이고 그것들과 함께 세계를 형성하기 때문이든지, 아니면 다른 포착들을 배제하기(부정적인 포착들) 때문이든지 말이다. 그러나 언제나 그것들은 과정 중인 같은 우주 안에 있다. 라이프니츠에게는 그 반대로 모나드들이 자신들의 세계와 공존 불가능한 우주만을 배제하고, 실존하는 모든 모나드들은 어떤 것도 배제함 없이 같은 세계를 표현한다. 이 세계는 세계를 표현하는 모나드들 밖에는 실존하지 않기 때문에, 이 모나드들은 직접 결부되어 있지도 않고 그들간에 수평적 관계나 세계-내적인 관계를 갖지도 않는다. 그것들은 표현된 것을 동일하게 갖는 한에서, 오직 간접적인 조화 관계만을 갖는다: 그것들은 서로간에 포획됨 없이 "상호-표현한다." 누군가는 이 두 가지 경우에서 모나드 또는 포착의 단위가 문이나 창을 갖지 않는다고 말할 것이다. 그러나 라이프니츠에 따르면, 이는 모나드들의 "세계를 향한-존재"가 울타리의 조건에 종속되고, 또한 공존 가능한 모든 모나드들이 단 하나의 같은 세계를 포함하기 때문이다. 화이트헤드에 따르면, 그 반대로, 모든 포착이 이미 또 다른 포착의 포착이게 하는 것은 바로 열려 있음의 조건이다. 그 다른 포착을 포획하기 위해서이건, 그것을 배제하기 위해서이건 말이다: 포착은 본성상 열려 있다. 창을 통과할 필요도 없이 세계에 열려 있다.[17] 이러한 차이에는 물론 이유가 있다. 라이프니츠에게는 우리가 앞서 보았듯이, 분기(分岐)들, 계열들의 발산은 서로간에 공존 불가능한 세계들 사이의 진정한 국경이다; 그리하여 실존하는 모나드들은 실존하게 되는 공존 가능한 세계를

---

16 콘서트의 조건에 관해서, 아르노에게 보내는 편지, 1687년 4월, GPh, II, p. 95 참조.
　＊이 글에는 예정조화설과 관련하여 널리 알려진 콘서트의 비유가 실려 있다.
17 이것은 하이데거의 지적이었다: 모나드는 창을 가질 필요가 없다. 왜냐하면 모나드는 "자신의 고유한 존재에 적합하게 이미 밖에 있기 때문이다"(*Les problèmes fondamentaux de la phénoménologie*, Gallimard, p. 361).

완전히 포함한다. 화이트헤드에게는(그리고 많은 현대 철학자들에게는) 그 반대로 분기, 발산, 공존 불가능성, 불협화음은 여러 색으로 칠해진 같은 세계에 속한다. 그리고 이 세계는 더 이상 **표현하는 단일성들** 안에 포함될 수 없으며, 포착하는 단일성들에 따라, 그리고 가변적인 형태 배치들 또는 변화하는 포착들에 따라 형성되거나 해체될 뿐이다. 발산하는 계열들은 혼돈스러운 같은 세계 안에 언제나 갈라지는 많은 오솔길을 낸다. 조이스, 그리고 모리스 르블랑, 보르헤스 또는 곰브로비츠에게서 발견되는 것과 같이, 이것은 '카오스모스chaosmos'이다.[18] 신조차 세계들을 비교하고 가장 풍부하면서 공존 가능한 것을 선택하는 〈존재〉이기를 멈춘다; 그것은 〈과정〉, 즉 단번에 공존 불가능성들을 긍정하고 이것들을 관통하는 과정이 된다. 세계의 놀이는 독특하게 변했다. 왜냐하면 그것은 발산하는 놀이가 됐기 때문이다. 존재들은, 자신이 안에서 표현하는 공존 가능하고 수렴하는 세계 위에서 닫히는 대신, 자신을 밖으로 끌고 나가는 발산하는 계열들과 공존 불가능한 집합들에 의해 열려 있으면서, 곳곳으로 찢겨진다. 현대 수학은 이런 의미에서 파이버라는 개념을 전개할 수 있었는데, 이 개념에 따르면 '모나드들'은 우주 안의 많은 길들을 실험하고, 또한 각 길에 연관된 종합 안으로 들어간다.[19] 이것은 울타리의 세계라기보다 포획의 세계이다.

우리는 바로크가 무엇으로 향하는 이행인지 더 잘 이해할 수 있다. 고전주의적 이성은 발산, 공존 불가능성, 불일치, 불협화음의 일격에 무너져버렸다. 하지만 바로크는 가능 세계들에 모조리 발산을 배분하면서, 그리고 공존 불가능성을 모조리 세계들간의 국경으로 만들면서, 고전주의적 이성을 재구축하려는 최후의 시도이

주름, 라이프니츠와 바로크

---

18 특히 곰브로비츠Gombrowicz의 『우주 *Cosmos*』(Ed. Denoël) 안의 발산하는 계열들의 놀이에 주목할 수 있을 것이다.
19 리만 이후의 새로운 수학적 모나돌로지에 관해서는 다음을 참조: Gilles Châtelet, "Sur une petite phrase de Riemann," *Analytique*, n° 3, 1979년 5월.

다. 같은 세계 안에서 솟아오르는 불일치들은 난폭할 수도 있지만, **그것은 일치로 해소된다.** 왜냐하면 환원될 수 없는 불협화음들만큼은 서로 다른 세계들 사이에 있기 때문이다. 간단히 말해, 바로크의 우주는 자신의 선율선이 흐려짐을 목격하지만, 그러나 잃은 듯 보이는 것을 조화 안에서, 조화를 통해서 다시 얻는다. 불협화음의 권능에 마주서서, 그것은 비범하면서도 멀리 떨어진 화음들이 만개하는 것을 발견하는데, 이 화음들은 저주를 대가로 치르고서라도 선택된 세계 안에서 해결되는 것이다. 이러한 재구축이 일시적인 것 이상이 될 수는 없었다. 네오-바로크가 도래할 것인데, 여기에서는 발산하는 계열들이 같은 세계 안으로 쇄도해 들어오고, 공존 불가능성들이 같은 장면 위에서 범람한다. 바로 여기에서, 섹스투스는 루크레티아를 능욕하고 또한 능욕하지 않으며, 여기에서 시저는 루비콘 강을 건너고 또한 건너지 않으며, 여기에서 팽은 살해하고 살해당하고 또한 살해하지 않고 살해당하지 않는다. 조화는 이번에는 확장된 반음계, 불협화음 또는 해결되지 않고 하나의 조성(調聲)에 관계되지 않는 화음의 해방을 위해 위기를 뚫고 나아간다. 음악적 모델은 바로크 안에서의 조화의 상승, 더 나아가 네오-바로크 안에서의 조성의 분산을 이해하게 하는 데 가장 적절하다: 조화의 울타리에서 다(多)조성, 또는 불레즈가 말한 것처럼, '다성음악들의 다성음악' 위의 열림으로.

제3부　**신체를 갖기**

제7장 주름들 안의 지각

나는 하나의 신체를 **가져야만 한다.**[1] 이것은 정신적인 필요성, '요구'이다. 첫번째로, 나는 신체를 가져야만 하는데, 왜냐하면 내 안에는 어두운 것이 있기 때문이다. 그런데 바로 첫번째 추론에서 부터 라이프니츠는 위대한 독창성을 보여준다. 그는 오직 신체만 이 정신 안에 애매함[어둠]이 있다는 사실을 설명해준다고 말하지 않는다. 그 역으로, 정신은 어둡고 정신의 바닥은 캄캄한데, 신체를 설명하고 요구하는 것이 바로 그러한 어두운 본성이다.[2] 우리의 수동적 역량 또는 우리의 능동성의 제한을 '일차적 물질'이라고 부

---

1 잘 알려져 있듯이, corps는 사람의 '신체' 뿐만 아니라, 비유기적인 '물체,' 더 나아가 사회적인 '구성체' 까지도 의미한다. 이것들을 모두 포괄하는 번역어로 '몸체' 같은 말을 생각해볼 수 있을 것이다. 그러나 여기에서는 주로 인간의 영혼과 신체의 문제가 다루어지고 있다는 점을 고려해, 보다 일상적인 말인 '신체'를 사용하고, 문맥에 따라 '물체'로 번역하기로 한다. 이러한 번역어 선택에도 불구하고, 라이프니츠의 자연학이 유기체와 비유기체 구분 없이 원초적이고 자발적인 힘을 몸체에 부여하려는 것임을 기억해야 하겠다(옮긴이).

2 데카르트에게서 명석하다clair는 것은 정신이 인식 대상의 구성요소를 하나하나 세세하게 바라보고 있을 때를 지칭하며, 판명하다distinct는 것은 정신이 대상을 다른 대상과 확연하게 구분할 수 있을 때를 가리킨다. 그리고 명석함의 반대는 애매함obscur이고, 판명함의 반대는 모호함confus이다. 그러나 데카르트의 이러한 규정은 이후 합리론의 역사에서 조금씩 변화를 겪게 되는데, 우리는 라이프니츠가 이 관념을 어떻게 사용하는지 앞으로 확인하게 될 것이다. 한편 프랑스어 obscur는 애매하다는 뜻과 동시에 어둡다는 뜻을 갖는다. 이 관념은 라이프니츠의 모나드론과 바로크 사이의 중요한 연결고리이다. 모나드 안에서 애매한 미세 지각들로부터 명석한 의식적 지각이 솟아나오듯이, 바로크 미술과 건축도 어두운 바닥으로부터 빛을 향해 나아가는 점층적인 명암법에 사로잡혀 있기 때문이다. 따라서 모나드의 바닥이 obscur하다고 할 때, 그것은 '애매한' 미세 지각들이 '어두운' 암실 같은 곳에서 우글거린다는 것을 의미한다(옮긴이).

르자: 우리의 일차적 물질은 연장에 대한 요구일 뿐만 아니라, 저항 또는 대형(對形)에 대한 요구이며, 그리고 우리에게 속하는 신체를 갖기라는 개체화된 요구이기도 하다.[3] 각 모나드가 개체화된 신체를 갖는 이유는 다름 아니라 무한히 많은 개체적 모나드가 있기 때문이며, 여기에서 이 신체는 각각의 모나드 위에 드리워진 다른 모나드들의 그림자와도 같은 것이다. 우리가 신체를 갖기 때문에 우리 안에 애매한 것이 있는 게 아니라, 우리 안에 애매한 것이 있기 때문에 우리가 신체를 가져야만 한다: 데카르트의 자연학적 귀납을 라이프니츠는 신체의 정신적 연역으로 대체한다.

그러나 이 첫번째 추론은, 모순되는 듯 보이면서도 훨씬 더 독창적인 다른 추론에 자리를 내준다. 이번에는, 우리가 신체를 가져야만 하는 이유가 우리의 정신이 명석 판명한 특권화된 표현 지대(地帶)를 갖기 때문이다. 신체를 갖도록 요구하는 것은 이제 명석한 지대다. 라이프니츠는 내가 명석하게 표현하는 것은 바로 "내 신체와 관계"를 맺고 있는 그것이라고 말하는 데에까지 나아가기도 한다.[4] 그리고 사실, 만일 시저의 모나드가 루비콘을 건너는 것을 명석하게 표현한다면, 이는 그 강이 시저의 신체와 인접함의 관계를 갖기 때문이 아닐까? 이는 신체를 둘러싸고 있는 것들과 일치하는 명석한 표현 지대를 가진 다른 모든 모나드들에게도 마찬가지이다. 그럼에도 여기에는 어떤 관점에서 정당화될 수 있는 인과성의 역전이 있는데, 그러나 이것 때문에 우리가 연역의 진정한 질서를 복원하지 못해서는 안 될 것이다: 1) 각 모나드는 독특하고 비물체적이고 이상적인 사건들 몇몇을 압축하는데, 이 사건들이 아직은 신체를 작동시키지 않는다. 비록 그 사건들을 "시저가 루비콘을 건넌다, 그는 브루투스에게 암살당한다……"의 형식으로

---

3 데 보스에게 보내는 편지, 1706년 3월, 1706년 10월(일차적 물질은 각 앙텔레쉬에 '고유하거나' 또는 '고정되어' 있다). 데 보스에게 보내는 편지들은, 프레몽Christiane Frémont이 『존재와 관계 L'être et la relation』(Ed. Vrin)에서 번역하고 주석을 붙였다: 요구사항의 개념에 관한 주석들을 참조.

4 이는 아르노에게 보내는 편지들에서 변함없는 바이다. 특히 1687년 4월 편지.

밖에는 말할 수 없지만 말이다; 2) 모나드 안에 원초적 술어들로 서 포함된 이 독특한 사건들은 이 모나드의 명석한 표현 지대, 즉 '구역'을 구성한다; 3) 그 사건들은, 이 모나드에 속하는 신체와 필연적으로 관계를 맺으며, 그리고 이 신체에 직접적으로 작용하 는 많은 신체들 안에서 구현된다. 간단히 말해, 각 모나드가 신체 를 갖는 것은, 그것이 명석한 지대를 갖기 때문이다. 여기에서 이 지대는 신체와의 관계를 구성하는데, 주어진 관계가 아니라 발생 적 관계를 구성하며, 자신의 고유한 '관계항'을 낳는다. 태어나서 죽을 때까지 명석한 지대를 답파하거나 탐색하는 과제가 부과된 신체를 우리가 가져야만 하는 것은, 바로 우리가 그 명석한 지대를 갖기 때문이다.

우리는 두 가지 어려운 점에 직면하게 된다. 왜 신체를 가져야 한다는 요구는, 어떤 때는 애매함과 모호함 안에서 수동성의 원리 위에 정초되지만 또 어떤 때는 명석 판명함 안에서 우리의 능동성 위에 정초되는가? 그리고 특히, 어떻게 신체의 실존은 명석 판명 한 것으로부터 나올 수 있는가? 아르노가 말하듯, 내 신체의 모든 움직임은 단지 애매하게 인식될 뿐인데 어떻게 내가 명석하고 판 명하게 표현하는 것이 내 신체와 관계를 맺을 수 있는가?[5]

각 모나드에 고유한 독특점들은 모든 방향으로 향하면서 다른 모나드들의 독특점들로 이어진다. 각 모나드는 그러므로 세계 전 체를 표현하지만, 그러나 애매하고 모호하게 표현한다. 왜냐하면 모나드는 유한하고 세계는 무한하기 때문이다. 이런 이유로, 모나 드의 바닥은 무척 어둡다. 세계는 세계를 표현하는 모나드들 밖에 서는 실존하지 않으므로, 세계는 지각들 또는 '표상자들 représentants,' 무한하게 작은 현실적 요소들의 형식으로 각 모나드 안에 포함되어 있다.[6] 다시 한번 말하자면, 세계는 모나드 밖에서

5 아르노, 라이프니츠에게 보내는 편지, 1687년 8월.
6 *Monadologie*, § 63: "우주는 완전한 질서 안에서 지배받고 있어서, 표상자, 다시 말해, 영혼의 지각들 안에서도 질서가 있어야만 한다."

는 실존하지 않으므로, 표상자들은 대상 없는 미세 지각들, 환각적인 미시지각들이다. 각 모나드 안에 포함되어 있는 그러한 표상자들 안에서만 세계는 실존한다. 이것은 하나의 찰랑거림, 웅성거림, 안개, 먼지들의 율동이다. 이것은 죽음 또는 강경증(強硬症),[7] 잠 또는 졸음, 실신, 마비의 상태이다. 이는 마치 각 모나드의 바닥이, 모든 방향으로 끊임없이 만들어지고 사라지는 무한히 많은 작은 주름들(변곡들)로 구성되기라도 한 것 같다. 그래서 각 모나드의 자발성이 침대 위에서 이리저리 구르는 잠자는 사람의 자발성과도 같은 것이 된다.[8] 세계의 미시지각들 또는 표상자들은 세계의 모든 방향으로 향하는 작은 주름들, 주름들 안의, 주름들 위의, 주름들 따라 있는 주름들, 한타이의 그림, 또는 클레랑보의 중독성 환각이다.[9] 그리고 이것들은 세계의 애매하고 모호한 미세 지각들이며, 명석하고 판명한 우리의 거시지각들, 우리의 의식적 통각들을 구성한다: 만약에 이전의 거시지각의 균형을 무너뜨리고 다음의 거시지각을 예비하는 무수히 많은 미세 지각들의 집합을 지각이 통합하지 않는다면, 지각은 결코 일어나지 않는다. 만일 무수히 많은 작은 고통들 또는 차라리 절반의 고통들이 이미 기쁨 안에 흩어져 있어서, 이것들이 의식적 고통 안에서 서로 통합되는 것이 아니라면, 어떻게 기쁨 다음에 고통이 뒤따를 수 있겠는가? 지금 무언가를 먹고 있는 개를 내가 몽둥이로 아무리 빨리 내려친다 해도, 그 개는 내가 소리 죽인 채 다가오는 것, 나의 적대적인 분위기, 몽둥이를 들어올리는 것의 미세 지각들을 가질 것이며, 이 지각들이 기쁨에서 고통으로의 전환을 떠받치는 것이다. 만약에 요소를 이루

---

7 catalepsie: 부자연스러운 자세임에도 자발적으로 원래의 동작으로 돌아가려 하지 않고, 근육의 긴장 때문에 그 상태 그대로 유지하려는 경향(옮긴이).

8 미세 지각들과 작은 자극들에 관해서, *Nouveaux essais*, II chap. 1, §§ 9-25; chap. 20, §§ 6-9, chap. 21, §§ 29-36 참조.

9 클레랑보Clérambault는 주름에 대한 애정에 이끌려, 줄무늬, 격자와 그물망으로 표시된 소위 "난쟁이와 같이 아주 작은" 환각들을 분석했다: 클로랄에 중독된 영혼은 "주름들의 유희가 시력의 투명도를 불균등하게 만드는 베일로 둘러싸여" 있다(*Œuvre psychiatrique*, PUF, I, pp. 204~50).

는 수없이 많은 작은 허기들(소금, 설탕, 기름, 등등)이 통각되지 않은 다양한 리듬에 따라 촉발되지 않는다면, 어떻게 포만감 다음에 허기가 뒤따를 수 있겠는가? 그리고, 그 역으로, 만일 허기 다음에 포만감이 뒤따른다면, 이는 이 모든 개별적인 작은 허기들의 만족에 의한 것이다. 미세 지각들은 하나의 지각에서 다른 지각으로의 이행이며, 각 지각의 합성요소들 또한 그러하다. 이것들은 전형적으로 동물적인 또는 영혼이 불어넣어진 상태를 구성한다: 동요. 이것들은 '자극들,' 작게 접힌 곳들이며, 고통 속에 못지않게 기쁨에도 나타난다. 자극은 닫힌 모나드 안에 있는 세계의 표상자이다. 망보는 동물, 망보는 영혼은 현재의 지각 안에 통합되어 있지 않은 미세 지각들이 언제나 있다는 것을, 게다가 이전의 지각 안에 통합되어 있지도 않았고 또한 생겨나는 지각에 영양을 공급하는 미세 지각들이 언제나 있다는 것을 의미한다("그래, 거기에 있었어!"). 거시적인 것은 지각들을 구분하고, 또한 하나의 지각에서 다른 지각으로의 이행인 욕구들을 구분한다. 이것은 구성된 커다란 주름들, 나사(羅絲)천의 주름들의 조건이다. 그러나 미시적인 수준은 미세 지각들과 작은 성향(性向)들을 더 이상 구분하지 않는다: 모든 지각의 불안정성을 야기하는 동요의 자극들.[10] 미세 지각 이론은 그러므로 두 가지 이유에 근거한다: 형이상학적 이유, 이에 따르면 지각하는 각 모나드는 자신이 포함하는 무한한 세계를 표현한다; 심리학적 이유, 이에 따르면 의식적인 각 지각은 자신을 예비하고, 구성하고 또는 뒤따르는 무한히 많은 미세 지각들을 함축한다. 우주론에서 미시적인 것으로, 또한 미시적인 것에서 거시적인 것으로.

세계를 가루로 분쇄하고 또한 이 먼지들에 정신성을 부여하는 것이 지각에 속하는 일이다.[11] 모든 문제는 어떻게 사람들이 미세

---

10 포착 안에서의 미시적인 생성과 거시적인 생성의 구분에 관하여, Whitehead, *Process and Reality*, p. 129 참조.
11 바로 이런 용어를 통해서 가브리엘 타르드Gabriel Tarde는 자신이 원용하는 '모나돌로

지각들에서 의식적 지각들로, 분자적 지각들에서 그램분자적 지각들로 이행하는지를 아는 일이다. 이는 마치 내가 나에게는 감지되지 않는 부분들로 이루어진 전체를 포착할 때처럼, 총합산의 과정을 통해서인가? 이를테면, 나는 바다의 소리 또는 모인 군중의 소리를 파악하지만, 이것을 구성하는 각 파도의 속삭임 또는 각 사람의 속삭임을 파악하지는 못한다. 그러나, 라이프니츠가 이따금 총체라는 용어를 끌어들여 표현함에도 불구하고, 등질적인 부분들의 합산 외의 다른 무엇이 중요하다.[12] 부분들–전체의 관계는 여기에서 중요하지 않은데, 왜냐하면 전체도 부분만큼이나 감지되지 않을 수 있기 때문이다. 마치 내가 어떤 물레방아의 소리에 너무 익숙해서 그 소리를 포착하지 못할 때처럼 말이다. 그리고 필연적으로 하나의 웅성거림, 마비는 의식적 지각들이 되지 않으면서도 전체이다. 사실 라이프니츠는 전혀 부족함 없이 미세 지각에서 의식적 지각으로의 관계가 부분에서 전체로의 관계가 아니라, **평범함**에서 **특별함 또는 주목할 만함으로의**[13] 관계라는 점을 분명히 한다: "특별한 것은 그렇지 않은 부분들로 구성되어야만 한다."[14] 최소한 두 개의 이질적 부분들이, 독특성을 규정하는 차이적 관계[미분율] 안으로 들어갈 때, 의식적 지각이 발생한다는 점을 문자 그대

지'를 정의한다: "Monadologie et sociologie," *Essais et mélanges sociologiques*, Ed. Maloine, p. 335.

12 이 문제와 관련하여, 바다 소리의 예가 있는 중요한 텍스트는 다음과 같다: *Discours de métaphysique*, § 33: 아르노에게 보내는 편지, 1687년 4월: *Considération sur la doctrine d'un Esprit universel*, § 14: *Monadologie*, § 20-25: *Principes de la Nature et de la Grâce*, § 13. 카네티Elias Canetti가 최근에 작은 자극들의 이론을 계승했는데, 그러나 그는 이것을 외부에서 오는 명령들의 단순한 수용, 축적 그리고 전파로 만들었다: *Masse et puissance*, Gallimard, p. 321.

13 d'ordinaire à remarquable ou notable: 들뢰즈의 용어법에 있어 remarquable은 언제나 ordinaire와 대비되어 사용된다. remarquable이란 말은 '주목할 만한'이라는 뜻을 가지고 있고, 이 문맥에서도 '특별히 두드러진' 정도로 이해하는 것이 좋을 것 같다. 들뢰즈도 이를 분명히 하기 위해서 곧이어 notable이라는 말을 첨가하고 있다. 다만 개념쌍의 대비를 분명하게 유지하기 위해, 이 책 전체에 걸쳐 remarquable는 '특별한'으로, ordinaire는 '평범한'으로 옮겼다(옮긴이).

14 *Nouveaux essais*, II, chap. 1, § 18.

로, 말하자면 수학적으로 이해해야만 한다. 이것은 마치 일반적인 원주(圓周) 방정식 ydy+xdx＝0와도 같은데, 여기에서 $\frac{dy}{dx}=-\frac{x}{y}$ 는 규정 가능한 어떤 크기를 표현한다. 녹색이 있다고 해보자: 물론 노란색과 파란색은 지각 가능하다. 하지만 만일 이것들의 지각이 작은 지각으로 되면서 사라진다면, 이것들은 녹색을 규정하는 차이적 관계 ($\frac{db}{dj}$) 안으로 들어간다.[15] 또한 노란색 또는 파란색, 이번에는 그 각각이, 우리가 파악할 수 있는 [또 다른] 두 색, 또는 명암의 두 정도의 차이적 관계에 의해 앞서 규정될 것이다: $\frac{dy}{dx}$ ＝J. 허기가 있다고 해보자: 설탕의 부족, 기름의 부족 등등은 허기를 특별한 것 또는 주목할 만한 어떤 것으로 규정하는 차이적 관계들 안으로 들어가야만 한다. 바닷가의 소리가 있다고 해보자: 최소한 둘의 파도가 막 생겨나는 것으로 그리고 이질적인 것으로 미세하게-지각되어야만 하는데, 이는 세번째의 지각을 규정할 수 있는 관계 안으로 들어가기 위해서이며, 여기에서 이 세번째는 다른 것들보다 '두드러지고' 의식적인 것이 된다(이는 우리가 바다 가까이에 있다는 것을 함축한다). 잠자는 사람의 자세가 있다고 해보자: 모든 작은 곡선들, 모든 작은 습곡들은, 이것들을 통합할 수 있는 좋은 자세로서의 하나의 태도, 습성, 굽은 커다란 주름을 생산하는 관계들 안으로 들어간다. 거시적인 '좋은 형상'은 미시적인 과정에 언제나 의존한다.

모든 의식은 문턱이다. 물론 각 경우에 있어 왜 그 문턱이 이렇거나 또 저런지 말해야만 할 것이다. 그러나 사람들에게 문턱이 최소한의 의식만큼으로 주어진다면, 미세 지각들은 이 가능한 최소치보다 매번 더 작다: 이런 의미에서 무한하게 작다. **각 질서 안에서 선별되는 것은, 차이적 관계들 안으로 들어가는 지각들, 그리고 이렇게 해서 고려되고 있는 의식의 문턱에서 갑자기 나타나는 질을**

15 여기에서는 다음과 같은 상황을 그려보면 쉽게 이해할 수 있을 것이다. 하나의 팔레트에 가느다란 관을 통해 노란색과 파란색이 계속 공급되고, 누군가가 붓을 통해 이것들을 계속 휘젓는다. 그렇다면 노란색과 파란색 대신, 우리에게는 녹색만이 나타난다. 그리고 노란색과 파란색의 공급 정도에 따라 다양한 농도의 녹색이 나타날 것이다(옮긴이).

생산하는 지각들이다(예를 들어, 녹색). 미세 지각들은 그러므로 의식적 지각의 부분들이 아니라, 발생적 요건들 또는 요소들, '의식의 차이소(差異素)¹⁶들'이다. 라이프니츠로 회귀한 최초의 포스트-칸트주의자인 살로몬 마이몬은 피히테 이상으로 지각의 이러한 정신적 자동기제의 귀결을 모두 이끌어낸다: 지각은 우리를 변용시킬 수 있는 대상, 그리고 우리가 변용 가능해질 수 있는 조건들을 전제하기는커녕, 차이소들의 상호적 규정 ($\frac{dy}{dx}$)이 지각으로서의 대상의 완전한 규정, 그리고 조건으로의 시공간의 규정 가능

주름, 라이프니츠와 바로크

16 différentielle: différence와 différentielle은 구별되는데, 전자가 불연속적인 두 항 사이의 차이를 가리킨다면, 후자는 연속적인 변화 사이에서 발생하는 차이를 가리킨다. 들뢰즈가 즐겨하듯이, 수학적인 방식으로 표시해본다면, 이것은 각각 Δx과 dx로 표현할 수 있다. 불연속적인 차이를 항으로 포함하는 équation aux différences가 차분방정식을 의미하듯이, 연속량의 차이를 항으로 포함하는 équation différentielle은 미분방정식을 의미한다. 그리고 들뢰즈가 '차이적 관계rapport différentiel'라고 부르는 것은 두 연속적인 차이 dx와 dy가 맺는 관계를 의미한다. 들뢰즈가 이 개념을 통해 보이고자 하는 것은, 연속적이어서 규정성을 갖지 않는 생성으로부터 규정성이 등장할 수 있다는 사실이다. 우리는 이것을 무엇보다 미적분학에서 발견할 수 있는데, dx와 dy는 0에 끊임없이 가까워지므로 각각 아무것도 아니지만, 그것들의 관계 즉 $\frac{dy}{dx}$는 규정된 값을 갖게 된다. 프랑스어는 이런 사정을 이미 어휘에 담고 있는데, rapport는 '관계'뿐만 아니라 '비율'이라는 뜻을 갖고, rapport différentiel는 '차이적 관계'뿐만 아니라 '미분율'이라는 뜻을 갖는다. 더 나아가, 이런 배후의 차이가 규정을 산출한다는 뜻에서, 차이가 발생적 génétique이라는 들뢰즈의 말을 이해할 수 있게 된다. 이렇듯 생성과 차이를 세계의 진정한 모습으로 사유하는 것은 분명 베르그송적인 영감에서 온 것이다. 잘 알려진 대로, 베르그송은 운동을 공간상의 이동으로 간주해왔던 자연학의 역사를 형이상학이 심각한 오류에 빠져 있는 징후로 간주했다. 그런데, 한 걸음 더 나아가서, 들뢰즈는 베르그송이 했던 것처럼 생성과 정지, 연속과 불연속을 대립시키는 데에 만족하지 않는다. 우리도 위에서 불연속적인 차이와 연속적인 차이, Δx와 dx가 대립적인 것처럼 말했었다. 그러나 그것은 이해의 편의를 위한 것이었다. 들뢰즈는 여기에서 다시 한번 수학의 역사를 주의깊게 참조한다. 17세기 이래 전개되어온 미적분학은 곧 심각한 문제에 봉착하는데, 자명한 것으로 여겨졌던 연속성을 엄밀하게 정의하는 것 자체가 어렵다는 사실을 발견했기 때문이었다. 이 문제는 19세기 중반 바이어슈트라스Weierstrass에 이르러 해결되었는데, 그에 따르면 어떤 변화 안에 "생각할 수 있는 것보다 더 작은 차이"가 있을 경우 변화는 연속적으로 간주될 수 있다. 들뢰즈는 이것을 '연속성에 대한 정적(靜的)인 정의'라고 부른다. 이로 인해, 들뢰즈의 차이적 관계는 구조나 체계도 포함하는 훨씬 더 넓은 적용 범위를 갖고, 에피쿠로스의 원자론, 기호들의 체계, 영화의 운동 등에도 적용될 수 있게 된다. 이런 배경하에서, 우리는 이 말을 '차이소'라고 번역하고자 한다. 그것은 차이의 요소이지만, 크기가 정해진 원자 같은 것이 아니다. 그것은 더 작은 차이를 포함하는 차이이면서, 규정을 산출하는 요소로서의 차이이다(옮긴이).

성을 끌어낸다. 조건지음의 칸트식 방법을 넘어서, 마이몬은 주관적인 내적 발생의 방법을 복원한다: 빨간색과 녹색 사이에는 외부적인 경험적 차이가 있을 뿐만 아니라, 내적 차이의 개념 또한 있다. 이 내적 차이란 "차이적인 것의 양태가 개별적 대상, 그리고 차이적 관계들, 서로 다른 대상들 사이의 관계들을 구성"하는 그러한 것이다.[17] 자연적 대상과 수학적 공간은 둘 모두 지각의 초월적(차이적이고 발생적인) 심리학을 지시한다. 시공간은 순수하게 주어진 것이기를 멈추고, 주체 안에서 차이적 관계들의 집합 또는 연쇄가 된다. 그리고 대상 자체도 경험적으로 주어진 것이기를 멈추고, 의식적 지각 안에서 이 관계들의 산물이 된다. 그러므로 지성의 〈이념들〉이 있다. 질로서의 녹색은 영원한 〈대상〉 또는 〈이념〉이 주체 안에서 현실화되는 것이다. 공간의 규정으로서의 이런저런 형태가 그런 것처럼. 만일 칸트와 같은 편에 서서 이런 개념화는 무한 지성을 재도입하는 것이라고 반대한다면, 아마도 여기에서 무한은 유한한 지성 내의 무의식의 현존, 유한한 사유 내의 사유 불가능한 것의 현존, 유한한 자아 내의 비-자아의 현존과 같은 것일 뿐이다. 칸트가 규정하는 자아와 규정 가능한 자아 사이의 차이를 벌릴 때 칸트 자신이 어쩔 수 없이 발견하게 될 그러한 현존인 것이다. 라이프니츠에게서처럼 마이몬에게도, 차이소들의 상호 규정은 신적 지성이 아니라, 유한한 자아 안에 있는 세계의 표상자로서의 미세 지각들을 지시한다(무한한 지성과의 관계가 여기에서 비롯되는 것이지 그 역은 아니다). 유한한 자아 안의 현행적 무한은 정확히 바로크식 평형 또는 비평형의 위치이다.

우리는 이제 어떻게 같은 추론이 때로는 애매함에 때로는 명석함에 준거하는 것인지 이해하게 된다. 즉, 라이프니츠에게 명석함

---

17 Salomon Maïmon, *Versuch über Transzendantalphilosophie*, Berlin 1790, p. 33. 칸트는 헤르츠Marcus Herz에게 보내는 편지에서 비판을 서술한다. 여기에서 그는 마이몬이 무한 지성을 복원했다고 비난한다. 게루는 마이몬 전체를 요약했는데, '의식의 차이소들' 과 이것들의 상호 규정의 원리를 강조했다: *La philosophie transcendantale de Salomon Maïmon*, Ed. Alcan, chap. II.

은 애매함에서 나오며 또 끊임없이 그 안으로 빠져 들어간다. 그러
므로 애매-명석-모호-판명이라는 데카르트식 사다리〔등급〕는 전
적으로 새로운 의미의 관계들을 받아들이게 된다. 미세 지각들은
각 모나드 안에 포함된 세계의 애매한〔어두운〕 먼지, 어두운 바닥
을 구성한다. **명석함으로 끌려 들어가는 것**, 즉 애매하고 소멸해가
는 어떤 미세 지각들(노란색과 파란색)을 가지고 명석한 지각(녹
색)을 구성하는 것은 무한하게 작은 현행적인 것들 사이의 차이적
관계이다. 그리고 분명 노란색과 파란색 자체도 명석하고 의식적
인 지각들일 수 있는데, 하지만 각 경우에서 다른 미세 지각들 사
이의 차이적 관계들에 의해 역시 끌려 들어가는 조건에서만 그렇
다: 서로 다른 질서의 차이소들. 언제나 **차이적 관계들은 각 경우에**
들어가는 미세 지각들을 선별하고, 미세 지각들에서 나오는 의식적
지각을 생산하거나 또는 이끌어낸다. 그러므로 미적분학 calcul
différentiel은 지각의 정신적 메커니즘, 애매함에 잠겨 있으면서
분리될 수 없는 방식으로 동시에 명석함을 규정하는 자동기제이
다: 애매한 미세 지각들의 선별과 명석한 지각의 추출. 이러한 자
동기제는 보편적이고 개체적인 두 가지 방식으로 포착되어야만 한
다. 한편으로, 각 세계가 실존하는 모든 모나드들 안에 포함되어
있는 한, 이 모나드들은 미세 지각들의 같은 무한성, 그리고 기묘
하게 서로 닮은 의식적 지각들을 모나드들 안에 생산하는 같은 차
이적 관계들을 나타낸다. 이렇게 모든 모나드는 같은 녹색, 같은
음, 같은 강을 지각하며, 모나드들 안에서 현실화되는 것은 각 경
우에서 단 하나의 영원한 대상이다. 하지만 다른 한편, 현실화는
각 모나드에 따라 서로 다르고, 두 모나드가 지각하는 것은 결코
같은 정도의 명암을 지닌 같은 녹색이 아니다. 각 모나드가 어떤
차이적 관계들을 특권화한다고, 그리고 그 결과로 이것이 모나드
에 배타적인 지각들을 제공한다고, 그리고 다른 지각들은 필요한
정도 아래에 있도록 하거나, 또는 게다가 무한히 많은 미세 지각들
은 전혀 관계를 취하지 않고 모나드 안에 존속시킨다고 말할 수 있

을 것이다. 그러므로 최종적으로 모든 모나드들은 공존 가능한 무한히 많은 미세 지각들을 가지고 있지만, 명석한 지각들을 생산하기 위해 미세 지각들 중 어떤 것을 선별할 차이적 관계들은 각각의 모나드에 고유하다. 앞서 보았듯이, 각 모나드가 다른 모나드들과 같은 세계를 표현하는 것, 그럼에도 불구하고 배타적으로 자신에게 속하며 다른 모든 모나드의 것과는 구분되는 명석한 표현 지대를 갖는다는 것은 바로 이런 의미에서다: 자신의 '구역.'

관념의 라이프니츠식 분류 안에서 명석함과 판명함에 만족한다 하더라도 이런 것은 나타난다. 데카르트에 반대해, 라이프니츠는 애매함에서 출발한다: 즉 명석함은 발생적 과정을 통해 애매함에서 나온다. 그러니까 명석함은 애매함에 잠겨 있고, 끊임없이 빠져들어간다: 그것은 본성상 명석-애매하고, 애매함의 전개이고, 그것은 감각적인 것이 밝혀주는 바대로 다소간 명석하다.[18] 앞서의 역설은 이렇게 해결된다: 같은 차이적 관계들이 모든 모나드 안에서 확립된다 하더라도, 그것들은 모든 모나드에서 각각의 문턱에 맞게 의식적 지각에 필요한 정도의 명석함에 도달하는 것은 아니다. 그리고 무엇보다 처음에 부딪혔던 두 가지 어려운 점을 설명할 수 있다: 같은 요구가 때로는 애매함을 내세우고, 때로는 명석함을 내세우는 점, 그리고 명석함 자체가 애매하게만 인식되는 것에 의존한다는 점. 왜냐하면 명석함은 첫번째 필터를 통과하듯이 애매함으로부터 나와야 하며, 이 필터 뒤로 판명함과 모호함에 해당하는 많은 필터들이 이어진다.[19] 사실 차이적 관계들은 진정으로 필터의 역할을, 그에 앞서 무한히 많은 필터의 역할을 한다. 왜냐하면 이것들은 각 경우에 상대적으로 명석한 지각을 공급할 수 있

18 아르노에게 보내는 편지, 1687년 4월: "영혼이 미래에 대해 미리 갖는 이 지각은 비록 애매하고 모호하지만, 앞으로 영혼에 일어날 것의 진정한 원인이며, 애매함이 전개될 때 갖게 될 보다 명석한 지각의 진정한 원인이다." 그리고 *Nouveaux essais*, II, chap. 29, § 2.
19 필터들 또는 농담법graduation의 등급, 그리고 이런 관점에서 라이프니츠가 데카르트에 반대한 것에 관해서, Yvon Belaval, *Leibniz critique de Descartes*, Gallimard, pp. 164~67(그리고 Michel Serres, *Le système de Leibniz*, PUF, I, pp. 107~26) 참조. 블라발의 책은 라이프니츠의 관념의 논리에 대한 심오한 분석이다.

는 미세 지각들만을 통과시키기 때문이다. 그러나 필터가 각 수준에서 본성이 변하듯이, 명석함은 상대적으로 애매하고 절대적으로 모호하다고, 마찬가지로 판명함은 상대적으로 모호하고 절대적으로 부적합하다고 말해야만 한다. 그렇다면 '명석하고 판명한'이라는 데카르트의 표현에서 그래도 라이프니츠가 보존하는 영역은 뭘까? 어떻게 각 모나드의 특권화된 지대가 모호한 사건으로 구성되어 있을 때 그것을 명석할 뿐만 아니라 판명하다고 말할 수 있을까? 이러한 것으로서의 명석한 지각은 결코 판명한distinct 것이 아니라, 특별한 것, 주목할 만한 것이라는 의미에서 '구별되는 distingué' 것이다: 그것은 다른 지각들과의 관계에서 뚜렷이 대조되며, 당연히 첫번째 필터는 **평범한** 것에 가해져 이로부터 **특별한** (명석하고 구별되는) 것을 끌어내기 위해 작동되는 필터다.[20] 그러나 고유한 의미에서 판명한 것은 특별한 것을 **정규적인** 것으로 간주하고, 이것에서 **독특점들**을 이끌어내는 또 다른 필터를 전제한다: 판명한 관념 또는 지각의 내적 독특성들. 독특한 것에서 평범한 것을 끌어내는, 그래서 마지막 필터가 우리의 역량을 넘어섬에도 불구하고 필터의 조직화가 순환적 체계가 되게 하는, 적합한 것 아니 완결적인 것의 세번째 필터를 내세워야만 할까? 이 모든 것은 발타자르처럼 다음과 같이 동시에 말할 수 있게 한다: 모든 것은 평범하다! 또한, 모든 것은 독특하다!

여기에서 우리의 관심을 끄는 것은 이 관념 이론의 전개라기보다는 독특한 것의 상이한 의미들이다. 우리는 세 가지 의미에 입각해 독특한 것을 만났다: 독특성, 이것은 우선 변곡, 즉 다른 독

---

20 바로 이런 의미에서 라이프니츠는 다음과 같이 말한다: "우리가 주의를 기울이는 생각들이란 가장 구별되는 것일 뿐이다", 즉 특별한 것이다(*Nouveaux essais*, II, chap. 1, § 11). 그러한 생각들이 판명한 것은, 오직 이것들이 상대적으로 가장 많이 명석하고, 가장 적게 애매하기 때문이다. 그러므로 라이프니츠는 이렇게 적을 수 있다: "영혼은 자신의 신체에 속하는 것을 보다 더 판명하게 표현합니다"(아르노에게 보내는 편지, 1687년 4월), 또는: "영혼은 자신을 변용시킨 신체를 보다 더 판명하게 표상한다"(*Monadologie*, § 62), 비록 여기에서 중요한 것은 오직 명석함뿐이지만 말이다.

특점들의 근방까지 이어지는 변곡점이며, 이렇듯 거리 관계들을 따라 우주의 선을 구성한다; 그리고 더 나아가 그것은 관점의 관계들에 따라 모나드의 시선점을 정의한다는 점에서, 오목한 면의 곡률의 중심이다; 끝으로, 그것은 모나드 내의 지각을 구성하는 차이적 관계들에 따르는 특별한 것이다. 네번째 종류의 독특성이 있다는 점이 보여질 것이다. 그것은 물질 또는 연장 안에서 '극점,' 최대와 최소를 구성한다. 이미 바로크적 세계와 인식의 가장 깊은 곳에서 이렇게 진리가 독특한 것과 특별한 것에 종속되어 있다는 것이 드러난다.

지각으로 되돌아가보자. 모든 모나드는 온 세계를 애매하게 표현한다. 세계가 같은 질서 안에 있다 하더라도 말이다. 각각의 모나드는 자신 안에 무한히 많은 미세 지각을 지니고 있다. 모나드들이 서로 구분되는 것은 그러므로 역량의 유무 여부에 있지 않다. 모나드들을 구분하는 것은 바로 그것들이 가진 명석한, 특별한 또는 특권화된 표현 지대이다. 극단적인 경우, 그런 빛의 지대를 갖지 않은 **"완전히 헐벗은 모나드들"**을 인식할 수 있다: 이것들은 거의 어둠의 상태에서, 애매한 미세 지각들의 현기증과 마비의 상태에서 살아갈 수도 있다. 상호적 규정의 어떤 차이적 메커니즘도 명석한 지각을 이끌어내기 위해 어떤 미세 지각도 선별해내지 못할 것이다. 이것들은 특별한 어떤 것도 가질 수가 없다. 그러나 이런 극한-상태는 죽음에서만 나타나며, 다른 곳에선 어디라도 추상에 다름 아니다.[21] 가장 작은 극미(極微) 동물도 자신의 먹이, 적, 무엇보다 파트너를 식별할 수 있게 해주는 미광(微光)을 지닌다: 만일 생명체가 하나의 영혼을 함축한다면, 이는 단백질들이 이미 지각, 판별과 구분, 요컨대 '원초적 힘'의 작용성을 보여주기 때문이

---

21 *Monadologie*, § 20-24: "만일 우리가 우리의 지각 안에서 구별되는, 말하자면 상승된 어떤 것, 그리고 보다 강한 맛의 어떤 것을 전혀 갖지 않는다면, 우리는 늘 마비 상태에 빠져 있을 것이다. 그리고 이것이 완전히 헐벗은 모나드의 상태이다." 그리고 하르트쇠케르Hartsoeker에게 보내는 편지, 1710년 10월 30일(GPh, III, p. 508): "진정, 줄곧 잠자고 있는 영혼이란 존재하지 않습니다."

다. 이 원초적 힘은 물리적인 충격들과 화학적인 친화성들로 설명할 수 없다('파생적 힘들'). 그러므로 자극으로부터 나오는 반작용이 있는 것이 아니라, 영혼 내의 내적 지각의 활동성을 증명하는 외부의 유기체적 작용이 있다. 만일 생명체가 영혼을 갖는다면, 이것은 그 생명체가 지각, 구분 또는 판별하기 때문이며, 모든 동물 심리학은 무엇보다 지각의 심리학이다. 대부분의 경우에서, 영혼은 몇 개 안 되는 명석한 또는 구별되는 지각에도 만족한다: 진드기의 영혼은 세 지각을 갖는다. 빛의 지각, 먹이의 냄새를 맡는 지각, 가장 좋은 자리를 더듬는 지각. 그리고 다른 모든 것들은 진드기가 그래도 여전히 표현하는 광대한 자연 안에서 애매하면서 통합되지 않는 미세 지각들의 먼지, 마비에 다름 아니다.[22] 그런데, 만일 동물의 등급, 즉 동물의 계열의 '진화'가 있다면, 그것은 점점 더 수가 많아지는 차이적 관계들, 점점 더 깊어지는 질서가 보다 넓을 뿐만 아니라 보다 확고하기도 한 명석한 표현 지대를 규정하는 한에서 그러하다. 그리고 그 표현 지대를 구성하는 의식적 지각들 각각은 상호적 규정의 무한 과정 안에서 다른 지각들과 연관되어 있다. 이것은 **기억하는 모나드**이다. 그리고 더 나아가 어떤 모나드는 자신 스스로 넓히고, 자신의 지대를 강화하고 자신의 의식적 지각들의 진정한 연결에 도달하고, 명석한 것을 판명한 것과 적합한 것으로 나눌 수 있도록 타고난다: **이성적인 또는 반성적인 모나드**. 참으로 이 모나드들은 어떤 모나드들의 희생 안에서 자기-전개의 조건을 발견한다. 저주받은 모나드들은 거의 헐벗은 상태로 퇴행하고, 유일한 명석한 지각으로 신에 대한 증오만을 갖는다.

이것으로부터, 모나드들을 그것들의 지각적 특성과의 관계하에서 요약적으로 분류할 수 있게 된다: 거의 헐벗은 모나드, 기억하는 모나드, 반성적인 또는 이성적인 모나드.[23] 위대한 라이프니츠

---

22 Jacob von Uexküll, *Mondes animaux et monde humain*, Ed. Gonthier, p. 24: "진드기를 둘러싼 거대한 세계에서는 세 개의 자극물이 암흑 속의 신호등처럼 빛나며, 진드기를 확실하게 도착지로 이끄는 도로 푯말처럼 기능한다."

신봉자들 중 한 사람이고, 모나드적 영혼의 정신적 메커니즘으로 부터 분리될 수 없는 정신물리학의 창시자인 페히너는 이후 현기증 또는 마비에서 출발하여 빛을 발하는 생명에 이르기까지 이 분류를 끊임없이 발전시킬 것이다. 그는 여기에서 인간의 세 시기를 볼 것이다. 여기에는 퇴행과 저주의 모든 가능성이 있는데, 이것은 페히너 자신이 겪은 것이기도 하다. 모나드는 검은 방 또는 어두운 바닥으로 축소되고, 미세 지각들이 흡수되는 우글거림의 상태가 된다. 반면 여기에는 부활, 즉 강렬하고 팽창하는 빛으로 다시 올라갈 수 있는 역량이 또한 있기도 하다.[24] 다음과 같은 순간들에 자신이 저주받았다고 믿지 않을 수 있는 모나드란 거의 없다: 자신의 명석한 지각들이 차례로 꺼질 때, 진드기의 삶이 유달리 풍요로워 보이는 그러한 밤으로 그 모나드들이 다시 들어갈 때. 그러나 또한 자유와 관련하여, 영혼이 다시 획득되어, 회복하는 자가 놀라듯이 이렇게 말할 수 있는 때가 온다: 세상에, 이 시간 내내 무엇을 할 수 있는 힘이 내게 있었던 것일까?

만일 우리의 명석한 지각의 차이적 메커니즘이 고장난다면, 미세 지각들은 그 메커니즘의 선별 작용을 힘으로 부서뜨리고는 수면이나 마비 상태에서처럼 의식 안으로 난입한다. 검은 바닥 위에서 색깔을 가진 무수히 많은 모든 지각은, 우리가 그것을 더 유심히 살펴보면 원자가 아니다. 그것들은 병치된 표면의 돌출 부분들 위에서, 늘어진 자락을 흔드는 안개 또는 연기를, 우리 의식의 문턱의 어떤 것도 정상적 상태에서 견딜 수 없을 만큼 빠른 속도로 끊임없이 제작하고 해체하는 미세한 주름들이다. 그러나 우리의 명석한 지각들이 재형성될 때에, 그 지각들은 다시 이제 의식과 무의식을 분리하는 하나의 주름을 그린다. 이 주름은 표면의 작은 돌출 부분들을 하나의 커다란 주름 안에서 연결하며, 그 속도를 완화시키고, 그리고 의식적 지각들을 가지고 통각의 단단한 조직을 만들기 위해 모든 종류의 미세 지각들을 몰아낸다: 지각들의 먼지는 가라앉고, 바닥이 작은 주름들을 해체함에 따라 나는 형태들의 커다란 주름을 본다. 주름들 위의 주름, 이러한 것이 지각의 두 양상의 지위, 또는 미시적 · 거시적인 두 과정의 지위이다. 이러한 이유로, 펼침은 결코 접힘의 반대가 아니며, 그것은 주름들에서 다른 주름들로 나아가는 운동이다. 때로 펼침은 내가 전개한다는 것, 내가 무한히 작은 주름들을 해체한다는 것을 의미한다. 여기에서 이 작은 주름들은 바닥을 끊임없이 흔들어대는데, 이는 형상이 나타나는 면 위에 커다란 주름을 그리기 위해서이며, 그리고 이것은 불침번의 작업이다: 나는 세계를 "접힌 곳의 표면 위에" 투사한다······[25] 때로는 그 반대로, 나는 내 모든 문턱을 지나온 의식의 주름들, 나를 둘러싸고 있고 나를 바닥으로부터 분리하는 "스물두 개의 주름"을 차례차례 해체한다. "화난 짐수레꾼의 가죽 채찍끈"처럼, 현기증의 작동에서, 나를 과도한 속도로 휩쓸어가는 움직이는 작은 주름들의 광대한 바닥을 단번에 발견하기 위해서.[26] 나는 언제나 두 주름들 사이에서 펼치며, 그리고 만일 지각이 펼치는 일

25 Cocteau, *La difficulté d'être*, Ed. du Rocher, pp. 79~80.

26 Michaux, "Les 22 plis de la vie humaine," *Ailleurs*, Gallimard, p. 172. 주름이라는 주제는 글, 데생, 그림 등 미쇼의 모든 작품에 빈번히 나타난다. 시집 『주름 속의 삶 *La vie dans les plis*』, 또는 시 「가득 찬 Emplie de」은 이를 잘 증명한다("Emplie de voiles sans fin de vouloirs obscurs. Emplie de plis, Emplis de nuit. Emplie des plis indéfinis, des plis de ma vigie······"). 라이프니츠식의 기억은 미쇼에게 무수히 많다: 안개와 마비, 작은 환각들, 작은 표면 위에서 아주 빠른 속도의 미세 지각들, 자발성("une vague toute seule une vague à part de l'océan······ c'est un cas de spontanéité magique"). 콕토의 이전 텍스트가 미쇼의 텍스트와 공명한다. 왜냐하면 콕토 역시 깨어 있는 상태에서 꿈으로, 의식적인 지각에서 미세 지각들로 나아가기 때문이다. "영원성이 우리에게 생생한 것이 되게 하는 접힌 부분은 삶에서처럼 꿈에서 만들어지지 않는다. 그러한 접힌 부분의 어떤 것은 스스로 펼쳐진다······" 끝으로, 페소아 Fernando Pessoa는 형이상학적이고 심리학적이고 미학적인 지각 개념을 전개했다. 이것은 매우 독창적인 것이면서도 라이프니츠와 가깝고, 미세 지각들과 '바다의 계열들'을 토대로 한다: 이것에 대한 주목할 만한 분석은 다음에서 찾을 수 있다. José Gil, *Pessoa et la métaphysique des sensations*, Ed. de la Différence.

이라면 나는 언제나 주름들 안에서 지각한다. 모든 지각은 환각적이다. 왜냐하면 지각은 대상을 갖지 않기 때문이다. 커다란 지각은 대상을 갖지 않으며, 외부에서 그 지각을 설명해줄 자극의 물리적 메커니즘을 지시하지도 않는다: 그것은 모나드 안에서 그 지각을 구성하는 미세 지각들 사이의 차이적 관계들의 배타적인 정신적 메커니즘만을 지시할 뿐이다.[27] 또한 미세 지각들은 대상을 갖지 않으며 물리적인 어떤 것을 지시하지도 않는다: 그것들은 오직 형이상학적이고 우주론적인 메커니즘을 지시할 뿐이다. 이 메커니즘에 따르면 세계는 세계를 표현하는 모나드들 밖에서는 실존하지 않고, 그러므로 모나드들 안에 필연적으로 접혀 있다. 또한 미세 지각들은 (대상의 표상이 아니라) 세계의 표상자로서의 작은 주름들이다. 환각적 지각이라는 생각은 확실히 그 동안 심리학에서 조금씩 밀려났었다; 그러나 그것은 심리학이 라이프니츠의 고유한 조건을 망각했기 때문이다. 즉 미시적인 그리고 거시적인 이중의 회로, 미세 지각들의 세계를 향한–존재, 커다란 지각들을 향한 차이적 관계들. 환각은 언제나 이중적인데, 마치 클레랑보가 클로랄의 상태에서 '작은 표면의 환각'과 '큰 표면의 환각'을 구분하듯이 말이다. 우리가 언제나 주름들 안에서 지각한다는 것은 우리가 대상 없는 형태들을 포착한다는 것을 의미한다. 하지만 우리가 그 형태들을 포착하는 것은 그것들이 바닥으로부터 들어올리고, 또 어떤 순간 그 형태들을 볼 수 있도록 다시 가라앉는 대상 없는 먼지를 통해서 그러다. 나는 먼지를 통해 사물들의 주름을 본다. 그런데 그 사물들이 이 먼지를 일으키고, 또 나는 그 먼지의 주름들을 벌려놓는다. 나는 신 안에서 보는 것이 아니라 주름들 안에서 본다. 지각의 상황은 게슈탈트가 묘사하는 상황이 아니다. 그것은 환각적 지각이라는 생각에 반(反)해, '좋은 형상'의 법칙을 세운다. 이 상황은 사실 라이프니츠와 퀸시가 묘사하는 상황이다: 우리의 환

27 *Monadologie*, § 17: "지각과 이것에 의존하는 것은 기계론적인 이유로는 설명될 수 없다…… 따라서 그것을 탐구해야 하는 것은 복합 실체가 아니라 단순 실체 안에서이다."

각적 주시 속에서 **군대 또는 무리가 다가올 때**…… ─사건:

"다음 시간 동안, 부드러운 아침 바람이 불면, 뿌연 먼지가 짙어져 공중에 광대한 휘장의 외관을 드러내고, 그 무거운 자락은 하늘에서 땅으로 처져 내려온다: 그리고 어떤 곳에서는 회오리바람이 공중에서 휘장의 주름들을 움직여, 이따금 아치, 현관문, 창문의 형상으로 벌어진 부분이 나타난다. 이 부분을 통해 사람의 형상을 얹은 낙타들의 머리가 희미하게 보이기 시작한다. 또 때로는 무질서하게 열을 지어 나아가는 사람과 말들의 움직임, 다음에는 다른 열린 틈이나 시점을 가로질러 먼 곳으로부터 절도 있는 군대의 빛이 나타난다. 하지만 종종 바람이 약해지거나 가라앉으면 이 우울한 안개의 장막 안 다양한 형상의 열린 틈들은 다시 닫히고, 잠시 동안 행렬은 모두 사라진다. 반면에 무언가 부딪치는 소리가 커지고, 무수히 많은 사람들이 화난 상태에서 만들어내는 외침, 비명 그리고 신음 소리가, 오해될 수 없는 언어로, 이 구름의 막 너머에 벌어지고 있는 일을 드러내준다."[28]

연역의 첫번째 단계는 모나드에서 지각된 것으로 향한다. 그러나 정확하게 말하자면, 모든 것이 일종의 버클리적인 보류 속에 멈추어 있는 것처럼 보이고, 그 무엇도 우리로 하여금 우리가 가진 신체의 현존이나 이 신체에 변용을 미칠 만한 신체의 실존을 결론 내리도록 보증하지 않는다. 모나드에 내부적인 것으로는 지각된 것밖에는 없으며, 현상은 바로 지각된 것이다.[29] 그럼에도 불구하고, 버클리와는 커다란 일차적인 차이가 있다: '상상 작용의 존재'로서의 지각된 것은 주어진 것이 아니라, 그것의 발생을 일으키는

---

28 Thomas de Quincey, *La révolte des Tartares*, Actes Sud, pp. 76~77.

　　*토마스 드 퀸시: 영국의 비평가·소설가. 1802년 옥스퍼드 대학에서 공부했으나, 그 무렵부터 아편을 시작하여 학사학위를 받지 못하였다. 『어느 영국인 아편 중독자의 고백 *Confessions of an English Opium-Eater*』(1822)은 그의 출세작으로 아편 중독자인 자신의 경험을 엮어 아편이 주는 몽환(夢幻)의 쾌락과 매력, 그 남용에 따른 고통과 꿈의 공포를 이야기하였다.

29 데 보스에게 보내는 편지, 1712년 6월 참조: "저는 모나드의 지각들만으로 모든 현상을 설명하는 것이 사물들을 근본적으로 조사하는 데 유용하다고 생각합니다."

이중적 구조를 소지한다. 거시지각은 미시지각들 사이에서 확립되는 차이적 관계들의 산물이다; 그러므로 의식 안에 지각된 것을 낳는 것은 무의식적인 정신적 메커니즘이다.[30] 이런저런 현상의 가변적이고 상대적인 통일성은 다음과 같이 설명될 것이다: 모든 현상은 한 무리, 군대나 무지개와 같이 집합적이다. 미세 지각들의 집합은 확실히 통일성을 갖지 않지만(마비), 그 대신 작동하는 차이적 관계들의 정신적 통일성, 그리고 이 관계들의 상호적 규정의 정도(程度)의 정신적 통일성을 수용한다. "구성성분들 사이의 관계들," 필연적으로 사유에 의해 작동되는 관계들이 있는 만큼이나 어떤 집합에는 그만큼의 통일성이 있게 될 것이다. 모든 문제는 다음을 아는 것이다. 모나드 안에서 지각된 것과 지각된 것의 통일성을 낳는 힘을 부여하면서, 라이프니츠는 모나드의 밖, 그 지각들 밖에서 신체들을 낳을 힘을 또한 부여하지는 않았는가.

왜 신체들이 생기지 않는가? 현상 또는 지각된 것을 넘어서도록 우리를 유도하는 것은 무엇인가? 라이프니츠는 종종 이렇게 말한다. 만일 지각의 밖에 신체가 없다면, 지각하는 유일한 실체란 인간 또는 천사의 실체들이 될 것이며, 이는 우주의 다양성과 동물성을 희생시킬 것이다. 만일 지각된 것의 밖에 신체가 없다면, 지각하는 자들 자체 안에 그만큼 적은 다양성만이 있을 것이다(이 지각하는 자들은 정확하게 신체들에 통합 '되어야 한다').[31] 그러나 진정한 논증은 더 기묘하고 복잡하다: 즉, 지각된 것은 어떤 것과 닮았는데, 지각된 것은 우리가 그것을 사유하도록 강제한다. 나는 흰색의 지각을 가지고 있고, 나는 흰색을 지각한다: 이 지각된 것은 거품, 말하자면 우리 눈에 광선을 반사하는 무한히 많은 작은 거울들과 닮았다. 나는 어떤 고통을 겪는다: 이 고통은 중심에서 점점 멀어지면서 원 모양으로 나아가는, 우리 살을 파낼 만한 뾰족한 어떤

---

30 버클리의 책에 대한 라이프니츠의 반응에 관해서, André Robinet, *Leibniz: lecture du Treatise de Berkeley*, Etudes philosophiques, 1983 참조.

31 아르노에게 보내는 편지, 1686년 11월(GPh, II, p. 77)과 1687년 4월(p. 98).

것의 운동과 닮았다.[32] 이 논증은 매우 어려워서 많은 예비적 주의
사항을 덧붙여야만 할 것으로 보인다. 첫번째로, 라이프니츠는 지
각이 어떤 대상과 닮았다고 말하지 않고, 그것이 어떤 수용 기관에
의해 한데 모이는 진동을 불러일으킨다고 말한다: 고통은 핀이나
또는 "마차 바퀴의 운동과 같은" 핀의 운동을 재현하는 것이 아니
라, 살 안에서 사방으로 퍼지는 수천의 작은 운동 또는 타격을 재
현한다; "고통은 핀의 운동과 닮지 않았다. 그러나 그것은 그 핀이
우리의 신체 안에서 야기하는 운동과 아주 많이 닮을 수 있으며,
영혼 안에서 이 운동을 재현할 수 있다"; 흰색은 "볼록 구면 거울
과 닮은 것이 아니라," "거품을 아주 가까이에서 볼 때 생기는 것
같은 볼록한 작은 거울들"이 수없이 많이 있는 것과 닮았다. 여기
에서 이 유사성의 관계는 어떤 "투사(投射)"와 같다: 고통, 또는
색깔은 물질의 진동하는 판 위에 투사된다. 어떤 점에서는 흡사 원
이 포물선이나 쌍곡선으로 투사되듯이. 이 투사는 '순서 관계
rapport d'ordre'의 이유이거나, 따라서 다음의 형식으로 나타나는
유비의 이유이다: $\dfrac{\text{미세 지각들}}{\text{의식적 지각}} = \dfrac{\text{물질의 진동들}}{\text{기관}}$

　두번째로, 지각된 것이 어떤 사물과 닮았다는 것은 직접적으로
지각이 어떤 대상을 표상한다는 것을 의미하지는 않는다. 데카르
트주의자들은 지각의 기하학주의을 긍정했는데, 이에 따르면 명석
판명한 지각은 연장을 표상하기에 적합하다. 애매모호한 지각들에
있어서, 이것들은 표상성(表象性)이 없는, 그러므로 유사성이 없
는 관습적 기호로서 작동할 뿐이다. 라이프니츠의 관점은 이와 전
혀 다른데, 그것은 같은 기하학도 아니고, 유사성에 대한 같은 위
상도 아니다. 투영 기하학에 입각해 어떤 사물을 닮은 것, 따라서
"자연적 기호들"인 것은 바로 애매하거나 더 나아가 모호하기까지
한 지각들로서의 감각적 질들이다. 그리고 그것들이 닮은 것은 연
장이나 더 나아가 운동이 아니라, 연장 안의 물질, 진동들, 용수철

---

32 매우 중요한 두 텍스트는: *Addition à l'explication du système nouveau*……(GPh, IV, pp. 575~76); 그리고 *Nouveaux essais*, II, chap. 8, §§ 13-15.

들, 운동 안에서의 '경향 또는 항력'이다. 고통은 연장 안의 핀을 표상하는 것이 아니라, 핀이 물질 안에서 산출하는 분자적 운동들과 닮았다. 기하학은 지각과 함께 애매함 안으로 빠져든다. 무엇보다 우선, 역할이 완전히 변하는 것은 바로 유사성의 의미이다: 유사성은 유사자ressemblant에 있어 판단되는 것이지, 피유사자ressemblé에 있어 판단되는 것이 아니다. 지각된 것이 물질과 닮았다는 것은, 물질이 필연적으로 이 관계에 적합하게 산출된다는 것을 말하는 것이지, 그 관계가 앞서 실존하는 어떤 모델에 적합한 것이라고 말하는 것이 아니다. 보다 정확하게는, 바로 유사성의 관계, 유사자야말로 모델 그 자체이고, 물질로 하여금 유사자가 닮은 그것이 되게끔 부여한다.

세번째로, 이때 피유사자는 앞서의 유비에 따라 어떻게 나타나는가? 그 유비의 물질적 측면은 어떻게 나타나는가? 영혼 내의 정신적 메커니즘과 동일한 것으로 간주될 물질적인 물리적 메커니즘을 원용해서는 안 된다. 왜냐하면 정신적 메커니즘은 모나드에 내부적인 것이어서 외적인 인과성을 모두 배제하기 때문이다. 라이프니츠가 미분의 위상을 문제삼고, 여기에서 손쉽고 잘 정초된 허구만을 목격하는 일이 종종 있다.[33] 이런 관점에서, 문제는 현행적 무한 또는 무한소가 아니다. 이것들은 애매한 지각들만큼이나 물질에도 적용된다(이것들은 서로 '닮았다'). 문제는 오히려 미분법이 무한히 작은 것에 적합한가? 라는 것이다. 그리고 현행적 무한이 더 큰 전체도 더 작은 부분들도 인식하지 못하는 한, 그리고 극한들로 향해 가지 않는 한, 그 대답은 부정적이다. 차이적 관계들은 애매한 지각들로부터 명석한 지각을 추출해내기 위해서만 개입한다: 그러므로 미분법은 정확히 정신적 메커니즘이다. 그리고 만일 이것이 허구라면, 그것은 이 메커니즘이 환각적 지각의 메커니즘이라는 의미에서 그렇다. 미분법은 물론 심리학적 실재성을 갖

33 1702년 2월, 4월과 6월에 바리뇽Varignon에게 보내는 편지들(GM, IV)이 라이프니츠의 이러한 복잡한 입장을 표현한다.

지만, 그러나 여기에서 물리적 실재성을 갖지는 않는다. 지각이 닮은 것 안에 미분법을 가정하는 것, 다시 말해 그것을 물리적 메커니즘으로 만드는 것은, 관습에 따르고 허구를 배가시키는 경우가 아니라면, 고려의 대상이 될 수 없다. 물리적 메커니즘은 무한히 작은 것의 흐름이며, 이때 이 무한히 작은 것들은 파도들의 자리옮김, 교차, 축적, 또는 분자적 운동들의 '협력'을 구성한다. 라이프니츠가 물체들의 본질적 특성들을 정의할 때 그는 두 가지를 지정한다. 무한히 작은 부분들에 의해서 무한히 줄어들 수 있는 역량, 그리고 항상 흐름 안에 있을 수 있는, 끊임없이 왔다가 사라지는 부분들을 가질 수 있는 역량.[34] 물리적 메커니즘은 차이소들에 의해 작동하지 않는다. 이것은 언제나 의식의 차이소들이다. 물리적 메커니즘은 운동의 소통과 전달에 의해 작동한다. "마치 던진 돌이 물에 만든 원들과도 같이." 바로 이런 의미에서, 물질은 기관들로 충만하며, 또는 기관들이 충만하게 물질에 속하는 것이다. 왜냐하면 기관들은 오로지 여러 파도 또는 광선의 수축이기 때문이다: 수용 기관의 고유한 점은, 수용된 진동들을 수축시킨다는 점이다.[35] 이것이 물리적 인과성 원리의 근저에 놓여 있다. 왜냐하면 이것은 무한히 많은 원인들의 효과를 한데 모으기 때문이다("충만한 pleine 원인과 전적인entier 결과의 동등성"). 그러므로 늘 외부적인 물리적 인과성과 늘 내부적인 정신적 인과성 사이에는 커다란 차이가 있다. 전자는 어떤 신체에서 이 신체에 효과를 미치는 모든 신체에게로 우주 안에서 무한히 나아간다(보편적인[우주적인] 유입[流入] 또는 상호작용의 체제). 그리고 후자의 경우에는, 각 모나드로부터 이 모나드가 모나드간의 모든 유입에 대해 독립적이면

34 *Nouveaux essais*, II, chap. 27, § 4: "그 영혼의 신체의 변형, 포괄, 전개, 그리고 끝으로 유율법이 존재한다." '유체의 운동'과 물에 던져진 돌맹이에 관하여, 소피 공주에게 보내는 편지, 1706년 2월, GPh, VII, pp. 566~67. '협력하는 운동'에 관하여, 하르트쇠케르에게 보내는 편지, GPh, III.
35 *Monadologie*, § 25: 자연은 "여러 광선 또는 여러 파동을 한데 모으고, 이렇게 통합함으로써 보다 많은 효력을 갖는 기관들을 제공하고자" 배려한다.

서 자발적으로 산출하는 우주의 지각의 결과들로 나아간다. 이러한 두 가지 인과성에는 두 가지 미분법, 또는 분리 불가능하지만 구분해야만 하는 미분법의 두 가지 양상이 대응한다: 하나는 지각의 심리-형이상학적 메커니즘을 지시하며, 다른 하나는 자극 또는 충격의 물리-유기적인 메커니즘을 지시한다. 그리고 이것들은 두 쪽의 절반과 같다.

이것은 의식적 지각이 신체에 의해 수축된 진동들과 닮는다는 것, 또는 의식의 문턱이 기관의 조건들에 상응한다는 것을 막지 않는다. 앞의 유비에서 출발하여 페히너의 물리-심리학이 발전시킨 것처럼 말이다. 의식을 통해 지각된 하나의 질은 유기체를 통해 수축된 진동들과 닮는다.[36] 모나드에 내부적인 차이적 메커니즘은 외부적인 운동의 소통과 전달의 메커니즘과 닮는다. 비록 이것들이 동일하지도 않으며 혼동되어서도 안 되겠지만. 진동들이 수용자와 맺는 관계는 물질 안에 미분법을 적용할 수 있게 해주는 극한들을 도입한다. 그러나 이 관계는 그 자체로 차이적이지는 않다. 미분법을 (유사성을 통해) 물질에 적용하는 것은 물질 안 도처에 수용 기관들이 현존하고 있는 것에 근거한다. 아마도 여기에서 라이프니츠와 뉴턴 각각의 미분법 해석과 관련되는 귀결들을 이끌어낼 수도 있을 것이다. 이들이 미분법을 같은 방식으로 구상하지 않았다는 것은 널리 알려진 사실이다. 그런데 크기를 발생시키는 운동이나 증가의 속도에 따라 그 크기를 규정하면서('유율법〔流率法〕'), 뉴턴은 흐르는 물질의 운동, 그리고 더 나아가 그것이 기관에 미치는 효과에 적합한 미분법을 발명한다. 그러나 이 유입된 양들이 구성하는 증가량 안에서 그 유입량들이 사라지는 것을 고려하면서, 뉴턴은 서로 다른 합성요소가 어디에 존속하는지 아는 문제를 건드리지 않고 내버려둔다. 그 반대로, 라이프니츠의 미분법은 '차

---

36 의식에 의해 지각된 질과 수용 기관에 의해 수축된 작은 운동들 사이의 유사성이라는 이러한 생각은 베르그송이 다시 발견하게 될 것이다: *Matière et mémoire*, "Résumé et conclusion."

이소들'의 상호적 규정 위에 정초되어 있으며, 오로지 영혼만이 작은 합성요소들을 보존하고 구분하는 한, 그것은 〈영혼〉과 완전히 분리 불가능하다.[37] 라이프니츠의 미분법은 정신적 메커니즘에 적합한 반면, 뉴턴의 미분법은 물리적 메커니즘에 적합하며, 이 둘 간의 차이는 수학적인 만큼이나 형이상학적이다. 라이프니츠의 미분법이 뉴턴의 미분법과 닮았다고 말해도 틀린 것은 아닐 것이다: 사실, 그것은 오직 유사성을 통해서만 물질에 적용될 수 있는데, 그러나 모델이 되는 것은 바로 유사자이며, 그것이 닮은 것, 즉 피유사자를 지배하는 것이 바로 유사자라는 점을 기억해야 한다.

연역은 두 단계를 지닌다. 하나는 모나드가 신체를 가져야 한다는 요구를 정립하는 것이며(일차적 물질 또는 제한-물질), 다른 하나는 이 요구가 어떻게 충족되는가를 보이는 것이다(이차적 물질 또는 흐름-물질). 지각된 것에서 신체로 나아가는 두번째 단계를 요약해보자: 1) 명석-애매한 지각은 진동들을 한데 모으는 물질적 수용자(收容者)들과 갖는 유사성의 관계를 나타낸다; 2) 이러한 수용자들은 기관들 또는 유기적 신체들이라고 불리고, 신체 안에 그것들이 무한하게 수용하는 진동들을 구성한다; 3) 신체들의 물리적 메커니즘(유율법)은 지각의 정신적 메커니즘(차이소들)과 동일하지 않지만, 후자는 전자와 닮았다; 4) 유사성이 모델이며, 필연적으로 신은 어떤 물질을 창조함에 있어 그 물질과 닮은 것〔지각된 것〕에 일치하도록, 즉 현행적으로 무한하게 진동하는 물질(무한하게 작은 부분들)을 창조하며, 그리고 수용 기관들은 이 물질 안 도처에 분배, 분봉(分封)된다; 5) 이렇게 해서 지각의 한 측면으로부터 다른 측면으로 나아간다. 여기에서 지각은 더 이상 단순히 세계의 표상자가 아니라, 기관들에 일치하는 대상의 재현이 된다. 요

---

37 소피 공주에게 보내는 편지(p. 570): "사실상 오직 자연만이 모든 인상을 수용하며 그것들로부터 하나의 인상을 합성합니다. 그러나 만일 영혼이 없다면, 물질이 수용한 인상들의 질서는 해명(解明)될 수 없고, 인상들은 혼합된 채로 있을 수밖에 없을 것입니다……이전 인상들이 구별되고 보관되는 곳, 바로 그곳에 영혼이 있습니다."

컨대 신은 모나드의 지각들에 상응하는 기관들 또는 유기적 신체들을 그 모나드에 제공한다. 그러므로 우리는 주름 이론의 전체를 이해할 수 있게 되었다. 지각의 작동은 영혼 안의 주름들을 구성하며, 모나드의 내부는 이 주름들로 완전히 뒤덮여 있다; 그러나 이 주름들은 어떤 물질과 닮았는데, 이 물질은 이제 외부의 겹주름들로 조직되어야만 한다. 우리는 앞서의 유비가 보여주는, 네 쪽으로 접힌 체계 안에 있게 된다. 왜냐하면 지각은 미세 지각들의 미시-주름들과 의식의 커다란 주름, 그리고 물질, 진동하는 작은 주름들과 수용 기관 위에서의 이것들의 증폭과 포개지기 때문이다. 영혼 안의 주름들은 물질의 겹주름들과 닮고, 이를 통해 그것들을 지배한다.

나는 명석하고 구별되는 표현 지대를 갖는다. 왜냐하면 나는 원초적인 독특성들, 나에게 운명으로 부여된 잠재적인 이상적 사건들을 갖기 때문이다. 여기에서 시작하여 연역이 도출된다: **나는 신체를 갖는데, 이는 내가 명석하고 구별되는 표현 지대를 갖기 때문이다.** 사실상, 내가 명석하게 표현하는 것은 때가 되면 내 신체와 관계하게 되며, 보다 가까이에서 내 신체, 주위, 상황 또는 환경에 작용하게 된다. 시저는 루비콘 강의 도하를 명석하게 표현하는 정신적 모나드이다: 그러므로 유체, 그리고 그 유체가 적시는 신체가 있다. 그러나 이 지점에서, 지각이 대상의 지각이 될 때, 모든 것은 별 무리 없이 역전될 수 있고, 나는 일상적 언어 또는 유사성의 습관적이고 경험적인 순서를 재발견할 수 있다: 나는 명석한 또는 특권적인 표현 지대를 갖는데, 이는 내가 신체를 갖기 때문이다. 내가 명석하게 표현하는 것, 이것은 내 신체에 일어나는 것이다. 모나드는 자신의 신체에 '따라,' 자신의 신체의 기관들에 따라, 다른 신체들이 자신의 신체에 미치는 작용에 따라 세계를 표현한다: "영혼 안에서 일어나는 것은 기관들 안에서 발생하는 것을 재현한다."[38] 그러므로 모나드는 '겪는다'라고 말할 수 있다. 사실 모나드는 자신으로부터 지각된 모든 것을 이끌어내지만, 마치 그 모나드의 신체에 작용하는 신체들이 그 모나드에 작용을 미치고 그 모나드의 지각들을 야기하는 듯이 나는 행위한다. 단순히 말하기의 방식인가, 아니면 인과성의 분석을 통해서만 해결될 수 있는 보다 심오한 문제인가?

38 *Monadologie*, § 25. 그리고 *Nouveaux essais*, II, chap. 21, § 72.

제8장 두 층

　　이미 청년 시절의 텍스트에서 라이프니츠는 유명론자들이 총체성을 집합적인 것으로밖에 이해하지 못한다고, 그리고 그렇게 함으로써 그 개념을 망친다고 비난한다: 그 개념의 내포는 분배적인 것이지 집합적인 것이 아니다. 양(羊)들은 집합적인 무리의 구성원들이지만, 인간들은 자기 자신과 관련해서 각자 합리적이다.[1] 그런데, 라이프니츠는 모나드들이 합리적인 존재들인 한에서 그들의 개념의 내포에 관련되듯이 세계와 관련된다는 것을 깨닫는다: 각각의 모나드는 자신과 관련하여 온 세계를 포함한다. 모나드들은 각자chacun, every이지만, 신체들은 하나one, 몇몇some 또는 어떤any 것들이다: 윌리엄 제임스와 러셀은 이후 이 차이를 크게 활용한다. 모나드들은 각자-전체chacun-tout 관계에 따르는 분배적인 단일성〔단위〕들이고, 신체들은 이것들-저것들les uns-les autres 관계에 따르는 집합적인 것들, 무리들 또는 결집체들이다. 따라서 두 층의 배분은 엄밀한 것으로 보이는데, 다음과 같은 이유에서 그러하다. 위층에선 합리적인 모나드들 또는 〈각자〉들이 있는데, 이는 서로 소통하지 않고 서로 작용을 미치지 않으며, 같은 내부 장식의 변화체들인 사적인 방들과 같다. 그 반면, 아래층에서는 신체들의 물질적인 우주가 발견되는데, 이는 끊임없이 운동을 소통시키고 파도를 전달하고 서로 작용을 미치는 〈공유들〉과 같다. 틀림

---

1 *Du style philosophique de Nizolius*(GPh, IV), §31: 집합적 전체, 그리고 판명한 또는 분배적 전체.

없이 여기에는 수렴이 있다. 왜냐하면 각각의 모나드는 세계의 전체를 **표현**exprimer하고, 하나의 신체는 무한에 이르기까지 '모든' 다른 신체들의 **인상** impression을 수용하기 때문이다.[2] 그러나 이 수렴은 전혀 상이한 길 또는 체제(體制)를 관통한다. 표현의 체제와 인상의 체제, 내재적인 수직적 인과성, 수평적인 타동적 인과성. 이것들을 간략하게 대조시킬 수 있다: 한 경우에는, 자유 또는 은총의 개념들이 중요하다; "자유로운 법령들," 목적인들과 "도덕적 필연성"이 중요하다(가장 좋은 것). 다른 경우에는, 우리는 자연의 개념들, 작용인들, 물리적 법칙들로서의 "하부의 규범들"과 관계하며, 또한 여기에서 필연성은 가설적이다(만일 어떤 것이 ⋯⋯이라면, 다른 것은 ⋯⋯이다).

단지 수렴이 있을 뿐만 아니라, 부분들간의 커다란 침식이 있다. 하부의 규범들은 자유로운 법령들의 부분을 이루며, 또한 모나드들이 이미 일차적인 '자연'을 형성하는 한, 어떤 규범들은 직접적으로 모나드들과 관계한다; 도덕적 필연성과 가설적 필연성은 하나가 되며, 또한 목적인들이 이 조건을 충족시키지 않는다면 작용인들은 결코 작용하지 않을 것이다.[3] 그럼에도 불구하고 앞서 무한소 계산법에서 보았듯이 확실히 두 개의 절반이 중요하다. 사실 만일 대상, 다시 말해 세계를 무한한 변곡을 가진 곡선의 원시 방정식처럼 간주한다면, 우리는 단순한 접선 규칙을 통해 **원초적인 힘들**로서의 모나드들 각자의 위치 또는 시선점을 얻게 된다. 그렇게 간주한다면, 또한 우리는 각각의 모나드가 자신의 시선점으로부터 모든 곡선을 표현하는 방식으로, 각 모나드 안에서 미세 지각들 사

---

2 *Monadologie*, § 61-62.

3 사실상, 신의 일차적인 자유로운 법령들은 세계 전체와 관계한다(도덕적 필연성); 그러나 각 모나드의 개별적인 자연, 그것의 명석한 지역은 하부의 규범들에 따른다(가설적 필연성: 만일 전체가 어떠하다면, 부분은 ⋯⋯). *Discours de métaphysique*, § 16, 그리고 *Remarques sur la lettre de M. Arnauld*, 1686년 5월 참조. 이런 의미에서, 「사물들의 근본적 기원*Origine radicale des choses*」이 보여주듯, 가설적 필연성은 물론 도덕적 필연성 안에 뿌리내리고 있다: 그리고 역으로 도덕적 필연성과 목적인들은 가설적 필연성의 연쇄에 스며들어 있다(*Discours de métaphysique*, § 19).

이에 현존하는 차이적 관계의 방정식을 추출해낸다. 그러므로 그
것은 대상의 일차적인 부분, 일차적인 계기이며, 지각된 것으로서
의 대상 또는 표현된 것으로서의 세계이다. 하지만 이제 초기 방정
식에 상응하는 또 다른 부분이 무엇인지 아는 문제가 남아 있다:
지각의 작용인들을 규정하는 것, 다시 말해 지각이 닮은 물질과 신
체들과 관계하는 것은 이제 순수 관계들이 아니라, 미분 방정식과
적분이다. 이러한 것이 대상의 두번째 계기이며, 이는 더 이상 표
현이 아니라 내용이다.[4] 이는 더 이상 법령들이 아니라, 이차적인
자연의 규범들 또는 경험적인 법칙들이다. 이는 더 이상 변곡의 독
특점들이 아니라, **극점들의 독특점들**인데, 왜냐하면 곡선은 지금,
그리고 오로지 지금으로서는 극소나 극대를 규정하도록 허용하는
좌표계와 관계하기 때문이다. 이는 더 이상 변곡과의 관계하에서
모나드들의 위치를 정의하는 오목 벡터들이 아니라, 중력의 중심
의 가장 아래쪽에 신체의 평형 위치를 정의하는 중력 벡터들이다
(수곡선[垂曲線][5]). 이는 더 이상 차이적 관계들에 의한 상호적 규
정이 아니라, 극대나 극소에 의한 대상의 완결된 규정이다: 정해
진 길이로 가능한 한 가장 넓은 평면의 경계를 긋는 선의 형태를
발견하는 것, 주어진 윤곽에 의해 경계가 그어지는 최소 면적의 표
면을 발견하는 것. 물질 안 곳곳에서, '극소와 극대'의 계산법은
작용과의 관계하에서의 운동의 변용을, 반사 또는 굴절과의 관계
하에서의 빛의 진로(進路)를, 조화 주파수와의 관계하에서의 진동
들의 전달을 규정하도록 하며, 덧붙여 또한 수용자들의 조직화, 그
리고 탄력적이고 조형적인 모든 종류의 **파생적인 힘들**의 평형의 일
반적 확산 또는 배분을 규정하도록 한다.[6]

---

4 헤겔은 무한소 계산법의 적용이 '대상'의 두 부분 또는 계기의 구분을 함축한다는 것을
보여주고, 또한 라그랑주Lagrange가 이를 명백하게 보여주었음을 높이 평가한다:
Science de la logique, Ed. Aubier, II, pp. 317~37.

5 수곡선: 쇠사슬의 양끝을 벽에 매달았을 때, 가운데가 아래로 처지면서 생기는 곡선 모
양(옮긴이).

6 *Essai anagogique dans la recherche des causes*(GPh, VII). 모리스 자네Maurice Janet는

이는 마치 세계의 방정식이 두 가지 미분법의 형식하에서 두 번 그려져야만 하는 것과도 같다. 한번은 다소간 판명하게 그것을 인식하는 정신들 안에서이고, 다른 한번은 그것을 실현하는 자연 안에서이다. 그리고 아마도 이 두 가지 미분법은 서로 연관되어 있거나 또는 서로 연속되어 있고, 서로 상보적이고 또 동질화되어 있어야 한다. 이런 이유에서, 라이프니츠는 극대와 극소의 계산법을 통해 이미 작동하고 있는 것으로서 세계 또는 모나드들의 선택을 제시할 수 있다; 두 절반의 차이는 그럼에도 불구하고 여전히 남아 있다. 왜냐하면 한 경우에서는 존재의 양의 극대를 규정하는 것이 차이적 관계들인 반면, 다른 경우에서는 방정식 안의 관계들을 규정하는 것이 극대(또는 극소)이기 때문이다. 라이프니츠에게 독특한 것이 얼마나 다양한지 우리는 앞서 보았다: 확실히 극점들의 특성들이 자연 안의 선택된 세계의 구성을 규제하지만, 이 선택 자체가 우선 **다른 특성들**, 변곡을 지시하며, 이것은 수렴하는 수열의 극한이 존재한다는 특성처럼 상위의 수준에서 집합의 형성을 가능케 한다.[7] 거대한 방정식, 세계는 그러므로 두 수준, 두 계기 또는

극점의 가장 중요한 특성들에 대해 분석한다: *La finalité en mathématiques et en physique*, Recherches philosophiques, II. '최급강하선brachystochrone' 의 문제는, 라이프니츠가 종종 다루기도 하였는데, 극점의 문제이다('최소 경사도'). 마찬가지로, 뉴턴의 『수학 원리*Principia mathematica*』 안에서는 첨두아치의 문제가 그러하다(액체 안에 있는 투사체의 가장 좋은 형식).

7 알베르 로트망Albert Lautman은 자네의 주제들을 분석한 후에, 극점들의 극한, 또는 두 유형의 특성들 사이에 있는 본성상의 차이를 훌륭하게 지적한다: "선별을 가능케 하는 특성들이 극대나 극소의 특성들인 한에서, 이 특성들은 획득된 존재에 단순성의 이점을 흡사 목적성의 외양인 양 부여한다. 그러나 다음을 고려할 때에 이러한 외양은 사라진다. 실존으로의 이행을 보증하는 것은 문제의 특성들이 극점의 특성들이라는 사실이 아니라, 그것들이 규정하는 선별이 고려되고 있는 구조의 집합에 의해 함축되어 있다는 사실이다…… 이것을 구별짓는 예외적인 특성은 더 이상 극점의 특성이 아니라, 수렴하는 수열의 극한이 있다는 특성이다……" (*Essai sur les notions de structure et d'existence en mathématique*, 10-18, chap. VI, pp. 123~25). 라이프니츠가 「사물들의 근본적 기원」에서 가장 좋은 세계의 선별을 극점의 특성과 비슷하게 생각하는 것은 사실이다; 그러나 이는 공간을 모든 가능 세계에 공통적인 텅 빈 '수용성'으로 간주하고, 이것으로 최대의 장소를 채워야만 하는 허구와 맞바꾸는 것이다. 사실, 우리는 공존 불가능한 집합들의 구분이 더 이상 극점들의 특성이 아니라 반대로 계열의 특성들 위에 기초를 두고 있음을 보았다.

184

주름, 라이프니츠와 바로크

두 절반을 갖는다. 하나에 의해 세계는 모나드들 안에 포괄되어 있거나 접혀 있고, 다른 하나에 의해 세계는 물질 안에 얽혀 있거나 또는 되접혀 있다. 만일 이 둘을 혼동한다면, 수학적인 것 못지않게 형이상학적으로도 체계 전체는 무너지게 된다. 위층에서 우리는 좌표 없이 다양한 곡률을 가진 하나의 선, 무한한 변곡을 가진 곡선을 보았으며, 여기에서 오목함의 내부 벡터는 각 분지(分枝)마다 무중력 상태의 개체적 모나드들의 위치를 표시한다. 하지만 아래층에서는 좌표들은 극점들을 규정하고, 극점들은 형태들의 안정성을 정의하고, 형태들은 덩어리들을 조직하고, 덩어리들은 중력 또는 최대 경사도의 ′외부 벡터를 따라가는 것, 우리는 이러한 것들을 갖는다: 어떤 유체의 저항을 최소한으로 마주치는 데 적합한 형태를 실현하는 것은 앞서 변곡과 대칭에 놓인 것으로서의 첨두아치였다.[8] 당연히 이것은 바로크 집의 조직화, 그리고 그것이 두 층으로 배분되는 것이다. 전적으로 개체적인 무중력 상태에 있는 한 층과 덩어리의 중력 상태에 있는 한 층, 그리고 전자가 상승하거나 또는 다시 떨어질 때 이 둘의 긴장, 정신적인 상승과 물리적인 중력.

레이몽 뤼이에(라이프니츠의 위대한 제자들 중 가장 최근의 인물)는 "참된 형상들"을 형태들과 구조들에 대비시킨다.[9] 형태들은 좌표축들을 지시하는 함수들이고, 구조들은 차례차례 질서가 부여되는 상대적인 위치들을 지시하는 작동들이다. 이때 이것들은 지배관계가 있을 때에도 평형 상태와 수평적 연관을 따라간다. 그러나 형상들은 소위 실체적인 또는 개체적인 것들로서, 수직적인 절대적 위치들, 절대적인 표면들 또는 부피들, '비행(飛行)'의 단일한 영역들이다. 그리고 이것은 형태들처럼 스스로 자신을 감지(感知)

---

8 Bernard Cache, *L'ameublement du territoire* 참조. 여기에서 두 층은 명확하게 구분된다 (변곡-극점들, 오목 벡터들-중력 벡터들).

9 Raymond Ruyer, 특히 *La conscience et le corps, Eléments de psychobiologie, Néofinalisme*, PUF, 그리고 *La genèse des formes vivantes*, Ed. Flammarion 참조.

하기 위한 보충적인 차원을 함축하지 않고, 또한 구조들처럼 앞서 실존하는 정위 가능한 연관들에 의존하지 않는다. 이것들은 영혼들, 모나드들, '위로 상승하는 자들'이며, '자기-비행' 중에 있다. 이것들은 수직적 차원에서 자기 자신에 현존하면서, 거리를 취하지 않고 스스로 비행하는데, 지각을 설명해줄 수 있는 대상들이나 지각된 대상을 감지할 수 있는 주체들이 아니라, '자기-향유'의 과정 안에서 자신을 가득 채우는 모든 것을 스스로 감지하는 절대적 내부성들이다. 이때 이것들은 이 수준에서는 개입하지 않는 수용기관들과 물리적 자극들과는 무관하게, 유일한 면을 가진 이 내적 표면 위에서 자신들이 함께 현존하는 지각된 것 전체를 자신들로부터 끌어낸다. 만일 절대적 형상이 스스로 자신을 볼 수 없다면, 그리고 이를 통해 그 형식이 동시에 발견되는 모든 측면에서 자신의 영역의 세부적인 것들을 모두 볼 수 없다면, 내 눈들은 세번째 눈을 지시하게 되고, 또 그것은 다시 네번째 눈을 지시하게 될 것이다: 정위 불가능한 연관들. 이 참된 형상들은 단지 살아 있는 유기체들을 말할 뿐만 아니라, 물리-화학적인 입자들, 분자, 원자, 광자(光子)를 말한다. 작동하는 것으로는 만족하지 않고 끊임없이 "자신을 형성하는" 지정 가능한 개체적 존재들이 있을 때마다 그러하다. 그러므로 문제는 생기론[10]이 아니다. 비록 형상들의 내부 다양체가 유기체와 비유기체 사이의 차이들을 설명해준다고 할지

10 생기론vitalisme: 생기론은 생명에 대한 이해와 관련해 데카르트식의 기계론과 대립한다. 기계론은 생명이 물리적·화학적 현상들을 통해 설명될 수 있다고 간주하는 반면, 생기론은 유기체와 영혼에 특정한 생명의 원리가 존재한다고 주장한다. 즉, 생기론에 따르면, 비유기체와 다르게 유기체에는 근본적인 생명력이 부여되어 있으며, 생명체는 모든 유기적 활동을 이에 의존한다는 것이다. 이러한 학문적 입장은 17세기의 반 헬몬트로부터 시작되어 18세기 몽펠리에 학파에 의해 보다 정교화되었다. 본문에서 들뢰즈는 라이프니츠 또는 뤼에의 입장이 생기론에 머무르는 것이 아님을 지적하고 있다. 그러나 다른 한편으로, 들뢰즈는 다른 곳에서 자신의 철학이 "생기론적인vitaliste" 것이라고 말하기도 하는데(*Pourparlers*, p. 196), 우리는 여기에서 이 말에 새로운 의미가 부여되었음을 이해할 수 있다. 이것은 차이 안에서 자신을 전개하는 일의적 존재, 속도와 강렬함의 다양체로 구성되는 내재성의 평면, 다양한 사건과 기호를 방출하는 하나의 〈삶〉une VIE을 사유하는 것임을 의미한다(옮긴이).

라도 말이다. 어쨌든, 참된 또는 절대적 형상들은 원초적인 힘들이
며, 본질적으로 개체적이고 능동적인 일차적 통일성들이다. 이것
들은 잠재적인 혹은 잠세적인 것을 현실화시키며, 점진적으로 규
정됨 없이 서로서로에게 일치한다.

게슈탈트 이론은 물리적 구조에 대해서만큼이나 지각된 형태들
에 대해서 전체의 작용과 극점들의 역학적인 평형들의 작용을 내
세우면서 자신이 이러한 형상들에 도달했다고 믿어왔다. '비누방
울' 같은 유형은 접촉의 단순한 작용들, 점진적인 메커니즘들과 앞
서 실존하는 연관들을 넘어서게 해준다는 것이다(예를 들면, 장력
최소의 법칙은 특별한 전도체의 가정 없이 중심와(中心窩)의 고정을
설명해준다는 것이다). 그러나 아마도 이 게슈탈트는 뉴턴주의자들
의 거대한 시도를 목격하게 될 텐데, 그들이 고전 역학을 넘어서기
위해서 인력과 장(場)의 개념을 정교하게 다듬기 시작할 때 그러
하다. 그런데 이러한 관점에서, 라이프니츠와 뉴턴의 대립은 단지
진공에 대한 비판만으로 설명되지 않는다. 그 대립을 설명하는 것
은, 라이프니츠도 기꺼이 그 특수성을 인정한 '인력'의 현상들(자
기, 전기, 휘발성)이 그럼에도 불구하고 본성상 접촉의 메커니즘
또는 점진적인 메커니즘들의 질서를 넘어서는 것처럼 보이지 않는
다는 점이다('압력' '충격').[11] 장력이 무한히 작아지는 감소에 의해
순간적으로 만들어진 궤적은 미리 형성된 길, 궤도 또는 관로(管
路) 못지않게 점진적으로 작동한다; 가능한 모든 공간이 파군(波
群)에 의해 점진적으로 메워지는 것은 그에 못지않게 유체 안의
접촉의 작용들을 함축한다. 유기체적 현상들을 설명하기 위해 톰

11 라이프니츠는 제곱에 반비례하는 중력 법칙과 관련하여 뉴턴에게 동의를 표하지만, 그
러나 인력은 유체들과 "이것들의 충격들"의 특별한 경우를 통해서 충분히 설명된다고
생각한다(구심력이 도출되는, 행성들의 조화로운 회전). 이것은 모두 중력 벡터의 형성
에 관한 이론이다: *Essai sur les causes des mouvements célestes*, GM, VI; 그리고 자기력
과 관련하여서 Ed. Dutens, II. '인력-충격' 양자택일에 관하여, 더 나아가 뉴턴의 경우
에 관하여는, Koyré, *Etudes newtoniennes*, Gallimard, pp. 166~97. 반어가 없지 않지
만, 코이레는 뉴턴식의 인력을 점진적인 작용과 화해시키기 위해 *Essai*의 중요성을 강조
한다("라이프니츠는 호이겐스가 성공하지 못했던 것을 해냈다……" p. 166과 p. 179).

슨이 최근 내세운 극점의 법칙은 여전히 연장(延長) 내의 길들을 함축하며, 이 길들은 설명되어야 할 형상들을 가정하면서만 비교할 수 있는 것이다. 간단히 말해, 여기에서 우리는 능동적인 일차적 통일성들에 다가서지 못하고, 그 반대로 비행하지 못하면서 연장 안에, 그리고 충족 이유 없는 연관들 안에 머물러 있게 된다. 라이프니츠가 뉴턴에 반대해서 요구한 것(뤼이에가 게슈탈트 이론가들에 반대해서 그러한 것처럼)은 참된 형상의 확립이다. 이것은 외형적인 전체나 현상적인 장으로 환원될 수 없는데, 왜냐하면 그 형상이 들어가는 위계 질서 안에서조차도 그것은 자신의 세부사항들의 구별과 자신의 고유한 개체성을 유지해야만 하기 때문이다. 물론, 절반의 전체만큼이나 부분들이, 인력만큼이나 압력이 중요하며, 역학(力學)적 평형들과 동학(動學)적 평형들, 극점의 법칙들과 접촉의 법칙들, 파(波)와 도관(導管), 배위자와 접착제는 커다란 중요성을 지닌다. 이것들은 필수불가결한데, 그러나 단지 수평적인 이차적인 연관들을 구성할 뿐이며, 하부의 규범들을 좇아간다. 이때 **일단 구조들과 형태들이 형성되면**, 그 하부의 규범들에 따라 구조들은 작동하고 형태들은 정돈되거나 또는 연쇄된다. 여기에 만일 목적성이 있다면, 그것은 오직 메커니즘이 실현하는 목적성이다.

이 모든 법칙들은 흡사 통계학적인 것인데, 왜냐하면 이것들은 집합들, 축적(蓄積)들, 유기체들에 관여하며, 더 이상 개체적 존재들에 관여하지 않기 때문이다. 따라서 이것들은 개체적 존재들의 원초적 힘들을 표현하지 않는다. 이것들은 덩어리들 안에 파생적 힘들, 즉 탄성력, 인력, 조형력을 분배하며, 이때 이 힘들이 각 경우에서 물질적 연관들을 규정한다. 그러므로 커다란 차이는 유기체와 비유기체 사이를 지나가는 것이 아니라, 개체적 존재인 것과 덩어리나 무리의 현상인 것, 절대적 형상인 것과 그램분자적 덩어리 형태나 구조인 것을 구별하면서 유기체와 비유기체 모두를 가로지른다.[12] 이것은 두 층 또는 계산법의 두 측면이다. 위에는 개체적 존재들과 참된 형상들 또는 원초적 힘들; 아래에는 덩어리들과 파생적 힘들, 형태들과 구조들. 그리고 개체적 존재들은 아마도 최종적이고 충분한 이유들일 것이다: 최종 심급에서 집합들, 상이한 유형들의 집합을 합성하는 것은 그것들의 형상들 또는 원초적인 힘들, 이 형상들의 위계질서, 일치 그리고 다양성이다. 그럼에도 불구하고 아래층은 환원될 수 없는데, 왜냐하면 이 층은 합성요소들의 개체성이 상실됨을 함축하며, 또한 물질적인 또는 이차적인 연관의 힘들을 합성된 집합들의 유형들에 관계시키기 때문이다. 하나의 층이 다른 층 위에 접혀 있다는 것은 확실하다. 그러나 무엇보다도 그 각각은 전혀 다른 주름의 방식을 내포한다. 산맥이 접혀 있는 방식과 유전자 사슬 또는 더 나아가 낭배(囊胚)가 접혀 있는 방식은 같지 않다. 여전히 이 예는 유기체와 비유기체 위에 놓여 있다. 근본적으로 구분되어야 하는 것은 다음이다. 스스로 변용시키는 상대적인 표면의 어떤 것을 언제나 가리려는 물질의 겹주름들, 그리고 그 반대로 그 모든 변용들과 함께 현존하는 절대적인 표면의 세부를 자신에게 드러내는 형상들의 주름들.

아래층은 왜 단순한 가상apparence이 아닌가? 그것은 세계, 세계의 얽혀 있는 선이 모나드들 안에서 현실화되는 하나의 잠재적인 것과 같기 때문이다: 세계는 각자 자신의 고유한 관점, 자신의 고유한 표면 위에서 그 세계를 표현하는 모나드들 안에서만 현실성을 지닌다. 그러나 잠재적-현실적이라는 쌍이 이 문제 전부를 해명하는 것은 아니며, 전혀 다른 두번째 쌍, 가능적-실재적이라는 쌍이 존재한다. 예를 들어, 신은 무한히 많은 가능 세계들 중 하나의 세계를 선택한다: 다른 세계들도 각 세계를 표현하는 모나드들 안에서 동등하게 자기 나름의 현실성을 지닌다. 죄를 짓지 않은 아담 또는 루크레티아를 능욕하지 않은 섹스투스. 그러므로 가능한 것으로 머물러 있으면서 명백히 실재적이지 않은 현실적인 것

12 Ruyer, *La genèse des formes vivantes*, p. 54, p. 68.

이 있다. 현실적인 것은 실재적인 것을 구성하지 않으며, 그것 자체가 실재화되어야만 하며, 그리고 세계의 실재화라는 문제가 세계의 현실화라는 문제에 덧붙여진다. 신은 '실존케 하는 자 existentifiant'인데, 이 〈실존케 하는 자〉는 한편으로 〈현실화하는 자Actualisant〉이고, 다른 한편으로 〈실재화하는 자Réalisant〉이다. 세계는 모나드들 또는 영혼들 안에서 현실화되는 하나의 잠재태이고, 또한 물질 또는 신체들 안에 실재화되어야만 하는 하나의 가능태이다. 실재성의 문제가 신체들과 관련하여 제기된다는 점이 이상하다고 누군가 반론을 제기할 수도 있을 것이다. 신체가 비록

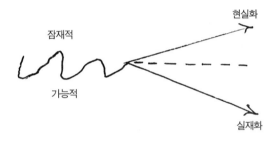

가상은 아닐지라도 그것은 단순한 현상phénomène인데 말이다. 그러나 엄밀히 말해 현상이라는 것은 모나드 안에서 지각된 것이다. 지각된 것과 어떤 것 = x의 유사성에 힘입어 우리가 우리의 내적 지각들이 상응하는 그러한 방식으로 서로서로에게 작용하는 신체들이 없는지 물어볼 때, 여기에서 우리는 현상의 실재화라는 문제, 내지는 더 나아가 지각된 것을 '실재화하는 자'의 문제, 다시 말해 현실적으로 지각된 세계가 객관적으로 실재하는 세계, 객관적인 자연으로 변형되는 문제를 제기하게 된다.[13] 실재화하는 것이 신체가 아니라, 어떤 것이 실재화되는 일이 신체 안에서 일어나고,

13 현상들 또는 지각된 것들이 영혼 밖에서 '실재화' 되는 이 문제를 제기하는 것은 데 보스와의 서신이다. '실재화하는 자' 에 관해서는 1715년 4월 편지.

이를 통해 신체 그 자체가 실재적인 혹은 실체적인 것이 된다.

현실화의 과정은 분배를 통해 작동하는 반면, 실재화의 과정은 유사성을 통해 작동한다. 이는 특별히 민감한 지점을 건드린다. 왜냐하면 만일 세계가 모나드들 안의 현실화와 신체들 안의 실재화라는 이중의 과정 안에서 파악된다면, 그리고 세계 자체가 이 과정들로 구성된다면, 어떻게 세계를 스스로 현실화하고 실재화하는 것으로서 정의할 수 있는가? 우리는 우리 자신이 여러 사건들 앞에 서 있음을 발견한다: 아담의 영혼은 현실적으로 죄를 짓는다(목적인에 따라), 그리고 또한 그의 신체는 실재적으로 사과를 흡수한다(작용인에 따라). 나의 영혼은 현실적인 고통을 겪고, 나의 신체는 실재적인 구타를 당한다. 하지만 고유한 실재화와 고유한 현실화, 이것 밖에서는 실존하지 않음에도 불구하고 이것들로부터 동시에 구분되는 사건의 그러한 비밀스런 몫이란 도대체 무엇이란 말인가? 예를 들어, 죽음의 외부적 실재성도 아니고 영혼 안의 내면성도 아닌 그러한 죽음. 우리가 앞서 보았듯이, 이것은 이상성으로서의 순수한 변곡, 중립적인 독특성, 비수동적인 만큼이나 비물체적인 것이다. 블랑쇼처럼 말하자면, 그것의 수행이 현실화시킬 수 없고 그것의 실현이 실재화할 수 없는 "사건의 몫"이다.[14] 이것은 모든 표현의 '표현될 수 있는 것'이고, 모든 실재화의 '실재화될 수 있는 것,' 〈그토록 큰 사건〉이다. 이 큰 사건은 영혼과 신체가 동등해지고자 시도하는 대상이지만, 그러나 그것은 끊임없이 일어나고 멈춤 없이 우리를 기다린다: 순수 잠재성과 순수 가능성, 스토아 학파의 〈비물체〉식의 세계, 순수한 술어. 중국의(또는 일본의) 철학자가 말한 것처럼, 세계는 〈원(圓)〉, 사건들의 순수 '저장고'이고, 그 사건들은 하나하나씩 각각의 자아 안에 현실화되고 사

---

14 모리스 블랑쇼에게 빈번하게 나타나는 주제: *L'espace littéraire*, Gallimard, pp. 160~61 참조. 이러한 사건의 개념은 중국과 일본의 어떤 전통에 가까이 다가선다. 르네 드 세카티René de Ceccatty와 나카무라Nakamura가 번역하고 주석을 단 *Shôbôgenzô, La réserve visuelle des événements dans leur justesse*, 승려 Dôgen(13세기) 지음, Ed. de la Différence.

물들 안에 실재화된다. 라이프니츠의 철학은, 아르노에게 보내는 편지에서처럼, 물질적인 우주와 관련해서만큼이나 정신적인 모나드들과 관련해서도 그만큼 세계의 이상적인 선재(先在)성을 요구하며, 또 그만큼 사건의 말없고 불안한 몫을 요구한다. 우리가 말할 수 있는 사건이란, 그 사건을 표현하는 영혼들과 그 사건을 실현하는 신체들 안에 이미 들어온 사건들뿐이지만, 이것들로부터 벗어나 있는 그러한 몫이 없다면 우리는 영혼과 신체에 들어온 사건들에 대해 전혀 말할 수도 없을 것이다. 매우 어렵다 할지라도, 우리가 해전(海戰)을 생각할 때에는 그것을 인도하는 영혼들과 그것을 실행하는 신체들을 넘어서는 잠재적인 것에서부터 출발하여 생각해야만 한다.

영혼들만큼이나 물질적 우주가 표현적이라고 이야기할 수 있는 것은 바로 세계와의 관련하에서이다: 영혼들은 현실화하면서 표현하고, 물질적 우주는 실재화하면서 표현한다. 물론 이들은 매우 상이하고 실재적으로 구분되는 두 가지 표현 체제이다. 왜냐하면 하나는 분배적이고 다른 하나는 집합적이기 때문이다: 각 모나드는 다른 것들과 무관하게 유입(流入) 없이 자기 나름대로 온 세계를 표현하는 반면, 신체 전체는 다른 것들의 인상과 유입을 받아들이며, 여기에서 세계를 표현하는 것은 신체들의 집합이자 물질적 우주이다. 예정 조화는 그러므로 우선은 두 체제간의 일치로서 나타난다. 그러나 이 두 체제는 두번째 차이를 갖는다: 영혼의 표현은 전체에서 개별자로, 즉 온 세계에서 특권 지대로 나아가는 반면, 우주의 표현은 부분에서 부분으로, 가까운 곳에서 먼 곳으로 나아간다. 하나의 신체가 영혼의 특권 지대에 상응하고, 또 다른 모든 것들의 인상을 점진적으로 겪는 한에서 말이다. 이러한 관점에서, 하나의 영혼이 자신의 특정한 지역 안에서 표현하는 것을 자신의 측면에서 자신의 주변과 더불어 표현하는 **하나의 신체**가 언제나 존재하며, 또한 예정 조화는 영혼과 '그것의' 신체 사이에 있다. 하지만 "모나드의 신체," "그것의 신체"라고 말할 수 있게 해주는 것은 무엇일까? 모나드는 언제나 매 각각un Chacun, Every 인 데 반해, 신체는 언제나 하나의 신체, 단 하나un corps, un One 인데 말이다. 실재적 구별과 층 또는 체제의 차이에도 불구하고, 하나의 신체가 각 모나드에 귀속되는 것을 정초하는 것은 무엇인가? 단 하나가 하나임을 멈추지 않으면서 그 각각에 귀속되어야만 한다. 요컨대 예정 조화는 말브랑슈의 기회 원인설 또는 스피노자의 평행론과 그 자체로도 구분될 뿐만 아니라, 그 결과에 있어서도 구분된다: 예정 조화는 영혼과 신체의 통일, 현신(現身) 또는 "무매적인 현존"이라는 문제를 대체하기는커녕, 이 문제를 더욱더 필연적인 것으로 만든다. 이것이 전자의 측면에서 후자의 측면으로 이행하기 위한 것이라고 할지라도 말이다.[15] 확실히, 조화는 각 영혼과 물질적 우주 사이의 상응을 설명하지만, 그러나 그것이 영혼과 신체 사이의 상응을 내세울 때에는 이를 신체 안의 어떤 관계를 통해서 설명할 수는 없다. 왜냐하면 이러한 관계는 미리 전제된 귀속관계를 상정하기 때문이다. 이 문제가 해답을 찾게 되는 것은 오직 귀속 이론의 수준에서이다: '귀속되다'가 말하려는 것은 무엇인가, 그리고 하나의 신체가 각 영혼에 귀속된다는 것은 어떤 의미에서인가?

후설은 『데카르트적 성찰』의 마지막에서 정당한 권리를 가지고 라이프니츠를 원용한다. 사실 그는 전적으로 귀속 이론을 전개하는데, 이것은 라이프니츠가 진술한 중요한 세 계기를 다시 받아들인다: 모나드, 이것은 구체적인 충만함 안의 〈자아 Ego〉, "귀속의

---

15 라이프니츠는 영혼과 신체의 통일이, "무매개적인 현존"에 의해 정의되는데, 조화와는 구분된다고 종종 강조한다: *Théodicée*, discours § 55 ; *Remarque*······ sur un endroit des *Mémoires de Trévoux*(GPh, VI, pp. 595~96) ; 레몽Rémond에게 보내는 편지, 1715년 11월(GPh, III, p. 658). Christiane Frémont, *L'Etre et la relation*, Ed. Vrin, p. 41의 주석 참조. *Système nouveau de la Nature*, § 14, 이것은 두 문제의 연관, 그리고 하나에서 다른 하나로의 이행을 나타낸다. 확실히, 말브랑슈의 기회 원인설 또한 현신(顯身)을 원용하지만, 그러나 그것은 신앙의 신비로서 그러하다. 그것이 이따금 이렇게 표현되는 경향이 있긴 하지만, 라이프니츠는 현신의 문제를 최소한 인간의 수준에서 이해될 수 있고 해결될 수 있는 것으로 간주한다.

범위," 그것의 소유물의 범위와 관계된 자아이다; 그러나 자아, 모나드, 나는 나에게 귀속되는 것의 범위 안에서 나에게 귀속되지 않는, 나에게 낯선 어떤 사물의 표시를 발견한다; 나는 낯선 것과 자아 자신이 귀속되는 객관적 자연을 이렇게 구성할 수 있다. "나에게 귀속되는 것은 무엇인가?"라는 일차적인 물음에 대해 라이프니츠는 이후에 후설이 그렇게 할 것처럼 앞서 대답한다: 그것은 우선 자아의 사유, 코기토이며, 또한 내가 다양한 사유들, 변화하는 나의 모든 지각들, 포함된 나의 술어들, 지각된 것으로서의 온 세계를 갖는다는 사실이다; 그리고 또한, 그것은 내가 명석하게 표현하는 세계의 지대, 나의 특별한 소유물이다; 그리고 더 나아가, 그것은 신체를 갖는 것의 요구로서 내가 소유하는 일차적인 물질이다. 그리고 마지막으로 그것은 신체, 하나의 신체이며, 나는 그 요구를 충족시켜줄 하나의 신체를 갖게 된다. 이상은 우리가 앞서 보았던 것과 같다: 내가 무매개적으로 '현존'하고, 내가 무매개적인 방식으로 사용하고 내가 지각된 것을 그에 일치시키는 유기적 신체(나는 기관들을 가지고, 손을 가지고, 눈을 가지고 …… 지각한다). 거기에 내 소유물들의 목록이 있다: 마지막 것은 다른 나머지 모두와 구별된다. 왜냐하면 그것은 외래적이기 때문에, 신체는 나의 모나드 안에 있지 않기 때문이다. 라이프니츠와 후설 사이에 있을 법한 커다란 차이를 이미 정확하게 말할 수 있다: 후설이 "나의 고유한 신체로부터 통각적인 전이(轉移)에 의해" 다른-자아, 다른 모나드로서 낯선 것을 발견하는 것은 신체의 수준에서이다. 라이프니츠에게는 사정이 다르다. 그에게서 모나드들의 다수성은 이전 단계에서 발견되었다: 사실 나의 명석한 지대 혹은 나의 방에서 벗어나지만 그럼에도 내가 포함하고 있는 모든 것, 내 안에 어둡게 또는 애매하게 남아 있는 모든 것은 다른 모나드들의 부정적인 이미지와도 같다. 왜냐하면 다른 모나드들은 그것을 자신들에게 명석한 지대로 만들기 때문이다. 그 결과 이미 모나드들의 공동체가 있고, 그리고 그것들 각자의 명석한 지대들 전체에 의해 구성된 일차적인 자연이 있으며, 이것은 나타나기 위해 신체들을 필요로 하지 않는다. 확실히, 어떤 모나드도 다른 모나드들을 함유하지 않지만, 나의 내부적 소유물들은 내가 내 안에서, 나의 어두운 바닥에서 그 그림자를 발견하는 낯선 것들의 표시를 충분히 내포한다. 왜냐하면 내 안에 있는 애매한 것은 모두 어떤 **다른** 모나드 안에서 명석한 것으로 끌어내어질 것이 틀림없기 때문이다. 라이프니츠에게는 그러므로 만일 낯선 것과의 마주침이 신체의 수준에서 발생한다면, 그것은 다른-자아와 더불어 그런 것이 아니라, 더욱 예기치 못한 어떤 것과 더불어 그러하며, 이것이 두번째 자연을 구성한다.

    나는 하나의 신체를 갖고, 하나의 신체가 나에게 귀속된다: 어떻게 나의 모나드는 자신 밖에, 아래층에, 외래적인 소유물을 가질 수 있는가? 라이프니츠의 본질적인 테제 중 하나는 실재적 구별과 분리 불가능성을 동시에 정립하는 데에 있다: 두 사물이 분리될 수 있는 것은 그 두 사물이 실재적으로 구별되기 때문이 아니다. 바로 여기에서 〈조화〉와 〈통일〉이 배분되는 원리가 발견된다: 영혼과 신체의 예정 조화는 이들의 실재적 구별을 규제하는 반면, 통일은 이들의 분리 불가능성을 규정한다.[16] 내가 죽을 때조차 내 모나드는 내 신체로부터 분리되지 않으며, 이때 신체의 부분들은 말려들어가는 것으로 그친다. 앞서 보았듯, 나의 모나드는 그것이 지각하는 '유사성'을 지닌 하나의 신체를 갖지 않고서는 그 자체로 지각하지 않는다. 유사성의 질서의 일반성에 힘입어, 그것은 하나의 유(類)적인, 종(種)적인, 유기적 신체이다: 인간의 신체, 또는 말, 개의 몸체…… 하나의 신체를 갖기라는 요구는 물론 개체적이지만, 이 요구를 충족시킬 신체는, 최소한 직접적으로는 그렇지 않다. 라이프니츠는 종종 이 점을 강조한다: 신이 영혼에 신체를 부여할 때에는 반드시 그 신체에 기관들을 제공한다. 그런데 유기적,

---

16 *Théodicée*, Discours § 55: "나는 영혼이 신체의 법칙을 바꾸지도, 신체가 영혼의 법칙을 바꾸지도 않는다고 생각하며, 이 혼란을 피하기 위해 예정 조화를 도입하지만, 그럼에도 불구하고 앞잡이 역할을 할 영혼과 신체의 진정한 통일을 허용하지 않을 수 없다."

종적인 또는 유적인 신체를 만드는 것은 무엇인가? 아마도 그것은 무한한 분할에 적합하도록, 덩어리들 또는 집합들의 본성에 적합하도록, 무한히 많은 현실적인 물질적 부분들로부터 만들어질 것이다. 하지만 이 무한한 부분들이 작은 모나드들의 무리, 심장, 간, 무릎, 눈, 손의 모나드들로부터 분리 불가능하지 않다면(이런저런 무한에 상응하는 그들의 특권 지대에 따라), 이번에는 그것들이 기관들을 구성하지 못할 것이다: 그 자체로 '나의' 신체의 물질적인 부분들에 귀속되고, 또 나의 신체가 귀속되는 모나드와 혼동되지 않는 동물적 모나드들. 이것들은 오로지 유기적, 종적인 또는 유적인 나의 신체의 요건일 뿐이다; 그리고 이 물질이 사유 또는 지각하는지는 물을 필요가 없으며, 지각할 수 있는 작은 영혼들로부터 분리될 수 있는지 아닌지를 묻기만 하면 된다.[17] 그러므로 라이프니츠의 귀속 이론이 끊임없이 귀속을 되던지는 근본적인 역전을 수행함을 보게 된다: 하나의 신체를 갖는, 하나의 신체가 귀속되는 모나드들과 이 신체의 특정한 요건들인, 또는 이 신체의 부분들이 귀속되는 모나드들을 구분해야만 한다. 그리고 이 두번째 모나드들, 신체의 모나드들은 자신들에게 귀속되는 하나의 신체를 갖는다. 이 신체는 두번째 모나드들이 요건이 되는 신체와는 종적으로 다른 신체이며, 그것의 부분들이 이번에는 제3의 모나드들의 무리를 소유하는 신체이다. 그리고 이 제3의 모나드들이⋯⋯[18] 언제나 영혼과 신체는 실재적으로 구별되지만, 분리 불가능성은 두 층 사이의 왕복 운동을 묘사한다: 나의 유일한 모나드는 하나의 신체를 갖는다; 이 신체의 부분들은 모나드 무리를 갖는다; 이 모나드들 각각은 하나의 신체를 갖는다⋯⋯

나의 신체, 나에게 귀속된 신체가 집합물들의 법칙에 따르는 신체라는 것은, 그 부분들이 단지 성장하고 축소되고, 말려들어가고 풀려나오기 때문일 뿐만 아니라, 끊임없이 흘러가고 지나가기 때

---

17 *Nouveaux essais*, 서문의 끝부분.
18 *Monadologie*, § 70; 데 보스에게 보내는 편지, 1712년 6월.

문이다(유율법). 그리고 그 부분들이 지나갈 때, 그것들에게서 분리 불가능한 모나드들은 그 부분들을 따라가거나 혹은 나에게서 벗어난다: 나의 신체의 요건들이란 "시간과 관련한" 요건들 이외에 다른 것이 아니다.[19] 그러므로 이 귀속 이론은 비대칭적이고 역전된 귀속(하나의 신체가 나의 모나드에 귀속된다, 모나드들이 나의 신체의 부분들에 귀속된다)과 구분될 뿐만 아니라, 지속적인 또는 일시적인 귀속(하나의 신체가 지속적으로 나의 모나드에 귀속된다, 모나드들이 일시적으로 나의 신체에 귀속된다)과도 구분된다. 귀속 이론에서 절반쯤-낯선 것이 드러나게 되는 것은 바로 여기에서이다: 구체적 존재로서 내 안의 동물. 후설과의 커다란 차이는 후설이 유기적 합성에서 특별한 문제를 보지 않았다는 점이다: 나의 신체는 나의 귀속의 범위 내에서는 문제를 제기하지 않으며, 낯선 것은 나에게 귀속되지 않은 〈다른-자아〉를 내가 조준할 때 가로지르게 되는 다른 신체와 더불어서만 나타난다; 동물과 관련해서는, 그것은 단지 이 〈다른-자아〉의 '변종'일 뿐이다. 라이프니츠에게선 그 반대로 다른-자아는 현상학적 환원 이전 단계에서 이미 나타나며, 예정 조화를 통해 충분히 설명된다. 영혼과 신체의 통일과 더불어, 나의 귀속들 안에서 지금 나타나 이것들을 뒤흔드는 낯선 것, 이것이 동물이다. 그리고 그것들이 전에 그랬던 것처럼 나에게 낯선 것이 되는 한에서, 그것은 우선 나의 신체의 흐르는 부분들과 분리 불가능한 작은 동물들이다. "만일 예를 들어 시저의 영혼이 자연 안에 유일한 것이라면, 사물들의 창조주는 그것에 기관들을 부여할 필요가 없었을 것입니다; 그러나 이 같은 창조주는 또한 기관들 안에 포괄된 다른 존재들을 무한히 만들고자 했습니다; 우리의 신체들은 그 또한 실존할 만한 자격이 있는 무한히 많은 피조

---

19 아르노에게 보내는 편지, 1687년 9월(GPh, II, p. 120). 그리고 *Monadologie*, § 71: "내 생각을 오해한 사람들처럼 다음과 같이 상상해서는 안 된다. 즉 각 영혼은 언제나 그 영혼에 영향을 미치는 또는 고유한 물질의 덩어리 또는 부분을 가지며, 그 결과 언제나 그 영혼에 복무하도록 정해져 있는 하위의 다른 생명체들을 소유한다고 말이다……"

물들로 가득 찬 일종의 세계입니다."[20] 내가 외부에서 마주치는 동물들은 그것들의 증대 이외에 다른 것이 결코 아니며, 이것은 동물 심리학일 뿐만 아니라, 라이프니츠 체계에서 본질적인 것으로 발견되는 동물 모나돌로지이다. 나의 귀속 범위가 나에게 본질적으로 밝혀주는 것은 역전된, 일시적인 또는 잠정적인 귀속들이다(비록 하나의 신체가 나에게 언제나 귀속되지만). 사실, 우리 각자가 자신의 고유한 소유물들의 목록을 작성하는 일은 매우 어렵다. 우리에게 귀속되는 것이 무엇인지, 그리고 그것이 얼마나 오래 지속되는지를 아는 일은 쉽지 않다. 여기에서 현상학은 충분치 않다. 근대 문학에서는 말론[21]의 거대한 일람표가 이를 증명해준다. 말론은 헐벗은 모나드, 거의 헐벗은, 마비된, 퇴화된 모나드이며, 이것의 명석한 지대는 끊임없이 좁혀지고, 신체는 말려들어가고, 요건들은 빠져나간다. 그에게 "자신의 정의에 따라" 여전히 귀속되어 있는 것, 절반쯤 그리고 잠시 동안만 그에게 귀속되어 있는 것, 사물 또는 극미동물을 아는 일이란, 그 자신이 무엇에 귀속되지 않는다면, 그로서는 어려운 일이다. 하지만 무엇에? 이는 형이상학적 질문이다. 소유물들을 분류하기 위해서 그에게는 특별한 고리, 일종의 결속(束縛)이 필요하다. 그러나 그는 이 고리조차 가지고 있지 않다.

귀속 또는 소유의 이러한 변모는 철학적으로 매우 중요하다. 이는 철학이 새로운 지반 안으로 침투해 들어가는 것, 〈있음〉의 요소를 〈가짐〉의 요소로 대체하는 것과도 같다. 확실히 '하나의 신체를 갖기'라는 정식은 새로운 것이 아니다. 하지만 새로운 것은 이 분석을 소유의 종들, 정도들, 관계들과 변수들에 적용해, 이것을 〈있음〉이라는 관념의 내용 또는 전개로 만들고자 했다는 것이다. 이러한 변화의 중요성을 후설보다 훨씬 더 충실하게 포착하고, '있다'라는 동사의 정당화될 수 없는 우선성에 의문을 제기한 사람은

20 마샹 부인에게 보내는 편지, 1704년 6월(GPh, III, p. 356).
21 Malone: 사무엘 베케트의 작품 『말론 죽다』의 주인공이다(옮긴이).

가브리엘 타르드였다: "자아moi의 참된 대립은 비-자아가 아니라 내가 가진 것le mien이다; 있음l'être, 즉 갖기l'ayant의 참된 대립은 있지-않음non-être이 아니라 〔누군가〕 가진 것l'eu이다."²² 이미 모나드의 내부에서 라이프니츠는 "나는 다양한 사유들을 갖는다"를 "나는 생각하며 있다"의 상관항으로 간주했다: 포함된 술어들로서, 다시 말해 내적 특성²³들로서의 지각들이 속성들을 대체하게 된다. 술어작용은 갖기의 영역에 속하고, 있음 또는 귀속작용의 난점들을 해결하게 되었다. 더욱 분명한 이유에서, 외래적 특성으로서의 신체는 소유물들 안에 역전, 회전, 불안정화, 시간 조절의 요소들을 도입하게 된다. 사실 갖기라는 이 새로운 영역은 한 번에 완벽하게 잘 규정된 소유자와 재산〔특성〕 같은 것이 될 법한 안정된 지반 안으로 우리를 밀어넣지 않는다. 갖기라는 영역 안에서 특성을 통해 조절되는 것은 모나드들 사이의 끊임없이 수정되며 운동하는 관계들이다. 이것은 '이것들과 저것들'로 고려하는 통일의 관점에서만큼이나 이것들을 '하나씩하나씩' 고려하는 조화의 관점에서도 그러하다. 여기에 여전히 결의론(決疑論)이 있다.²⁴ 최종적

---

22 가브리엘 타르드는 자신의 중요한 논문 「모나돌로지와 사회학Monadologie et sociologie」에서, 이렇게 '가짐'이 '있음'을 대체하는 것을 모나드에서 직접 유래하는 형이상학의 진정한 역전으로서 제시한다: *Essais et mélanges sociologiques*, Ed. Maloine. 장 밀레Jean Milet가 이 주제에 주석을 붙였는데, 존재론Ontologie을 대체하는 이 분야를 그는 '에콜로지Echologie'라고 명명할 것을 제안한다(*Gabriel Tarde et la philosophie de l'histoire*, Ed. Vrin, pp. 167~70).

　＊타르드의 전집은 알리에 Eric Alliez의 편집으로 1999년 총 5권으로 출판되었다: *Œuvres de Gabriel Tarde*, Les empêcheurs de penser en rond. 그리고 밀레가 제안한 신조어 échologie는, 발음상으로는 생태학écologie과 같지만, '귀속되다, 떨어지다'라는 뜻의 어원(excidere)으로부터 파생시킨 것이다. 밀레는 위에 언급된 책에서 '에콜로지, 즉 소유의 학문science de l'avoir'이라고 밝히고 있다.

23 propriété: 가지고 있는 '재산'이라는 기본적인 의미로부터 사물이 지닌 '특성'이라는 의미가 파생되었다. 독자들은 이하에서 이 두 가지 의미 모두를 염두에 두는 것이 좋겠다(옮긴이).

24 결의론: 도덕 신학의 한 분과. 도덕의 일반 원리를 특수한 경우들에 적용하고, 다양한 환경을 고려해 행위의 방향을 연역해내는 것을 목표로 한다. 우리의 구체적인 삶에서는 추상적 도덕 정식들이 서로 충돌하는데, 이것들 사이의 모순과 긴장을 해소하고자 한다(옮긴이).

으로 하나의 모나드는 재산으로서 추상적 속성, 운동, 탄력성, 조형성이 아니라 다른 모나드들을 갖는다. 하나의 세포가 다른 세포들을 갖고 하나의 원자가 다른 원자들을 갖듯이. 이것은 복종, 지배, 전유의 현상들이며, 이 현상들이 갖기의 영역을 가득 채우고, 이 영역은 언제나 어떤 역량 아래에서 발견된다(이것이, 니체가 자기 자신이 라이프니츠와 매우 가깝다고 느끼게 될 이유이다).[25] 갖기 또는 소유, 이것은 접기이며, 다시 말해 "어떤 역량 안에" 내포되어 있는 것을 표현하는 것이다. 만일 바로크가 종종 자본주의와 연관 지어졌다면, 이는 그것이 재산의 위기에 연결되어 있기 때문이다. 위기란 사회적 장 안에서 새로운 기계들의 증대와 함께, 그와 동시에 유기체 안에서 새로운 생명체들의 발견과 더불어 나타난다.

귀속과 소유는 지배를 지시한다. 하나의 특정한 신체가 나의 모나드에 귀속된다. 하지만 나의 모나드가 나의 신체 부분들에 귀속되는 모나드들을 지배하는 한에서 그렇다. 상응들의 암호로서의 표현은 귀속들의 암호로서의 지배로 넘어간다; 각 모나드는 온 세계를 표현하고, 따라서 다른 모든 모나드들을 표현한다. 하지만 각 모나드를, 이것을 지배하거나 또는 이것이 지배하는 다른 어떤 모나드들에 보다 긴밀하게 연결하는 관점에서 그렇다. 만일 하나의 신체가 항상 나에게 귀속된다면, 이는 흘러서 사라지는 부분들이 다른 부분들에 의해 대체되고, 이때 이 다른 부분들의 모나드들이 이번에는 나의 모나드의 지배하에 들어오기 때문이다(부분들이 쇄신되는 주기성이 있으며, 모든 부분이 동시에 나가는 것은 아니다): 신체는 아테네인들이 항상 수리했던 테세우스의 배와도 유사하다.[26] 그러나 만일 라이프니츠가 "실체적인 결속"을 통해 지배라는 개념을 정확하게 정의하는 데에까지 나아가지 않는다면, 어떤 모

---

25 니체 사상을 요약하는 '권력 의지Wille zur Macht'라는 말은 프랑스어로 volonté de puissance라고 번역된다. 이 개념은 스피노자나 라이프니츠의 라틴어 potentia 또는 이에 해당하는 프랑스어 puissance과 겹쳐진다. 여기에서는 일관되게 '역량'이라고 번역하기로 한다(옮긴이).

26 *Nouveaux essais*, II, chap. 27, §§ 4-6; 그리고 데 보스와의 서신 교환 전체에 걸쳐.

나드도 다른 모나드들을 내포하지 않기 때문에 지배는 모호한 관념으로 남아 있게 되고 유명론적 정의밖에는 가질 수 없게 된다. 실체적인 결속은 이상한 끈, 고리, 멍에, 매듭이고, 가변적 항들과 지속적 항을 내포하는 복잡한 관계이다.

지속적 항이란 바로 지배하는 모나드인데, 왜냐하면 결속의 관계가 그것에 귀속되기 때문에 또는 그것에 '고정되어' 있기 때문이다. 언뜻 보기엔, 이 관계가 다른 모나드들(따라서 지배받는 모나드들)을 가변적 항들로서 가지면서도 주어 안에 **포함된** 술어가 되지 않을 수 있다는 점에 놀랄 수도 있을 것이다. 이것이 바로 그 관계가 '실체적'이라고 불리면서, 술어가 아닌 이유이다. 모든 관계는 하나의 주어를 가지므로, 지배하는 모나드는 물론 결속의 주어이지만, 그러나 '접착adhésion의 주어'이지, 내속inhérence이나 내유inhésion의 주어는 아니다.[27] 많은 주석가들이 밝혔듯이, 이는 라이프니츠 체계 안에서 거의 용납하기 힘든 역설이다. 만일 술어가 무엇인지, 그리고 술어와 속성과의 차이를 이해한다면, 관계들이 술어라는 것, 여기에 역설은 없다; 또한 예정 조화는 모나드들 사이의 어떠한 외부적 관계도 함축하지 않으며, 다만 내부에서 조절되는 일치들만을 함축한다. 반면 그 대신, 외래적인 소유물, 다시 말해 당연히 주어를 갖지만, 그 주어 안에 있지 않고, 술어도 아닌 관계를 원용하는 순간, 이 역설은 극복할 수 없는 듯 보인다. 여기에서 라이프니츠가 발견하는 것은 바로, 절대적 내면성, 단 한 면을 갖는 내부 표면으로서의 모나드는 그럼에도 불구하고 다른 면, 또는 최소한의 외부, 엄밀하게 보충적인 외부의 형식을 갖는다는 점이다. 위상 기하학이야말로 이 외형상의 모순을 해결해줄 수 있을까? 사실, 다음을 기억한다면 이 모순은 해소된다. 모나드의 '일

---

27 '결속'에 관한 스콜라 학파의 이론에서 이 구분에 관해, Boehm, *Le vinculum substantiale chez Leibniz*, Ed. Vrin, pp. 77~98 참조. 그리고 데 보스에게 보내는 편지, 1715년 4월 "언제나 이 끈은 지배하는 모나드에 연결됩니다."

 *in-hésion, 안에서 붙는 것이 아니라, ad-hésion, 밖에 붙어 있다는 의미에서 그렇다.

면성(一面性)'이 울타리의 조건으로서 세계의 비틀림, 무한한 주름을 함축한다는 점, 그리고 이때 그 주름은 다른 면을 모나드에 외부적인 것이 아니라 자신의 고유한 내부성의 외면 혹은 외부로서 복원하면서만 그 조건에 적합하게 펼쳐질 수 있다는 점: 외벽, 내부 전체와 공외연적이면서 유연하고 접착해 있는 막.[28] 이러한 것이 결속, 절대적 내부의 가장자리를 두르는 정위 불가능한 원초적인 끈이다.

가변적 항들에 관해 말하자면, 이것들은 비록 순간적이라 하더라도 '목적어(대상)'로서 관계하에 들어오는 모나드들이다. 이것들은 관계 없이 실존할 수 있고, 관계도 이것들 없이 실존할 수 있다: 관계가 지속적 항의 외부인 것과 마찬가지로 가변적 항에 대해 외부적이다.[29] 관계가 무한히 많은 가변항을 붙잡는 만큼 관계는 더욱더 복잡하다. 가변항들은 지배받는다고 말할 수 있는데, 정

확히 이것들이 지속적인 또는 지배하는 항에 붙어 있는 관계 아래로 들어온다는 점에서 그러하다. 이것들이 이 관계 아래에 있기를

28 뷔퐁Buffon은 결속에 아주 가까운 역설적인 생각을 전개한다: 다양한 유기적 분자들에 강제되는 '내부적 주형' (*Histoire des animaux*, chap. III. 그리고 Canguilhem, *Connaissance de la vie*, Ed. Hachette, pp. 63~67; 그리고 라이프니츠에 따라, 자연사에서 '모나드'라는 말의 사용에 관해서, pp. 215~17).

29 데 보스에게 보내는 편지, 1716년 5월: 결속은 "자연스럽게 이러하지만 본질적으로 그런 것은 아닙니다. 왜냐하면 그것은 모나드들을 요구하지만, 그것들을 본질적으로 포괄하지는 않습니다. 그것은 모나드들 없이 실존할 수 있고, 또 모나드들도 그것 없이 실존할 수 있다는 점에서 그렇습니다."

그만둔다면, 다른 관계 아래로, 다른 지배하는 모나드에 붙어 있는 다른 결속 아래에 들어가게 된다(모든 결속으로부터 풀려나지 않는다면). 결속의 작용을 평가하기 위해서 두 측면을 명백히 구분해야만 한다. 첫번째로, 그것은 가변항들을 **무리를 지어, 무리들을 통해** 붙잡는다. 그것의 영향력하에 들어오는 모나드들이 자신 안에서 자신의 개체성을 상실하는 것은 아니다(이는 기적을 함축할 것이다). 그것은 오히려 그러한 개체성, 모나드들의 내적 변양(變樣)들 또는 지각들을 상정하며, 여기에서 아무것도 변화시키지 않고 그것에 의존하지도 않는다. 그것은 여기에서 오직 '공통의 변양'을, 즉 모나드들이 외벽 위에 반사될 때 그것들 모두가 한꺼번에 갖는 〈반향(反響)〉을 끌어낸다.[30] 이봉 블라발과 크리스티안 프레몽이 보여주었듯, 결속이 바로 '반사하는 외벽'인데, 왜냐하면 이는 그것이 지배하는 또는 지속적인 항에 의존하는 그 외부의 형상이기 때문이다; 가변적 모나드들에 관해서는, 이것들은 '발신기들'이며, 반향은 집합의 변양이다.[31] 바로 이러한 의미에서, 결속은 자신이 갖는 가변항들을 그것들의 개체성이 아니라 무리의 효과 안에서 취급한다: 이 지점에서 광학에서 음향학으로의 이행, 또는 개체적 거울에서 집합적 반향으로의 이행이 있으며, 이때 웅성거림 또는 우글거림의 효과들은 이 새로운 음역을 지시한다. 그런데 만일 결속이 모나드들을 무리지어 붙잡는다면, 그것은 이렇게 해서 귀속을 역전시킨다. 모나드들이 그것들의 개체성 안에서 고려되는 한, 하나의 신체가 각 모나드에 귀속되고 모나드는 그 신체로부터 분리 불가능하다: 이것은 지배하는 모나드에게 참이지만, 그와 마찬가지로 지배받는 각 모나드에게도 그러한데, 개체적으로 파악하

---

30 데 보스에게 보내는 편지, 1715년 4월과 8월.

31 결속 이론은 라이프니츠에게서 뒤늦게 나타나며 데 보스에게 보내는 편지(1706~1716)에 등장한다. 이것과 관련된 문제들은 특히 다음 두 주석서에 의해 명확해졌다. Belaval, *Leibniz, Initiation à sa philosophie*, Ed. Vrin, pp. 244~52, 그리고 Christiane Frémont, *L'être et la relation*, Ed. Vrin, pp. 31~42. 프레몽은 관계에 대한 라이프니츠의 이론에서 결속이 차지하는 중요성을 전체적으로 보여주고 이 이론의 이해를 혁신시킨다.

면 이번에는 이것도 지배하는 모나드이고 따라서 하나의 신체를 소유하는 것이다. 그러나 이 지배받는 모나드들이 결속 아래에서 무리지어 파악될 때에는 역전이 일어난다: 이때 무한히 많은 물질적 부분들에 귀속되는 것이 바로 이 모나드들이고, 이 모나드들로부터 물질적 부분들은 분리 불가능하다. 끊임없이 대체되는 부분들에 대한 등질성, 그리고 스스로 조직되는 부분들에 대한 이질성이라는 이중적 의미에서, 이것들이 일반적으로 부분들의 종적 특수성을 구성한다. 요컨대, 항으로서 받아들인 모나드들에 대해 막 또는 외벽이 일종의 선별을 작동시키는 한에서의 결속: 각 경우에서 유기적 부분들의 종적 특수성, 따라서 이 부분들이 가리키는 신체의 종적 또는 유적 통일성을 구성하는 것은 바로 선별된 무리들이다. 그리고 이 신체는 확실히 가변적인 모나드의 신체가 아니다. 왜냐하면 가변적인 모나드는 개체적인 명목하에서만 그리고 지속적인 모나드로 복무할 때에만 신체를 갖기 때문이다. 물질적 부분들로 합성된 유기적 신체는 정확히 지배하는 모나드가 소유하는 신체이며, 여기에서 자신의 종적 통일성의 규정을 발견하는 하나의 신체이다.

그런데 결속이 이제 가변적인 지배받는 모나드들이 지배하는 또는 지속적인 모나드에 직접적으로 관계할 때, 결속의 다른 측면이 나타난다. 개체적인 지배하는 모나드에 고정 또는 부착되어 있는 한, 사실 결속은 그 모나드에 귀속되어 있는 신체의 개체적 통일을 규정한다: 내가 가진 이 신체는 인간, 말 또는 개의 몸일 뿐만 아니라, 나의 것이기도 하다. 게다가, 만일 개체적 통일이 결속의 일차적 기능 아래에 이미 전제되어 있지 않다면 종적인 통일은 없을 것이다. 만일 그토록 많은 물질적 부분들이 매순간마다 흘러가서 다른 부분들에 의해 대체된다면, 이는 그 부분들이 종적으로 대체 가능하기 때문일 뿐만 아니라, 그 부분들이 지나가면서 귀속되는 신체가 개체상 하나로 머물러 있기 때문에, 그 신체가 계속해서 귀속되는 모나드에 힘입어 하나의 신체가 하나로 머물러 있기 때문이기도 하다. 이것은 전적으로 영혼과 신체의 순환이고, 귀속 또는 '소유사(詞)'를 매개로 해서, 각자, 하나를 거쳐 각자로 되돌아오는 순환이다: 1) 각 개체적 모나드는 분리 불가능한 하나의 신체를 소유한다; 2) 각 모나드는 자신에 고정된 결속의 지속적인 주어인 한에서 하나의 신체를 소유한다(그것의 결속); 3) 이 결속은 무리 지어 붙잡혀 있는 모나드들을 가변적인 것으로서 갖는다; 4) 이 모나드 무리들은 이것들이 귀속되어 있는 물질적 부분들의 무한들로부터 분리 불가능하다; 5) 이 물질적 부분들은 하나의 신체의 유기적 합성을 구성하며, 가변항들과의 관계하에서 고려된 이 신체의 결속은 종적인 통일을 보증한다; 6) 이것의 신체는 개체적 모나드에 귀속되는 신체이다. 다시 말해 이제 지속적인 항과의 관계하에서 고려된 결속 덕택에, 이 신체가 이미 개체적 통일을 지니는 한에서 이것은 모나드의 개체적 신체이다.

　모나드들의 필수적인 분류를 고려한다면 훨씬 더 복잡하다. 개체적으로 보면, 모든 모나드는 예외 없이 온 세계를 표현하며, 그리고 자신의 방, 자신의 표현의 명석한 지대를 통해서만 서로 구분된다. 합리적인 모나드들은 아주 넓고 강렬한 지대를 가지고 있어서, 신으로 향하게 하는 반성 또는 심화 작용에 적합하게 된다. 그러나 동물적 모나드 또한 모두 자신의 명석한 지대를 가지고 있다. 이것이 아무리 환원된다 할지라도, 진드기조차, 피, 간의 모나드조차…… 이렇게 그것의 개체성 안에서 보면, 모든 모나드는 단순한 실체, 능동적인 일차적 힘, 내적 작용 또는 변화의 통일이다. 확실히 모나드는 하나의 신체를 가지며, 자신의 명석한 지대에 상응하는 신체로부터 분리 불가능하다. 그러나 모나드는 그것을 내포하지 않으며, 그것으로부터 실재적으로 구별된다: 모나드는 자신의 힘의 제한 때문에 그것을 요구할 뿐이며, 이때 힘의 제한은 모나드의 수동적인 역량 또는 일차적인 물질을 구성한다('그램분자들'). 모나드는 요구하는 한에서 지배하는 모나드이다. 모든 이성적인 모나드는 지배하는 자이며, 달리 될 수 없다. 하지만 죽음의 순간조차,

그것이 자신의 신체를 상실한 것처럼 '보일' 때조차, 그것이 다시 동물적인 것으로 될 때조차, 조금 전에 이성적이었던 모나드는 지배하는 자이길 멈추지 않는다. 모든 동물적 모나드들, 모든 모나드들은, 자신이 아무리 어둡더라도, 어떤 점에서는 지배하는 자들이다: 그것들이 개체적으로 고려되는 한에서, 그리고 무한히 말려들어가고, 짓눌려 납작하게 되었거나 절단된 신체라 할지라도 하나의 신체를 갖는 한에서. 그것들은 신체에 무매개적으로, 하지만 **투사**를 통해서 현존한다: 능동적인 원초적 힘은 지배하는 자로서 신체 안의 한 점에 투사된다.[32]

지배받는 모나드들은 두번째 종을 형성한다(비록 앞의 관점에서 보면 이것들도 지배하는 모나드, 또는 첫번째 종에 속하지만). 이성적인 모나드들은 결코 지배받지 않지만, 동물적 모나드들은 언제나 그렇게 될 수 있다. 그것들이 더 이상 자신의 개체성 안에서가 아니라 무리지어 붙잡힐 때 정확히 그러하다. 동물적 모나드들이 무리지어 붙잡힐 때, 이는 그것들이 각각 소유하는 신체들과의 관계에 의한 것이 아니다. 왜냐하면 그것들은 그 관계에서는 지배하는 자들이기 때문이다. 반대로 그것들을 소유하며 그것들과 분리 불가능한 물질적 부분들의 무한한 결집체들과의 관계 속에서 무리지어 붙잡힌다. 그러므로 그 부분들도 물론 하나의 신체를 구성하지만, 그러나 이것은 지배받는 모나드들의 신체가 아니라, 지배하는 모나드의 신체, 그것들의 지배하는 모나드가 소유하는 신체이다. 사실 무한히 많은 모나드를 무리지어 붙잡는 것은, 지배하는 자로서 규정 가능한 개체적 모나드에 고정되어 있고, 언급된 모나드 무리에 상응하는 물질적 결집체들을 이 지배하는 모나드의 신체에 관계시키는 매듭, 결속이다. 우리는 앞서 '무리들'과 축적들,

---

32 아르노에게 보내는 편지, 1687년 4월: 무한히 조각난 벌레의 영혼, 또는 재 속의 염소의 영혼은, 아무리 작다 하더라도 그 영혼들이 투사되는 그 부분 안에 머물러 있다. 마샹 부인에게 보내는 편지, 1704년 6월: 영혼의 '시선점'은 신체 안에 있다. *Nouveaux essais*, II, chap. 8, §§ 13-15: 예를 들어 우리가 고통을 신체 안에 위치시키는 것은 투사 관계에 입각해서이다.

또는 결집체들을 동의어처럼 다루었다. 이제 우리는 이것들이 (실재적으로) 서로 구분된다는 점, 결집체들은 물질적이고 무리들은 모나드적이라는 점을 보게 된다; 결속하의 무리들은 그것들이 분리되어 떨어져 나올 수 없는 결집체들과 함께 그것들을 지배하는 모나드의 신체의 유기적 부분들을 만든다. 이 무리들은 덩어리를 유기체로 만들고, 결집체들을 유기적으로 조직한다. 여기에서 물질적 부분들의 포괄, 전개와 유율법을 통해 유기적 합성을 설명하는 것은, 능동적인 힘들, 그러나 **집합적이고 파생적인 힘**('조형적인' 힘들)이다: 이제 내적 변화의 단일성들이 아니라, 외형상의 발생과 퇴화의 단일성들. 그리고 이 모나드 무리들은 자신에 귀속되는 하나의 신체 안에 투사되는 대신에, 자신들이 귀속되는 물질적 부분들에 집합적으로 관계되고, 그것들 자체가 물질적이라고 이야기된다.[33] 여기에서, 두번째 종의 모나드들, 무리지어 있는 모나드들이 가장 엄밀한 의미에서 **물체적 혹은 합성된 실체들, 실체적인 것**들을 구성한다고 결론내릴 수 있다: "다수의 실체들, 이것의 덩어리는 온 신체의 덩어리이며, 이것은 이차적 물질의 부분들이다."[34] 그러나 모나드들은 결속하에서만 무리지어 붙잡혀 있기 때문에, 물체적 혹은 합성된 실체들은 첫번째 종에 속하는 지배하는 모나드까지 포함하는 보다 넓은 정의를 정당화해줄 수 있다. 하나의 신체를 갖기라는 요구가 실제로는 자신이 지배하는 모나드들에 의해 충족되는 한에서 말이다: "유기적 생명체를 가진 지배하는 모나드가 있는 그곳에서만 합성된 실체가 있다."

그리고 소위 이차적 물질에 대해서도 마찬가지이다: 만일 일차

---

33 확실히, 엄밀한 의미에서 말하자면 유기체의 발생과 퇴화는 없으며, 단지 합성이 있을 뿐이다. 라이프니츠는 그럼에도 '운동'의 두 가지 다른 범주를 구분하기 위해 발생-퇴화라는 범주를 유지한다: 내적 변화, 외부적인 국소적 운동. 그러나 이 변화가 심리적 본성에서 온 것이라면, 유기적 합성은 운동만큼이나 물질적이다. 마샹 부인에게 보내는 편지, 1705년 7월, p. 368 참조: 조형력 자체가 '기계론적'이다.

34 아르노에게 보내는 편지, 1687년 10월. 그리고 데 보스에게 보내는 편지, 1716년 5월: "저는 물체적인 실체, 즉 합성된 실체를 오직 생명체에만, 즉 유기적 기계들에만 한정합니다."

적인 또는 '헐벗은' 물질(그램분자)이 신체를 갖기라는 요구라면, 이차적 물질 또는 '옷입은' 물질(덩어리)은 넓은 의미에서 그 요구를 충족시켜주는 것, 다시 말해 모나드 무리로부터 분리 불가능한 유기체이다. 그러나 여전히 실재적 구별이 있으므로 이차적 물질이 보다 좁은 의미를 갖게 되는데, 이에 따르면 이차적 물질은 모나드 무리가 유기적으로 조직하는 비유기적 결집체만을 지시한다.[35] 우리는 또한 파생적 힘들이 이차적 물질에 작용한다고, 혹은 여기에 귀속된다고 말할 수 있다. 즉 물질적 결집체들은 그 자체로 구조들과 형태들이며, 앞서 극점의 경우에서 보았듯이, 여기에서 이것들은 평형, 접촉, 장, 압축 또는 인장(引張)의 통계학적 법칙들에 따른다. 그러나 이러한 이차적인 법칙 또는 연관은 무리지어 있는 힘들이 결집체에 작용한다는 점, 그리고 그것들이 통계학적이지는 않으면서 집합적이라는 점을 함축한다: 사실 이 파생적 힘들은 무리지어 있음에도 불구하고 자신의 개체성을 보존하는 지배받는 모나드들의 것이다. 이때 이 각각은 자신이 일차적인 힘 또는 지배하는 모나드로서 투사되는 다른 신체들과 관계한다. 그리고 물론 지배받는 모나드들의 무리 전체는, 자신의 파생적 힘들과 함께, 비행의 원초적 힘으로서의 지배하는 모나드의 순수 개체성하에서만 실존한다. 이렇게 해서 파생적 힘들은 소위 혼합적인 영역, 또는 차라리 통계학적 집합들과 개체적 분배들 사이의 매개적인 영역, 그리고 무리의 현상들 안에 현시(顯示)되는 영역 전체를 그린다.[36] 이것은 집합적이라기보다는 상호개체적이고 상호작용적이다. 유기적 물질인 이차적 혹은 옷입은 물질에 파생적 힘들이 귀속

---

35 데 보스에게 보내는 편지, 1716년 5월: "이차적 물질은 결집체입니다" : *Nouveaux essais*, IV, chap. 3, § 4: 그것은 "축적에 다름 아니다." 그 반대로, 넓은 의미에서: 앞의 아르노에게 보내는 편지와 「자연 그 자체에 관하여De la Nature en elle-même」, § 12("이차적 물질은 완결적인 실체이다"). 이차적 물질과 일차적 물질의 채택에 관해서, 그리고 '덩어리-그램분자'의 용어법에 관해서, Christiane Frémont, p. 103과 pp. 132~33 주석 참조.

36 마르코프Markov의 사슬 안에서(*La genèse des formes vivantes*, chap. VIII), 또는 원자론적 현상들 안에서(*Néo-finalisme*, pp. 218~20), 레이몽 뤼이에는 이 혼합된 영역을 훌륭히 드러냈다.

되는 것은 바로 이러한 측면에서이다. 이것들은 결집체들에 작용하지만 유기체들에 귀속된다. 그러므로 물질은 구조와 형태들을 가질 뿐만 아니라 **텍스처들**을 갖는다. 물질이 자신과 분리 불가능한 이 모나드들 무리를 함유하는 한에서 말이다. 과학이나 예술과 마찬가지로 철학에서 물질을 이렇게 바로크식으로 개념화하는 것은 다음의 지점까지, 즉 일반화된 유기체론을 증명하는, 또는 도처에 유기체들의 현존을 증명하는 텍스처학에까지 나아가야 한다(카라바지오의 그림?).[37] 이차적 물질은 옷입은 것이지만, '옷입은'은 두 가지를 의미한다: 물질은 유기적 직물 조직을 지닌 표면, 이것을 다시 입은 구조라는 것, 또는 그것이 직물 자체 혹은 피복, 추상적 구조를 포괄하는 텍스처라는 것.

상호개체적, 상호작용적인 이 무리의 영역은 매우 요동한다. 왜냐하면 이것은 일시적인 귀속들 또는 잠정적인 소유들의 영역이기 때문이다. 매순간마다, 부분의 결집체들이 (전체가 한꺼번에는 아니고) 내 신체를 빠져나가며, 따라서 내 모나드가 지배했던 모나드 무리들은 다른 결속 아래로, 새로운 지배 아래로 들어간다. 이것들은 더 이상 같은 무리는 아니게 된다. 왜냐하면 결속이 변했기 때문에. 그리고 이것들은 심지어 같은 종적인 부분도 아니게 된다. 왜냐하면 새로운 결속이 특정한 결집체들을 분해하고 다시 합성시키는 새로운 선별을 작동시키기 때문에. 확실히 라이프니츠에게는 종의 변형을 위한 어떤 장소도 없지만, 그러나 돌연변이, 돌발적인 사태, 갑작스런 군집과 해소, 재-연쇄화를 위한 모든 장소가 있다. 라이프니츠가 변신 또는 도식의 변화라고 부르는 것은 신체들의 첫번째 특성, 즉 무한하게 포괄하고 특정한 부분들을 어떤 지점까지 전개할 수 있는 그것들의 능력과 연관될 뿐만 아니라, 두번째 특성, 즉 부분들이 끊임없이 특정한 결집체에서 빠져나가 다르게

---

37 Françoise Bardon, *Caravage ou l'expérience de la matière*, PUF, pp. 68~71 참조: 텍스처 화가로서의 카라바지오(어두운 물질은 힘들로서 작용하는 색채들과 형상들에 의해 변조[變造]된다); 그리고 브루노Bruno와의 비교.

특정한〔다른 종으로 규정되는〕, 전적으로 다른 결집체들 안으로 들어가도록 만드는 유율법과도 연관된다. 그럼에도 불구하고, 물질적 결집체들이 하나의 유기체에서 빠져나가 다른 유기체 안으로 들어가지 않는 일, 또는 그것의 모나드들이 기존의 지배에서 벗어났는데도 다른 결속 아래로 들어가지 않는 일 또한 일어나지 않을까? 이것들은 연결되지 않은, 결속 없는 모나드들의 상태에 놓이게 된다. 물질적 결집체들은 이제 이차적인 연관들만을 갖는 것 같다: 이것은 이제 직물이 아니라, 단순한 압착을 통해 얻어지는 펠트이다. 물론 이 비유기적이고 탈유기화되고 펠트처럼 만들어진 결집체들도 계속해서 자신의 하부-결집체 안에서 유기체들을 갖는다: 모든 물체는 자신의 주름들 안에서 유기체들을 가지며, 도처에 유기체들이 있다…… 그럼에도 모든 것이 유기체는 아니다. 이 비유기체들은 더 이상 물체적 혹은 합성된 실체들이 아니라, **실체적인 합성물들, 절반의-실체들** 또는 일종의 **부분-실체들** substantiats이다.[38] 질문에 제기되는 방식에 비추어보아, 우리는 앞서 사람들이 빨리 나아가기 위해 원했던 것처럼 대답할 수는 없다는 점을 이해한다: 이 신체〔물체〕들은 순수하게 기계론적이고(극점의 법칙의 관점에서 보았을 때), 모나드들을 갖지 않거나 또는 더 이상 갖지 않는다. 왜냐하면 이제 이것들은 신체가 아닐 것이기 때문이다. 이것들은 단지 '현상들'일 뿐이고, 이 자격으로 그것들은 모나드에 의해 '지각된 것들'일 것이기 때문이다. 그러나 이것이 신체들, 실재화된 현상들인 한에서, 이것들은 모나드들을 '갖는다.' 이것들은 기계론적인 이차적 연관들을 좇아가지만, 유기체들은 이미 앞서서 그러하다. 모든 물질적 개별자는 모나드들을 갖고, 또한 파생적 힘들을 갖는데(이제 조형적 힘들은 아니지만), 이 힘이 없다면 물질적 개별자는 어떠한 규범이나 법칙에도 따를 수 없을 것이다. 그리고 라이프니츠는 끊임없이 이것을 상기시킨다: 법칙

---

38 데 보스에게 보내는 편지, 1715년 8월: "결속에 의해 유지되지 않는 절반의-존재들."

을 따를 수 있게 해주는 **내적 본성**을 갖지 않는다면, 유기적**이든** 아니든, 어떠한 몸체도 그 법칙을 따를 수 없다. 법칙이 이런저런 경우에 작용한다고 믿는 것은 우둔한 일이다: 마치 중력 법칙이 사물을 떨어뜨리기 위해서 '작용'한다는 듯이. 이것은 예정 조화를 기회 원인설에 대립시키는 근본적인 지점이다: 라이프니츠가 말브랑슈를 비판하는 내용은, 바로 말브랑슈가 신체들(과 영혼들)을 일반 법칙에 종속시켰는데, 이 일반 법칙이 일반적이기 위해 여전히 기적에 의한 것으로 남아 있다는 점이다. 왜냐하면 사물의 개체적 본성 안에 있는 어떠한 힘도 그 법칙을 따르도록 해주지 않기 때문이다.[39] 요컨대, 비유기적 물체들은 힘들, 모나드들, **세번째 종의 모나드들**을 갖는다.

이것들은 이제 지배하는 모나드도, 지배받는 모나드도 아니다. 퇴화한 원뿔곡선이라고 말하는 의미에서, 이것들을 퇴화한 모나드들이라고 부를 수 있을 것이다. 모든 모나드는 내부적 단일성이지만, 이 모나드를 단일성으로 갖는 것은 명백히 이 모나드에 내부적이지 않다. 첫번째 종의 모나드들은 내적 변화의 단일성들이다. 이차적 종의 모나드들은 유기적 발생과 퇴화(합성)의 단일성들이다. 퇴화한 모나드들, 이것은 외부적 운동의 단일성들이다. 운동의 외래적 특징은 신체들 또는 물질적 부분들의 조건 자체와 구분되지 않으며, 이때 이 조건이란 주위와의 관계, 점진적인 규정, 기계론적 연관과 같다. 그러나 이 법칙에 따라 이루어지는 모든 운동은 무한한 지점까지의 외부적 신체들의 작용하에 있지만, 그럼에도 불구하고 내부적 단일성을 갖고, 이것이 없다면 운동은 운동으로서 지정할 수도 없게 되고 정지도 식별할 수 없게 된다. 앞서 보았듯, 이것은 베르그송에게서처럼 라이프니츠에게서도 마찬가지이다: 궤적trajet에 대한 필연적인 외래적 규정이 있지만, 그러나 이것은 경로trajectoire에 대한 내적 단일성을 상정하며, 이것과 관계

---

39 *Addition à l'explication du Système nouveau* ······ (GPh, IV, p. 587); 콩티l'abbé de Conti에게 보내는 편지(Dutens III, p. 446).

할 때 외래적 규정은 장애물 아니면 수단, 또는 동시에 그 둘 외에 다른 것이 아니다. 외부로부터 규정되는 것은 탄력성이지, 이것 위에 작용하는 내적 힘이 아니다: 이 힘은 외래적 상태에 적합한 비율 내에서 오직 "살아 있거나" "죽어 있다." 우주 안에서 운동의 전체에 대해서뿐만 아니라, 규정된 결집체 내의 식별 가능한 각 운동에 대해서도, 탄력적인 능동적 힘이 있다. 그리고 후자의 경우에서 이 힘은 다른 결집체들에 의해 방해되거나 촉발될 수만 있을 것이다.[40] 이 힘들 또는 운동의 내부적 단일성들은 이러한 결집체들에 귀속되며, 그리고 결속 없이 퇴화한 모나드들이다. 이것들은 '경향들'이다. 사실 라이프니츠는 역량과 현실태의 모든 이분법을 넘어서고자 하지만, 다양한 수준에 따라 그러하다. 첫번째 종의 모나드들은 현실태, **현행적 역량들**이다. 왜냐하면 이것들은 자신들이 작동시키는 현실화와 분리 불가능하기 때문이다. 하지만 두번째 종의 모나드들은 더더욱 '헐벗은' 역량들이 아니다: 하나의 결속 아래에서 정돈된다는 점에서 이것들은 **기질들, 습성들**이다. 그리고 세번째 종의 모나드들은, 이것들이 밖에서 기다리는 바가 현실태로의 이행이 아니라 "오직 방해의 제거"라는 점에서, **경향들**이다.[41] 경향이 순간에 소진된다는 것은 참이며, 이것은 모나드의 영원성과 경로의 단일성에 모순되는 듯 보인다. 그러나 경향의 순간성은 오직 순간 자체가 경향이지 원자가 아니라는 점을 의미하며, 또한 그 순간성은 다른 순간으로 넘어가지 않고서는 사라지지 않는다는 점을 의미한다: 이러한 이유에서, 개별적인 영원성의 방식에 따라

---

40 이 내부적 단일성들과 외적 규정에 관해서, *Eclaircissement des difficultés que M. Bayle a trouvées dans le système nouveau*(GPh, IV, pp. 544, 558); *De la réforme de la philosophie première et de la notion de substance; De la Nature en elle-même ou de la force immanente*, § 14 참조.

41 아리스토텔레스식의 잠재태-현실태 쌍을 수정해야 할 필요성에 대해서, 데 보스에게 보내는 편지, 1706년 2월; *De la réforme de la philosophie première et de la notion de substance*. 그리고 역량-기질-경향에 관해서, *Nouveaux essais*, 서문; II, chap. 1, § 2, 그리고 chap. 21, § 1. 이 마지막 텍스트에서 첫번째 종의 모나드들은 "원초적 경향들"이라고 이야기된다; 이것들이 "서로 상호적으로 방해한다"는 점에서 이것은 글자 그대로 참이다.

매 순간에 재창조되고 재구성되는 것이 경향에, 또는 운동의 내부적 단일성에 귀속된다. 순간이 미래로의 경향이 되지 않으면서 경향이 순간화되지는 않는다. 경향은 끊임없이 죽지만, 죽는 시간 동안만큼만, 즉 순간적으로만 죽어 있으며, 다음 순간에 재창조된다.[42] 어떻게 보면, 세번째 종의 모나드들은 빛을 내는 것들과 빛을 받는 것들과의 차이를 통해 점멸한다.

조형적이거나 탄력적인 파생적 힘들과 모나드들의 종과 동일시하는 것은 오해가 아닐까? 모든 모나드는 개체, 영혼, 실체, 원초적 힘이며, 오직 내적인 작용만 주어진 반면, 파생적 힘들은 물질적이고 우유(偶有)적이며, 양태적이고 "실체의 상태"이며 신체 위에 작용된다고 이야기된다.[43] 그러나 문제는 '상태'가 무엇을 말하는지, 그리고 이것이 술어로 환원될 수 있는지 여부를 아는 것이다. 만일 파생적 힘들이 이것에 속하는 것으로서 인식되는 특징 때문에 실체가 될 수 없다면, 이것들이 어떻게 실체 안에 포함된 술어들이 되는지는 더욱더 알 수 없다. 우리는 '상태' '변양'이 술어의 의미로 이해되어서는 안 되고, (공적인) 지위 또는 양상으로 이해되어야 한다고 믿는다. **파생적 힘들은 원초적 힘들과 다른 어떤 힘이 아니라, 지위 또는 양상에 있어서 그것과 다르다.** 원초적 힘들은 자신 안에 있고 자신에 의한en soi et par soi 모나드들 또는 실체들이다. 파생적 힘들은 같은 것이지만, 결속하에 혹은 순간 안에 있다: 한 경우에는, 이것들은 무리지어 잡혀 있으면서 조형적인 것이 되고, 다른 경우에는, 축적되어 잡혀 있으면서 탄력적인 것이

---

42 젊은 시절에 쓴 텍스트 이상으로 중요한 텍스트는 드 볼데르에게 보내는 편지다(1699년 8월의 편지에 대한 답장, GPh, II, p. 191). 게루는 운동의 두 가지 모델, 자유 행동과 노동이 이러한 관점에서 통일됨을 보여준다: "사람들은 매번 서로 다른 순간을 표시하는 판명한 실재를 갖는 박동의 연쇄처럼 살아간다." 결코 시간의 불연속성 때문이 아니라, 그 반대로 시간의 연속성 자체가, 아무리 서로 가까운 두 순간이라 하더라도, 두 순간의 시간을 채우는 것의 변화를 함축하기 때문이다. *Dynamique et métaphysique leibniziennes*, Les Belles Lettres, pp. 148~49 참조.

43 자크로에게 보내는 편지, 1703년 3월(GPh, III, p. 457); 드 볼데르에게 보내는 편지, 1703년 6월, 1704년 6월. 게루의 주석, 그리고 파생적 힘을 '술어'로 보는 그의 해석, pp. 193~94 참조.

된다. 왜냐하면 매순간 변하는 것은 축적들이기 때문이다(이것들은 항상 재구성되면서 한 순간에서 다른 순간으로 이행한다). 파생적힘은 하나의 실체나 술어가 아니라, 여러 실체들이다. 왜냐하면 이것은 무리지어 또는 축적되어 있지 않고서는 실존하지 않기 때문이다.[44] 이것들은 기계론적 또는 물질적이라고 이야기될 수 있긴하지만, 또한 라이프니츠가 '물질적 영혼들'이라고 말한 의미에서그렇다. 왜냐하면 두 경우에서 이것들은 하나의 신체에 속하고, 하나의 신체, 유기체 또는 결집체에 현존하기 때문이다. 이것들은 그럼에도 불구하고 이 신체로부터 실재적으로 구분되고, 그 신체에작용을 가하지도 않는다. 이 영혼들이 서로가 서로에게 작용하지않는 것과 마찬가지로: 만일 이것들이 신체에 현존한다면, 이것은 **징발**réquisition에 의해, 요건requisits이라는 명분하에서 그러하다. 그리고 이것들이 귀속되는 신체는 자신들의 것이 아니라, 지위 밖에서, 무리 밖에서, 그리고 축적 밖에서 원초적 힘으로서 이해되는하나의 모나드에 각자 따로 귀속되는 신체이다. 이 원초적 힘 또한그 신체에 현존하면서 작용을 가하지 않는데, 하지만 다른 방식으로 그러하다: **투사를 통해 현존함**. 파생적 힘들에 관해 말하자면, 이것들이 이번에는 자신에 귀속되는 하나의 신체를 갖지만, 그러나 자신의 지위를 떠나 '자신 안에서'와 '자신에 의해서'로 다시들어가고 각각이 결코 멈추지 않고 다시 원초적 힘들이 되는 한에서 그러하다. 우리는 앞서 화이트헤드가 어떻게 라이프니츠에서부터 시작해서 공적인 것과 사적인 것을 현상학적 범주들로 발전시켰는지 보았다. 라이프니츠에게 공적인 것은 바로 모나드들의 지위, 이들의 징발, 이들의 무리지음 또는 축적됨, 이들의 파생적 상태이다. 그러나 사적인 것은 모나드들의 '자신-안에서' '자신에-의

---

44 자크로에게 보내는 편지, "물질(저는 이차적인 것 또는 덩어리로 이해합니다만)은 하나의 실체가 아니라, 여러 실체들입니다……," 레몽에게 보내는 편지, 1715년 11월(GPh, III, p. 657): "이차적 물질은 하나의 실체가 아니라, ……여러 실체들의 축적입니다." 「자연의 새로운 체계Système nouveau de la Nature」는 '물질적 영혼들'에 관해 말한다. §6.

해서,' 이들의 시선점, 이들의 원초적 힘과 이들의 투사이다. 첫번째 양상에서 이들은 하나의 신체에 귀속되며, 이 신체는 이들로부터 분리 불가능하다. 또 다른 양상에서 하나의 신체가 이들에 귀속되며, 이들은 이 신체로부터 분리 불가능하다. 사적인 존재만을 갖을 뿐 공적인 지위를 갖지 않고 파생될 수가 없는 것은, 같은 신체가 아니라 같은 모나드들 — 이성적인 모나드들을 제외하고 — 이다. 또는 최소한, 이성적인 모나드들은, 신이 군주인 정신들의 사회의 분배적인 구성원으로서 사적인 명목하에서만 '공적인' 지위를 소유한다.[45]

라이프니츠가 모나드를 세 등급으로 구분하는 일이 종종 있다. 지각만 갖는 헐벗은 앙텔레쉬 또는 실체적 형상들, 기억과 감정 그리고 주의력을 갖는 동물적 영혼들, 끝으로 이성적인 정신들. 우리는 앞서 이러한 등급 분류의 의미를 보았다. 하지만 모나드들 내의 이러한 '정도들'과 "어떤 모나드들이 다른 모나드들을 다소간 지배한다"는 사실 사이에는 어떤 관계가 있을까?[46] 이는 이성적인 것들은 언제나 지배하지만, 동물적인 것들은 때로는 지배받고 때로는 지배한다는 것이다: 하나의 신체를 개체적으로 소유하는 한에서 **지배하고**, 이성적이든 아니든 지배하는 자가 소유하는 다른 신체들에 무리지어 관계하는 한에서는 **지배받는다**. 앙텔레쉬에 관해 말하자면, 이것들 역시 영혼이긴 하지만 **퇴화한** 것들, 즉 더 이상 지배하지도 지배받지도 않는 것들이다. 왜냐하면 이것들은 축적되어 각 순간에 하나의 신체에 관계하기 때문이다. 이러한 이유에서, 모나드 등급의 구분에, 부분적으로밖에 일치하지 않는 다른 구분을 덧붙여야만 한다. 즉 때로는 지배하는 역할에까지 올라서고 때

---

45 *Discours de métaphysique*, §§ 35-36; *Monadologie*, §§ 83-86. 아르노에게 보내는 편지 중 1687년 4월의 끝부분에서 라이프니츠는 '부르주아지의 권리'를 원용하며, 그는 이것을 진정한 실체들을 위해 마련해두어야만 했을 것이다. André Robinet, *Architectonique disjonctive* ……, Ed. Vrin, p. 51의 주석 참조.

46 *Principes de la Nature et de la Grâce*, § 4. 모나드의 등급에 관해 주목할 만한 다른 텍스트로는 바그너Wagner에게 보내는 편지, 1710년 6월(GPh, VII, p. 529)과 *Monadologie*, §§ 18 이하.

로는 퇴화하기도 하는, 같은 등급(동물적 영혼들)이 여러 지위를 획득할 수 있게 되는 그러한 지위의 구분.

영혼들과 물질들 사이에, 영혼과 신체 사이에 실재적인 구별이 있다: 하나가 다른 하나에 작용하지 않으면서 각각은 자신의 고유한 법칙에 따라 작동한다. 하나는 자발성 또는 내적 작용들을 통해, 다른 하나는 규정 또는 외적 작용들을 통해 그러하다. 이것은 그 둘 사이에 영향도, 작용이나 상호작용도, 더군다나 기회 원인설과 같은 것은 없다고 말한다.[47] 그럼에도 불구하고 '이상적인 작용'이 있다: 영혼 안에 일어난 것의 원인으로서 신체의 어떤 것을 지적할 때나(괴로움), 또는 신체에 일어난 것의 원인을 영혼 안에서 지정할 때(소위 자발적인 운동)가 그렇다. 그러나 이러한 이상적 작용은 오직 다음 사실을 함축한다: 영혼과 신체는 각각이 자신의 방식 또는 자신의 고유한 법칙에 따라, 단 하나의 같은 것, 〈세계〉를 표현한다. 그러므로 두가지 표현, 실재적으로 구분되는 두 가지 세계 표현자exprimants가 있다: 하나는 세계를 현실화하고, 다른 하나는 세계를 실재화한다. 세계의 독특한 사건과 관련해서, 각 경우마다 가장 좋은 표현자를 '이상적 원인'이라고 부를 수도 있을 것이다(만일 누군가 '가장 좋은 것'이 말하는 바를 규정할 수 있게 된다면). 그러나 두 세계가 있는 것은 아니라는 점, 더욱 분명한 이유에서 세 세계가 있는 것이 아니라는 점을 알고 있다: 단 하나의 같은 세계밖에는 없다. 세계는 한편으로 이것을 현실화하는 영혼들에 의해 표현되고, 다른 한편으로 이것을 실재화하는 신체

---

47 라이프니츠의 지속적인 이 주제는 특히 의사 슈탈 Stahl과의 논쟁에서 전개된다 (*Remarques et exceptions*, Dutens II). 라이프니츠는 기계론에 반대하여 자연 안에 영혼들이 있다고 주장하며, 동시에 '이교(異敎)론'에 반대하여 영혼들은 영혼 밖에서 또는 신체에는 작용하지 않는다고 주장한다. 라이프니츠는 생기론 또는 유기체론에 만족하지 않고, 영혼론animisme을 주장하지만 그러나 이것에 외부적 영향력을 부여하는 것은 거부한다는 점을 알 수 있다. 그러므로 이것은 칸트나 베르나르Claude Bernard 식의 생기론과는 매우 다르다. 그들의 생기론은 기계론적인 한 수준과 단지 규제적인 또는 지도적인, 즉 능동적이지 않고 '이념적인' 다른 수준이라는 두 수준을 보존하면서, 영혼론과 단절한다. 칸트식의 해결의 난점은, 유기적 또는 생기적인 관념이 과연 무엇인지, 만일 그것이 힘, 즉 영혼이 아니라면 무엇인지 잘못 이해한다는 점이다.

들에 의해 표현된다. 그리고 세계 자체가 자신을 표현하는 것들 밖에서는 실존하지 않는다. 이것은 두 도시, 천상과 지상의 예루살렘이 아니다. 이것은 같은 도시의 꼭대기와 지반, 같은 집의 두 층이다. 따라서 그 자체로 있는 세계와 우리를 향해 있는 세계라는 두 세계의 분배는 집의 방들의 배분이라는 전혀 다른 것에 자리를 내어주게 된다: 위층의 사적인 공간들(각각인 것)과 아래층의 공통의 방들(집합적인 것 또는 집단들). 칸트는 라이프니츠로부터 많은 것을 취하며, 특히 두 층 각각의 자율성을 가져온다; 그러나 칸트는 위층을 거주자가 없이 버려진 어떤 것으로 만들고, 동시에 두 층을 절단한다. 그 결과 칸트는 두 층을 자신의 방식으로 재합성하고, 두 층 중 하나는 규제자의 가치 이상을 갖지 않게 된다. 라이프니츠의 해결은 이와 전혀 다르다.

제8장 ─ 두 층

라이프니츠에게 두 층은 분리 불가능하며 또 그렇게 남아 있다: 위층이 아래층에 현존하는 덕분에, 실재적으로 구별되면서도 분리 불가능하다. 위층은 아래층 위에 접혀 있다. 서로의 작용은 없지만, 귀속, 이중 귀속이 있다. 영혼은 작용이 아니라 현존을 통한 삶의 원리이다. **힘은 현존이지 작용이 아니다.** 각 영혼은 자신에 귀속되는 하나의 신체로부터 분리 불가능하며, 투사를 통해 이 신체에 현존한다; 신체 전체는 이 신체에 귀속되는 영혼들로부터 분리 불가능하며, 영혼들은 징발을 통해 이 신체에 현존한다. 이 귀속들은 어떤 작용을 구성하지 않으며, 신체의 영혼들조차 자신들이 귀속되어 있는 신체에 작용하지 않는다. 그러나 귀속은 기이한 중간 지대, 또는 차라리 기원(起源)의 지대로 우리를 데려간다. 여기에서 신체 전체는 하나의 사적인 영혼에 귀속되는 한 소유사의 개체성을 획득한다. 그리고 영혼들은 하나의 집합적 신체에 귀속되는 한 공적인 지위에 오르고, 즉 무리지어 또는 축적되어 붙잡혀 있게 된다. 위층이 아래층에 접혀 있고, 그래서 어디에서 하나가 끝나고 다른 하나가 시작하는지, 어디에서 감성적인 것이 끝나고 지성적인 것이 시작하는지 더 이상 알 수 없게 되는 것은, 바로 두 층 사이의 이 지대, 이 두께 혹은 이 직물 안에서가 아닐까?[48] 어디로 주름이 지나가는가? 하는 질문에 대해서 여러 가지 다른 대답을 할 수 있을 것이다. 앞서 보았듯, 그것은 단지 본질과 실존자 사이로만 지나가지 않는다. 그것은 물론 영혼과 신체 사이로도 지나가지만, 그에 앞서 신체 쪽에서는 비유기체와 유기체 사이, 그리고 영혼 쪽에서는 모나드들의 '종들' 사이로 지나간다. 이것은 지나칠 정도로 굽이치는 하나의 주름, 지그재그, 정위 불가능한 연관이다. 그리고 심지어 이 지대 안에는 결속이 보다 더 느슨하고 순간적인 끈으로 대체된 지역들이 있다. 아마도 결속(또는 이것을 대체하는 것)은 영혼들에 영혼들만을 연결할 것이다. 그러나 이것은 그것들을 연결하는 규칙으로서 역전된 이중 귀속을 확립한다: 하나의 신체를 소유한 하나의 영혼에 이 신체가 소유한 영혼들을 연결한다. 따라서 결속은 영혼들에만 작용함에도 불구하고 영혼에서 신체로, 그리고 신체들에서 영혼들로의 왕복운동을 작동시킨다(여기에서 두 층의 영구적인 침식이 있다). 만일 누군가 때로는 영혼 안에서 일어나는 것의 '이상적 원인'을 신체 안에 지정하고, 때로는 신체에 일어난 것의 이상적 원인을 영혼 안에 지정한다면, 이는 그 왕복운동 때문이다. 게다가, 영혼들을 물질적이라고 또는 힘들이 기계론적이라고 말할 수 있는데, 그것들이 물질에 작용하기 때문이 아니라 물질에 귀속된다는 점에서 그렇다: 자신의 외부 법칙에 따라 계속해서 종합을 수행하는 것은 물질인 반면, 영혼은 결속하에서 또는 순간적으로 종합의 통일성들을 구성한다. 역으로, 신체들은 동물들일 뿐만 아니라 혼이 불어넣어진 것들이다: 그것들이 영혼들에 작용하기 때문이 아니라 귀속된다는 점에서 그렇다; 오직 영혼들만이 자신의 고유한 법칙에 따르는 내적 작용을 갖는 반면, 신체들은 끊임없이 자신의 법칙에 따라 이 작용을 "실재화한다."

주름, 라이프니츠와 바로크

---

48 *Nouveaux essais*, IV, chap. 16, § 12: "감성적인 것과 이성적인 것이 어디에서 시작하는지, 또 생명체의 가장 낮은 정도가 무엇인지 말하기란 어렵다…… 그리고 큰 것에서 작은 것으로, 감성적인 것에서 비감성적인 것으로의 차이밖에는 없다."

바로 이렇게 두 층은 자신들이 표현하는 세계와의 관계하에서 분배된다: 세계는 영혼들 안에서 현실화되고, 신체들 안에서 실재화된다. 그러므로 세계는 두 번 접혀 있다. 현실화하는 영혼들 안에 접혀 있고, 실재화하는 신체들 안에 다시 접혀 있다. 여기에서 각각은 영혼들의 자연에 또는 신체들의 규정에 상응하는 법칙의 체제에 따른다. 그리고 두 주름들 사이에, 사이-주름, 두 겹의 주름, 두 층이 접힌 곳, 즉 경첩, 이음새를 만드는 분리 불가능성의 지대가 있다. 신체들이 실재화한다고 말하는 것은 그것들이 실재적이라고 말하는 것이 아니다: 영혼 안에 현실적인 것(내적 작용 또는 지각)을 〈어떤 것〉이 신체 안에서 **실재화하는** 한에서, 신체들은 실재적이게 된다. 영혼 안에서 현실적으로 지각된 것을 누군가는 신체 안에서 실재화하지 못하고 누군가는 실재화한다. 신체의 실재성은 현상들을 신체 안에 실재화하는 것이다. 실재화하는 자는 두 층의 주름, 결속 자체 혹은 이것의 대체물이다.[49] 라이프니츠의 초월철학은 현상보다는 사건 위에 놓여 있으며, 칸트식의 조건지음을 초월적 현실화와 실재화라는 이중의 작업으로 대체한다(영혼론 animisme과 물질론matérialisme).

---

49 데 보스에게 보내는 편지, 1715년 4월: "이 실재화하는 것."

제9장 새로운 조화

만일 바로크가 무한하게 나아가는 주름에 의해 정의된다면, 가장 간단하게 주름은 무엇으로 식별될 수 있을까? 주름은 우선 옷 입은 물질이 암시하는 것 같은 섬유의 모델을 통해 식별된다. 먼저 직물, 옷은 유한한 신체에 묶여 있는 관습적인 종속으로부터 자기 고유의 주름을 해방시켜야 한다. 만일 바로크 고유의 의상이 있다면, 그것은 크고, 부풀어올라 헐렁하고, 거품이 일고, 페티코트를 대서 불룩할 것이다. 또한 신체의 주름들을 표출하기보다는 자율적이고 항상 증식 가능한 자기만의 주름들로 신체를 둘러싼다. 라이네그라브-장식들, 또 푸르푸앵, 헐렁헐렁해서 흔들리는 망토, 큼지막한 라바, 넘쳐흐르는 셔츠 등과 같은 체계가 17세기 가장 전형적인 바로크의 공헌이다.[1] 하지만 바로크는 그것의 고유한 방식 안에서만 투사되는 것은 아니다. 바로크는 모든 시간, 모든 장소에 수천 개의 옷주름을 투사한다. 이 주름들은 각기 다른 운반자를 서로 연결하려 하고, 자신의 모양새 밖으로 벗어나려 하고, 물체적인 모순들을 넘어서려 하고, 수영 선수가 물 위로 머리를 내밀듯 자주 머리를 내민다. 회화에서 이것을 볼 수 있는데, 표면 전체

---

1 François Boucher, *Histoire du costume*, Ed. Flammarion, pp. 256~59 참조(라이네그라브는 "다리마다 1온스 반이나 되는 극단적으로 넓은 폭을 가진 바지이고, 정말 많은 주름이 있어서 완전히 스커트 같은 모습을 보여주어 바짓가랑이가 나누어져 있다는 것을 짐작할 수 없도록 한다").

* 푸르푸앵pourpoint en brassière: 17세기에 유럽에서 입었던 남성용 짧은 재킷. 라바 rabat: 법관복 따위의 가슴장식.

를 휩쓸며 지나가는 옷주름에 부여된 자율성은 르네상스 공간과의 단절을 표시하는 단순하면서 확실한 기호가 된다(란프랑코, 그리고 그에 앞서 피오렌티노). 수르바란에게서 「그리스도」는 라이네그라브 방식의 크고 불룩한 옷을 허리에 두르고 있고, 「무염시태」는 열려 있으면서 기포가 일어난 커다란 망토를 걸치고 있다. 그리고 옷의 주름들은 그림 밖으로 빠져나오는데, 조각에서 베르니니가 주름에 부여했던 숭고한 형식 아래, 즉 대리석이 더 이상 신체를 통해서가 아니라 신체를 불타게 할 수 있는 정신적 모험을 통해 설명되는 주름들을 무한하게 품고 안을 때, 이것은 더 이상 구조의 예술이 아니라, 베르니니가 제작한 여덟 개의 대리석 조각처럼 텍스처의 예술이다.

주름들은 더 이상 단순히 유한한 신체를 단순히 재생하지 않는데, 이러한 주름의 해방은 쉽게 설명된다: 옷과 신체 사이에 제삼자가, 제삼자들이 도입되었다. 이것은 〈요소들〉이다. 그레코의 그림이 보여주듯, 물과 꽃들, 공기와 구름들, 대지와 동굴들, 빛과 불도 그 자체로 무한한 주름들이라는 것을 말할 필요는 없다. 옷과 신체의 관계가 이제 요소들에 의해 매개되고 느슨해지고 넓혀지게 되는 방식을 고려하는 것으로 충분하다. 아마도 회화는 그림에서 빠져나와 그 효과에 충만하게 도달하기 위해서 조각이 될 필요성을 갖는 듯하다. 「제롬 드 조안 조제프 크리스티앙 Jérome de Johann Joseph Christian」에서 초자연적인 바람은 외투를 부풀어오르게 하며 구불구불한 나선형 띠 모양으로 만들고, 이 띠는 성인(聖人) 뒤 높은 곳에서 마무리 장식을 하면서 끝난다. 베르니니의 루이 14세 흉상에서는, 요소들을 대면한 바로크 군주의 이미지에 맞게, 그리고 쿠아즈보가 조각한 '고전주의적' 군주와 대비되도록, 바람은 외투의 상단 부분을 들어올려 붙이면서 우아하게 커다란 주름들로 처리한다. 그리고 무엇보다 베르니니의 성 테레사의 코트의 과도한 주름들을 설명할 수 있는 것은 오로지 불이 아닐까? 축복받은 알베르토니에서 올라오는 것은 근본적으로 다른 체제의 주름인데, 이번에는 깊게 이랑으로 파헤쳐진 땅을 가리킨다. 끝으로, 물 자체가 주름 모양으로 물결치며, 꽉 죄는 옷, 들러붙는 옷 또한 나체보다 신체를 더 잘 드러내는 물의 주름일 것이다: 유명한 '젖은 주름들'은 구종 Goujon의 저부조(底浮彫)에서 빠져나와 입체감 전체를 변용시키고, 얼굴을 포함해 신체 전체의 외피와 내부 주형과 거미줄을 구성한다. 스피나지(「신앙」)와 코라디니(「수치심」)의 만년의 걸작은 이를 잘 보여준다.[2] 이 모든 경우에서, 옷의 주름들은 자율성, 넉넉함을 획득하는데, 이는 장식에 대한 단순한 관심에 의한 것이 아니라, 신체에 작용하는 정신적 힘의 강렬함을 표현하기 위한 것이다. 신체를 뒤집기 위한 것이든지, 아니면 신체를 다시 세우거나 올리기 위한 것이든지 간에, 그 힘은 언제나 신체의 방향을 틀고 그 내부의 정형을 떠낸다.

그러므로 거대한 요소들은 여러 가지 방식으로 개입한다: 유한한 운반자와의 관계에서 직물의 주름들의 자율성을 보증하는 것으로서; 그것들 자체가 물질적 주름을 무한하게 상승시키는 것으로서; 무한한 정신적 힘을 감각할 수 있게 해주는 '파생적 힘들'로서. 이것은 바로크의 대표작에서뿐만 아니라, 바로크의 상투적인 작품들, 완성되어 있는 정식들 혹은 흔한 작품들에서도 볼 수 있다. 사실, 만일 무한하게 나아가는 주름이라는 바로크의 정의를 시험하고자 한다면, 대표작들에서 만족할 수는 없고 장르를 변화시키는 요리법 또는 방식들에까지 내려가야 한다: 예를 들어, **정물화**는 이제 주름들만을 대상으로 취한다.[3] 바로크 정물화의 요리법은 이렇다: 장식 휘장, 이것은 공기 또는 무거운 구름의 주름들을 만든다; 식탁보, 이것은 바다 또는 강의 주름을 지닌다; 금은세공품, 이것은 불의 주름을 태운다; 야채, 버섯 또는 설탕에 절인 과일들

2 Bresc-Bautier, Ceysson, Fagiolo dell'Arco, Souchal, *La grande tradition de la sculpture du XVᵉ au XVIIIᵉ siècle*, Ed. Skira 참조. 파지올로 델라르코는 바로크 조각에 관해, 수샬은 '로코코'에 관해 뛰어난 주석을 붙이고 있다. 우리가 원용한 예들은 이 책에 모두 수록, 분석되어 있다. p. 191, p. 224, p. 231, p. 266, p. 270.
3 정물화nature morte는 글자 그대로 보자면 '죽은 자연'이란 뜻을 지니는데, 이 부분에선 정물화를 그리는 방식이 곧 자연을 바라보는 방식이라는 뜻이 담겨 있다(옮긴이).

은 땅의 주름들 안에 붙잡혀 있다. 그림은 이토록 가득 주름들로
채워져 있어서, 누군가는 일종의 분열증적 '포만 상태'에 빠지고,
또 누군가는 그림으로부터 정신적인 교훈을 끌어내면서 그 그림을
무한하게 만들지 않고서는 주름들을 끄집어낼 수 없게 된다. 천을
주름들로 덮으려는 이 야망이 우리에게는 현대 예술에서도 다시
발견되는 듯 보인다: 표면 전체를 뒤덮는 all-over 주름.

　물질의 극점 법칙이란 최소 연장에 최대 물질이라는 것이다. 따
라서 종종 '실제처럼 보이는 그림'에서처럼, 물질은 틀 밖으로 나
가려는 경향을 지니며, 또한 수평적으로 퍼져나가는 경향을 지닌
다: 확실히, 공기와 불과 같은 요소는 높은 곳으로 가려 하지만,
물질은 일반적으로 폭과 넓이, 외연에 있어 자신의 겹주름들을 멈
추지 않고 펼친다. 뵐플린은 이렇게 "선이 넓이에 있어 두꺼워지
는 것multiplication," 덩어리의 이러한 취향 그리고 "덩어리가 이
렇게 무겁게 옆으로 퍼지는 것," 모든 것을 미세한 경사(傾斜) 위
에서 끌고 가는 이러한 유체성과 점성을 지적했다. 앵포르멜의 완
전한 정복: "고딕은 구성의 요소를 강조한다: 단단한 틀, 가볍게
안을 채움; 바로크는 물질을 강조한다: 틀이 때로는 완전히 사라
지기도, 때로는 남아 있기도 하지만, 거친 데생인 틀조차도 밖으로
흘러넘치는 덩어리를 담기에 충분치 않다."[4] 만일 바로크가 종합
예술 또는 예술들의 통일성을 확립했다면, 그것은 우선 그 외연에
있어서 그러한데, 각 예술은 연장되려고 하고 더 나아가 자신을 벗
어나 인접 예술에서 실현되려고 한다. 바로크는 종종 회화를 제한
했으며 회화를 교회 제단 뒤 장식화 위치에 한정시켰다고 지적되
어왔다. 그러나 이것은 오히려 회화가 자신의 틀에서 빠져나와 다
색(多色) 대리석의 조각에서 실현되기 때문이다; 그리고 조각은
자신을 넘어서서 건축에서 실현된다; 그리고 다음으로 건축에서
는 파사드에서 틀이 발견되는데, 이 틀 자체는 내부로부터 분리되

223

제9장 — 새로운 조화

---

4 Wöfflin, *Renaissance et Baroque*, Ed. Montfort, p. 73(그리고 3장 전체).

피에라비노 Fieravino, 일명 몰타 기사 dit le Chevalier Maltais

베테라Bettera, 「오감의 알레고리 Allégorie des cinq sens」(17세기 후반)

어 나와 건축을 도시 계획 안에서 실현하는 방식으로 주위와의 관계에 들어간다. 이 연쇄의 두 끝에서 화가는 도시 계획 입안자가 되고, 사람들은 폭이나 외연에 있어 예술들의 연속성의 경이로운 전개를 목격한다: 틀들이 끼워져 있는데, 가로질러 가는 물질이 각 틀 위에서 흘러넘치는 것으로 드러난다. 이러한 예술들의 외연적 통일성은 공기와 땅, 불과 물까지 나르는 우주적 극장을 형성한다. 여기에서 조각들은 진정한 등장인물이고, 도시는 장식이며, 이곳의 관객들은 그 자체로 색칠된 이미지 또는 조각들이다. 예술 전체는 〈사회Socius〉, 즉 바로크 춤으로 가득한 공적인 사회적 공간이 된다. 아마도 두 예술 '사이에,' 회화와 조각 사이에, 조각과 건축 사이에 자리하는 취향, 그래서 '퍼포먼스'로서의 예술들의 통일성에 도달하고 관객을 이 퍼포먼스 자체 안에서 받아들이는 이러한 취향은 현대의 앵포르멜에서 다시 발견될 것이다(미니멀 minimal 아트는 당연히 극점 법칙에 따라 이름붙여졌다).5 접힘–펼

---

5 칼 앙드레Carl Andre의 평면 조각들, 그리고 '조각들pièces'의 개념화(아파트먼트의 방 pièces이라는 의미에서)는 회화-조각, 조각-건축이라는 이행을 보여줄 뿐만 아니라, 소위 미니멀 아트의 외연적 통일성을 보여줄 것이다. 미니멀 아트에서 형상은 부피volume를 더 이상 제한하지 않으며, 모든 방향으로 무제한적인 공간을 껴안는다. 사람들은 토니 스미스Tony Smith가 환기시킨 라이프니츠 고유의 상황으로부터 강한 인상을 받을 것이다: 한 대의 닫힌 자동차가 고속도로를 달리는데, 오로지 그 차의 전조등만이 고속도로를 밝히고 있고, 자동차의 앞 유리창에는 전속력으로 아스팔트가 연이어 나타난다. 이것은 모나드이며, 여기에는 특권 지대가 있다(만일 아스팔트가 밖에 있기 때문에 울타리가 사실 완전하지 않다고 누군가가 반박한다면, 네오-라이프니츠주의는 절대적인 울타리보다는 포획이라는 조건을 요구한다는 점을 기억해야만 할 것이다; 그리고 여기에서 조차 울타리는 완전하다고 간주될 수 있는데, 밖의 아스팔트가 창유리에 나타나는 것과 아무런 관련도 없다는 점에서 그렇다). 미니멀 아트, 그리고 그에 앞서 구성주의 constructivisme 내에 있는 명시적인 바로크적 주제들에 대한 상세한 조사가 필요할 것이다: 바로크에 대한 다음의 뛰어난 분석을 참조. Strzeminski et Kobro, *L'espace uniste, écrits du constructivisme polonais*, Ed. L'Age d'homme. 그리고 *Artstudio*, n° 6, 1987년 가을호: 토니 스미스에 관한 크리키Criqui의 글, 칼 앙드레에 관한 아셰메이커 Assenmaker의 글, 저드Judd에 관한 첼란트Celant의 글, 르위트LeWitt에 관한 웰리슈 Marjorie Welish의 글, 그리고 로버트 모리스Robert Morris에 관한 긴츠Gintz의 글은 바로크와의 지속적인 대면을 수행한다(특히 모리스의 펠트 주름들을 참조할 수 있을 것이다, p. 121, p. 131). 크리스토Christo의 '퍼포먼스'에 관한 특별한 연구가 필요할 것이다: 거대한 포장과 그 외피의 주름들.

침, 포괄-전개는, 바로크에서와 마찬가지로 오늘날에도 이러한 작업에서 변함없는 것들이다. 이 예술들의 극장은 라이프니츠가 기술한 것과 같은 '새로운 체계'의 살아 있는 기계이다. 즉 "상이하게 접혀 있으며 얼마간 포괄된" 기계들을 조각들로 가지는 무한한 기계.

그 자체로 압축되어 있고, 접혀 있고 포괄되어 있는 이 요소들은, 세계가 넓혀지고 늘어나게 되는 역량들이다. 경계 또는 틀의 연쇄를 말하는 것으로도 충분치 않다. 왜냐하면 모든 틀은 공간에서 다른 방향들과 공존하는 한 방향을 표시하며, 각 형상은 동시에 모든 방향으로 무제한적인 공간에 통합되기 때문이다. 이것은 최소한 바닥 위에 떠 있는 큰 세계, 하나의 장면 또는 거대한 고원이다. 그러나 이 예술들의 연속성, 외연에서의 집합적 통일성은 전혀 다른 통일성, 내포적이고 정신적인, 점괄(點括)적인, 개념적인 통일성을 향해 분발해 나아간다: 피라미드 또는 원뿔로서의 세계, 여기에서 증기 안으로 사라진 자신의 커다란 물질의 바닥은 하나의 **첨점**(尖點), 광원(光源) 또는 시선점에 연결된다. 이것이 외연의 충만한 연속성과 가장 내포적이고 가장 수축된 개체성을 조화시키는 데 어려움이 없는 라이프니츠의 세계이다.[6] 베르니니의 성 테레사는 자신의 정신적 통일성을 작은 사티로스의 화살에서 찾지 않는다. 그것은 불을 전파시킬 뿐이다. 그의 정신적 통일성은 높은 곳에 있는 금빛 광선들의 우월한 원천에서 발견된다. 가장 전형적인 바로크 형태인 큐폴라[7]의 법칙은 이중적이다: 이것의 바닥은 연속적이고 움직이고 요동하는 커다란 나선형 띠인데, 반면 이것은 닫힌 내부성인 꼭지점을 향해 수렴하거나 진행한다(산탄드레아

---

6 모든 가능 세계를 아우르는 『신정론』의 피라미드뿐만 아니라, 우리 세계의 전체에 적용되는 『신(新)인간지성론』의 원뿔(IV, chap. 16, § 12) 참조: "사물들은 조금씩 완전성을 향해 그리고 비감성적인 정도들을 통과하며 상승한다; 어디에서 감성적인 것과 이성적인 것이 시작하는지 말하기는 어렵다…… 이는 양이 정(正)원뿔 안에서 증가하거나 감소하는 것과도 같다."

7 Cupola: 둥근 곡면의 천장이나 지붕으로서, 돔보다 작은 것을 말한다(옮긴이).

델라 발레Sant'Andrea della Valle에서 란프랑코의 큐폴라). 그리고 아마도 원뿔의 첨점은 뾰족한 각 대신에 오목한 표면을 이루고 있는 곡면으로 대체된다고 말할 수 있을 것이다; 이것은 단지 첨점을 무디게 하기 위한 것만은 아니다. 이것은 그 바닥이 펼쳐질 수 있고 겹쳐져 있는 물질인 것만큼이나, 이 첨점 또한 오목한 면에서 무한히 접히고 휘어져야 하기 때문이다. 이 큐폴라의 법칙은 모든 조각에 적용되고, 또한 어떻게 모든 조각이 건축이며 도시 지역 개발인지를 보여준다. 조각된 신체는 대리석 조직의 무한히 많은 주름 안에 붙잡혀 있는데, 한편으로는 등장인물들 또는 역량들로 구성된, 경계들이 아니라 전개의 방향들을 표시하는 청동의 진정한 요소들로 합성된 바닥을 지시하며, 다른 한편으로는 상위의 통일성, 오벨리스크, 성체 현시대 또는 화장 회반죽의 휘장을 지시하는데, 이곳으로부터 그 신체를 변용시키는 사건이 내려온다. 그러므로 아래에는 파생적 힘들이, 위에는 원초적 힘들이 배분된다. 더 나아가 수직적으로 조직된 집단은 광학적으로 요동하게 되며, 허구적인 수평적 평면 위에 자신의 네 가지 역량들을 놓게 되는 반면, 조각된 신체는 45도 기울어져서 이 바닥과 관계하여 높은 곳을 붙잡는 듯 보이게 된다(그레고리 15세의 무덤). 원뿔로서의 세계는, 예술들 그 자체에 대해, 가장 높은 내부적 통일성과 가장 넓은 외연의 통일성을 공존케 한다. 즉 후자는 전자가 없다면 아무것도 아니다. 무한한 우주라는 가설이 구상된 것은 이미 한참 전의 일이었으며, 이 우주는 지정 가능한 모든 형태들만큼이나 모든 중심을 상실했다; 그러나 바로크의 고유성은 시선점으로서의 꼭지점을 방출하는 투사를 통해 이 우주에 통일성을 다시 부여하는 것이다. 세계가 바닥의 극장, 공상 또는 환영, 라이프니츠가 말한 것처럼 아를르캥의 옷처럼 다루어진 것도 오래된 일이다; 그러나 바로크의 고유성은 환영 안으로 떨어지는 것이나 환영 밖으로 나오는 것이 아니라, 환영 자체 안에서 어떤 것을 **실재화**하는 것, 또는 그것의 방들과 조각들에 집합적 통일성을 다시 부여하는 정신적 **현**

존을 환영에 소통시키는 것이다.[8] 홈부르크의 공자(公子), 그리고 클라이스트[9]의 모든 등장인물은 낭만주의적 영웅이라기보다는 바로크적 영웅이다. 왜냐하면 그들은 미세 지각들의 마비에 시달리며, 환영 안에, 실신 안에, 마비 안에 현존을 실재화하기를, 혹은 환영을 현존으로 변환하기를 멈추지 않기 때문이다: 펜테질레아-테레사? 이 바로크 영웅들은, 현존을 가장하는 것이 환각이 아니라, 환각적인 것이 바로 현존이라는 점을 잘 알고 있다.

발터 벤야민이 알레고리가 실패한 상징, 추상적 인격화가 아니라 상징과는 전혀 다른 형태화의 역량이라는 점을 보여주었을 때, 그는 바로크의 이해에 있어 결정적인 진보를 가져다주었다: 상징은 영원과 순간을 거의 세계의 중심에서 결합하지만, 알레고리는 시간의 질서에 따라 자연과 역사를 발견하며, 이제 중심 없는 세계 안에서 자연을 역사로 만들고 역사를 자연으로 변형한다.[10] 만일 우리가 어떤 개념과 그 대상의 논리적 관계에 대해 고려해본다면, 이 관계를 넘어서는 데에 두 가지 방법이 있다는 것을 보게 되는데, 상징적인 것과 알레고리적인 것이 그것이다. 어떤 때에 우리는 대상을 고립, 순화 또는 집중시키며, 우리는 대상을 우주에 결부시

---

8 더 이상 중심이 없는 무한한 우주의 형성, 그리고 이러한 관점에서 브루노의 역할에 관해, Koyré, *Du monde clos à l'univers infini*, Gallimard 참조; 구의 중심을 원뿔의 꼭지점으로 대체하는 조건하에서 새로운 통일성이 도출된다는 점을 보여준 이는 미셸 세르이다(*Le système de Leibniz*, II, pp. 653~57). 극장이라는 주제에 관해 본푸아Yves Bonnefoy는 바로크의 복잡한 위치를 보여주었다: 환영도 의식에 잡힌 것도 아니면서, 하지만 존재를 산출하기 위해 환영을 사용하는 것, 환각적인 〈현존〉의 자리를 구축하는 것, 또는 '통각된 무를 현존으로 다시 변환시키는 것'. 왜냐하면 신은 무(無)로부터 세계를 훌륭히 만들었기 때문이다. 이것은 본푸아가 '내부성의 운동'이라고 부르는 것이다: *Rome 1630*, Ed. Flammarion 참조.

9 Heinrich Wilhelm von Kleist(1777~1811): 독일의 극작가·소설가. 그의 비극 『홈부르크의 공자』는 상부의 명령 없이 공격을 개시한 덕에 전쟁에는 승리함에도 불구하고 명령 불복종으로 사형 선고를 받은 주인공의 비극적 고뇌와 결단을 담고 있다. 또한 『펜테질레아』는 주인공 펜테질레아가 아마존족의 여왕으로서 적장(敵將)과의 금지된 사랑에 빠져 비극적 죽음을 맞게 된다는 줄거리를 담고 있다(옮긴이).

10 Benjamin, "Allégorie et Trauerspiel," *Origine du drame baroque allemand*, Ed. Flammarion. 그리고 Hocquenghem et Scherer, "Pourquoi nous sommes allégoriques," "Pourquoi nous restons baroques," *L'âme atomique*, Ed. Albin Michel 참조.

키는 그 모든 연관을 끊어낸다. 이렇게 하면서 우리는 그것을 고양시키고, 우리는 그것을 더 이상 단순한 개념과 접촉시키는 것이 아니라 이 개념을 미학적 또는 도덕적으로 전개하는 이념과 접촉하게 한다. 또 어떤 때에는 그 반대로 대상 자체가 모든 자연적 관계망에 따라 넓혀지고, 자기 틀에서 벗어나 하나의 순환 또는 계열 안으로 들어가게 되고, 개념은 점점 더 수축된 채로 내부적으로 되면서 마지막에는 '인격적'이라고 말할 수 있는 심급에 포괄된 것으로 발견된다: 이러한 것이 원뿔 또는 큐폴라로 된 세계이며, 언제나 외연으로 넓게 퍼져 있는 그것의 바닥은 이제 중심과 관계하지 않으며 첨점 또는 꼭지점으로 향해 있다. 알레고리의 세계는 특히 가문(家紋)·메달 등에 새겨진 명구(銘句)와 문장(紋章)[11]에 드러난다: 예를 들어, 고슴도치의 형태가 그려져 있으면, 이것은 "가까이 그리고 멀리"라는 명문(銘文)을 설명해준다. 왜냐하면 고슴도치는 가깝게는 가시들을 곤두세우고, 멀리는 뻣뻣한 털을 뻗치고 있기 때문이다. 명구와 문장은 알레고리가 무엇인지 더 잘 이해할 수 있게 해주는 세 가지 요소를 가지고 있다: 이미지들 또는 형태화들, 명문들 또는 문장(文章)들, 개인 소유자들 또는 고유명사들. 보기, 읽기, 헌정하기(또는 서명하기).

　우선, 바닥의 이미지들, 하지만 이것은 모든 틀을 부수고, 연속적인 프레스코화를 형성해 확장된 순환 안으로 들어가려고 한다(같은 동물의 다른 양상이든, 아니면 다른 동물들의 그것이든): 즉 형태로 그려진 것, 동물 또는 다른 사물은 상징에서처럼 결코 본질이나 속성이 아니라, 그러한 이름으로 하나의 역사에, 계열에 관계하는 사건이다. 「충성이 사랑에 왕관을 씌우다」와 같은 가장 빈약한 형태화에서조차, 우리는 알레고리의 매력, 즉 앞에 오는 것과 뒤따르는 것에 호소하는 사건의 현존을 발견한다.[12] 두번째로, 명문

---

11 서양에서 국가, 가문(家門)이나 단체 등을 상징적으로 나타내기 위해 동식물이나 기타 여러 가지 물체를 도안화한 그림이나 문자(옮긴이).

12 「충성이 사랑에 왕관을 씌우다」는 클라다우Claddagh 마을에서 기원한 클라다우 반지와

들, 이것은 이미지들과 애매한 관계에 있어야만 하는데, 그 자체로 단순하고 분해 불가능한 행위들로서의 명제이며, 하나의 내부적 개념, 진정으로 명제적인 개념으로 향해 나아간다: 이것은 술어와 속성으로 분해되는 판단이 아니라, "가까이 그리고 멀리"처럼 전적으로 술어인 명제이다. 마지막으로, 다양한 명문들 또는 명제들, 다시 말해 명제적 개념 그 자체는 이 개념을 포괄하고 또 자신을 소유자로서 규정하는 개체적 주체[주어]와 연관된다: 알레고리는 우리에게 〈미덕(美德)〉를 보여주는데, 그러나 이것은 미덕 일반이 아니라, 추기경 마자랭의 미덕, 추기경의 귀속들이다[13]; 〈요소들〉 자체도 루이 14세 또는 다른 경우에서 어떤 귀속하에 나타난다. 개념concept은 '콘체토concetto'가 된다. 이것은 첨점이다. 왜냐하면 이것은 개체적 주체 안에 접혀 있는데, 여기에서 이 개체적 주어는 마치 다양한 명제들을 자신 안에 한데 모을 뿐만 아니라, 순환 또는 계열의 이미지들 안에 이 명제들을 투사하는 인격적 통일성과도 같다.[14] 콘체티슴concettisme의 실천가와 이론가들은 전

관련된다. 이 반지에는, 서로 맞잡고 있는 두 손 사이에 커다란 하트가 놓여 있으며 하트 위에 왕관 그림이 새겨져 있다. 이 문양은 오래전부터 전해져 내려오다가 17세기에 이르러 사랑과 우정을 확인하면서 교환하는 반지에 새겨지기 시작했다. 하트는 사랑을, 손은 우정과 신념을, 왕관은 충성과 충실을 담고 있다(옮긴이).

13 중세와 르네상스 기독교에는 일곱 가지 주요 미덕과 주요 악덕이 있었으며, 이것은 종종 인격화되었다. 일곱 가지 악덕은 자만, 탐욕, 색욕, 노여움, 질투, 폭식, 나태이고, 일곱 가지 미덕은 신앙, 희망, 자비, 강인, 절제, 신중, 정의이다. 마자랭Jules Mazarin은 이탈리아 출신의 프랑스 재상(宰相)으로, 리슐리외에 이어 부르봉 왕조의 절대주의를 완성하는 데 공헌하였다. 예를 들어, 쿠아즈보의 작품 「마자랭 주교의 무덤」을 보면 마자랭 주교와 천사를 중심에 놓고, 하단에 신중, 평화, 충실의 세 형상이 둘러싸도록 배치되어 있다(옮긴이).

14 특히 테사우로를 포함하여 17세기의 많은 저자들은 명구('imprese')와 문장을 구분하기 위해 노력한다: 개체[개인]를 지시하는 것은 전자인 반면, 후자는 도덕적 진리를 표현하고 순환 속에서 전개되는 특권을 갖는다는 것이다. 그러나 이 구분은 추상적이며, 개인적인 지시관계는 끊이지 않는다는 점을 누구나 알고 있다. 희미하게나마 언제나 귀속은 존재한다. 주목할 만한 것으로는 다음을 참조할 수 있을 것이다. Cornelia Kemp, "Cycles d'emblèmes dans les églises de l'Allemagne du Sud au XVIIIᵉ siècle"과 Friedhelm Kemp, "Figuration et inscription," in Figures du Baroques, PUF. 코르넬리아 켐프는 특별히 흥미를 끄는 예를 인용하는데, 아펠트라흐Apfeltrach에 있는 성 레오나르Léonard의 순환이 그것이다: 고유명사는 이중의 명제 개념을 포함하며('레오leo' 〔 '사

혀 철학자가 아니었지만, 개체와 조화되는 개념에 관한 새로운 이론을 위해 풍부한 재료를 공들여 만들었다. 이들은 원뿔로 된 세계를 제작하는데, 이것은 바로크에서 현시되고 인정된다. 이 세계는 엠마누엘 테사우로[15]의 책 『아리스토텔레스의 망원경』(1655)의 표제 그림에 알레고리의 알레고리로서 나타나기도 한다: "표제 그림의 가운데에서 원뿔 모양의 왜상(歪像), 즉 원뿔 안에서 재합성된 이미지를 발견할 수 있다. "하나 안에 전체가"라는 구절은 이렇게 해서 읽을 수 있게 된다; 이 왜곡된 구절은 〈회화〉를 재현하는 알레고리적 형태에 의해 씌어져 있다. 테사우로에 따르면 〈회화〉는 실재를 형태화된 것으로 변형하겠지만, 그러나 원뿔은 실재를 재발견할 수 있도록 해준다."[16]

라이프니츠는 얼마나 이 세계에 열의를 다하고, 또 여기에 결여된 철학을 부여하는가. 이 철학의 중요한 심급은 다음과 같이 표명된다. 감각적 대상을 연속성의 법칙에 종속된 일련의 형태들 또는 양상들로 변형하기; 이 형태화된 양상들에 상응하고, 명제들 안에 씌어진 사건들을 부여하기; 이 명제의 개념을 담고 있고 첨점 또는 시선점으로서 정의되는 개체적 주어에 그 명제들을 술어화하기. 여기에서 식별불가능자의 원리는 개념과 개체의 내부성을 보증한다. 이것은 라이프니츠가 '무대의 원근화법-정의들-시선점'이라는 삼위일체 안에서 종종 취하는 것이다.[17] 여기서 도출되는 가

자' 라는 뜻]와 '나르두스nardus' 〔 '감송향' 이라는 뜻〕), 이것은 이미지들이 순환되는 두 부분을 불러일으킨다.

15 Emmanuel Tesauro: 예수회 수도사였으며, 가문 역사학자, 시인, 학자, 그리고 외교관이었다. 그의 가장 중요한 작품 『아리스토텔레스의 망원경』은 문장과 은유에 관한 풍부한 분석을 담고 있으며, 여기에서 제시된 개념들은 이후 18세기까지 많은 문장 연구가들에게 영향을 미쳤다(옮긴이).

16 Vanuxem, "Le Baroque au Piémont," in *Renaissance Maniérisme Baroque*, Ed. Vrin, p. 295.

17 *Nouveaux essais*, III, chap. 3, § 15: "하나의 같은 본질을 표현하는 데에는 여러 가지 정의가 있다. 마치 같은 구조 혹은 같은 도시가 그것을 바라보는 상이한 측면들에 따라서 상이한 원근화법들에 의해 재현될 수 있듯이." 만일 시선점이 각 원근화법과 더불어 변한다고 이야기된다면, 이는 단지 표현의 편의 때문이다: 실제로, 시선점은 '원근화법들'이 하나의 계열을 형성하기 위한 조건이다.

장 중요한 귀결은 하나와 여럿의 새로운 관계에 관련된다. 객관적인 의미에서 하나가 언제나 여럿의 단일성이라면, 이번에는 주관적인 의미에서 하나의 다수성과 여럿의 단일성 또한 있어야만 한다. 여기에 하나의 순환, "하나 안에 전체가." 즉 하나-여럿과 여럿-하나가 하나-하나와 여럿-여럿에 의해 완성되는 순환이 실존한다. 이러한 점은 미셸 세르가 잘 보여주었다.[18] 이 사각형은 개체

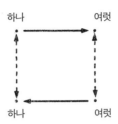

적 단일성 또는 〈각자〉인 하나의 분배적 특징 안에서, 또 합성된 단일성, 무리 또는 축적인 여럿의 집합적 특징 안에서 해답을 발견한다. 이것은 어떻게 여럿이 분배적 단일성에 귀속되고, 또한 어떻게 집합적 단일성이 여럿에 귀속되는지를 보여주는 귀속과 그것의 역전이다. 그리고 귀속이 알레고리의 열쇠라는 게 사실이라면, 라이프니츠 철학은 세계의 알레고리, 세계의 서명으로서 인식되어야 하며, 더 이상 고대적인 방식에 따르는 우주의 상징으로서 인식되어서는 안 된다. 이러한 관점에서, 「모나돌로지」의 정식, "합성된 것들은 단순한 것들과 함께 상징작용한다"[19]는 상징으로의 회귀와는 거리가 먼 것이며, 상징을 알레고리로 변형 또는 번역함을 지시한다. 모든 가능 세계의 알레고리는 『신정론』의 이야기에 나오는데, 이것을 피라미드의 왜상이라고 부를 수 있을 것이며, 또 그것

18 Serres, II, p. 620: "우주의 평면도, 각자-전체와 전체-각자의 관계, 이러한 라이프니츠 철학과 그의 저작들의 체계적인 주제."

19 이 정식은 *Monadologie*, § 61에 있다. 「모나돌로지」 61번의 내용은 하나의 영혼이 전 우주와 상호작용 관계에 있다는 것을 함축한다. 여기에서 symboliser는 어원상의 의미를 따라 '상호적 관계를 유지한다'를 의미한다(옮긴이).

은 형태들, 명문들 또는 명제들, 명제적 개념들을 지닌 개체적 주어들 또는 시선점들을 결합한다(이를테면, "루크레티아를 능욕하다"는 술어-명제이며, 여기에서 섹스투스는 시선점으로서의 주어이다. 그리고 이 시선점 안에 담겨진 내부적 개념은, 라이프니츠가 알레고리를 제공한 '로마 제국'이다).[20] 바로크는 새로운 유형의 이야기를 도입한다. 여기에서는 앞서 언급한 세 가지 특징에 따라, 기술(記述)은 목적어[대상]의 자리를 차지하고, 개념은 서술적이 되고, 그리고 주어[주체]는 시선점, 발화의 주어가 된다.

바닥의 통일성, 외연에 있어서 집합적 통일성, 틀을 벗어나면서 작동하는 수평적인 물질적 과정, 예술들의 연속성으로서의 우주적인 극장은 또 다른 통일성, 사적이고 정신적이고 수직적인 통일성, 꼭지점의 통일성으로 향해 있다. 그리고 바닥에만 연속성이 있는 것이 아니라, 바닥에서 꼭지점으로도 연속성이 있다. 왜냐하면 이것이 어디에서 시작하고 끝나는지 말할 수 없기 때문이다. 아마도 이 꼭지점은 〈음악〉일 것이고, 그것으로 향해 있던 무대는 오페라로 밝혀지는데, 이 오페라는 모든 예술을 이 상위의 통일성으로 인도한다. 사실 무엇보다 음악에는 르네상스 이래 이중적인 면이 없지 않은데, 왜냐하면 음악은 초감성적인 질서와 척도에 대한 지적인 사랑이면서 그와 동시에 물체적인 진동들로부터 나오는 감성적 쾌락이기 때문이다.[21] 더 나아가, 외연에 있어 끊임없이 모든 선율을 전개하는 수평적 멜로디이면서 그와 동시에 내부적인 정신적 통일성 혹은 꼭지점을 구성하는 수직적 화성이다. 그렇지만 여기에서 전자가 어디에서 끝나고 후자가 어디에서 시작하는지 알 수가 없다. 그러나 정확하게 말해서, 바로크에 속하는 것은, **멜로디로부터 화성을 추출하는 것**이며, 그리고 그토록 많은 멜로디 선율처

---

20 *Théodicée*, § 416 참조. 크리스티안 프레몽은 어떤 의미에서 섹스투스의 역사가 로마 제국의 '토대 이야기'인지 보여주었다: "Trois fictions sur le problème du mal," in *René Girard et le problème du mal*, Ed. Grasset.

21 *Principes de la Nature et de la Grâce*, § 17.

제9장 — 새로운 조화

럼 예술들을 서로 관계시키는 상위의 통일성을 항상 복원하는 것
이다: 소위 바로크 음악의 가장 일반적인 정의를 구성하는 것이
바로 이 화성의 상승이다.

많은 주석가들은 라이프니츠에게서 〈조화〉의 개념이 매우 일반
적인 것으로 머물러 있으며 완전성과 거의 동의어에 가깝고, 은유
의 자격에서만 음악을 참조한다고 평가한다: "다양성 내의 통일성"
"다수성이 규정 가능한 통일성과 연관될 때에 조화가 있다" "어떤
통일성으로."[22] 그럼에도 불구하고 두 가지 이유에서 음악적인 참
조가 정확한 것이며, 라이프니츠 시대에 일어난 것과 관련된다고
믿을 수 있게 된다. 첫번째는, 조화가 언제나 예정된 것으로서 사
유된다는 점인데, 이것은 정확히 아주 새로운 위상을 함축한다;
그리고 조화가 기회 원인설에 그토록 분명하게 대립한다면, 이는
기회〔경우〕가 일종의 대위법 역할을 하며, 이때 대위법은 여전히
음악을 멜로디적이고 다성(多聲)적으로 개념화하는 것에 귀속된
다는 점에서 그러하다.[23] 마치 라이프니츠는 바로크 음악과 함께
탄생하고 있던 것에 주의를 기울였던 반면, 그의 논쟁자들은 고대
적 개념에 매여 있었던 것과 같다. 두번째 이유는, 조화가 다수성
을 임의의quelconque 단일성에 관계시키는 것이 아니라, 구분되
는 특징들을 보여주어야만 하는 '어떤certain 단일성'에 관계시킨
다는 점이다.[24] 사실 거의 쿠자누스의 신(新)피타고라스적인 텍스

22 *Eléments de la piété véritable*(Grua, p. 12). 특히 이봉 블라발은 라이프니츠의 조화가 특
별히 음악적인 영감을 보여주진 않는다고 생각한다(*Etudes leibniziennes*, Gallimard, p.
86): 그리고 그가 라이프니츠를 음악의 역량과 대면시킬 때, 그가 생각하는 것은 현대의
'알고리즘 음악'이지, 라이프니츠 동시대의 바로크 음악은 아니다(p. 381 이하).

23 대위법이란 독립성이 강한 둘 이상의 멜로디를 동시에 결합하는 작곡기법이다. 선율의
결합의 두 축으로는 화성과 멜로디가 있는데, 이중 무엇이 우위에 있는가에 따라 각각
화성음악homophony과 다성음악polyphony으로 불린다. 그리고 전자의 기법이 화성법,
후자의 기법이 대위법이다. 그러므로 대위법에서는 각 성부가 명료하게 식별할 수 있는
선율적 독립성을 지닌다. 대체로 구분해보자면, 서양 음악의 역사에서 16세기 말까지가
다성음악의 시대이며, 18세기 후반부터 19세기 말까지가 화성음악의 시대에 해당하고,
17·18세기 및 20세기는 양자의 공존을 특징으로 한다. 따라서 본문에서 라이프니츠가
자신의 동시대에 이제 막 탄생하고 있는 일에 대해 주의를 기울이고 있었다는 부분은 이
러한 시대적 특징 속에서 이해될 수 있다(옮긴이).

트를 다시 취하는 것처럼 보이는 프로그램-텍스트에서, 라이프니츠는 세 가지 특징을 제안한다: 〈실존〉, 〈수〉 그리고 〈아름다움〉. 조화적 단일성은 무한의 단일성이 아니라, 실존하는 것을 무한으로부터 나온 것으로 사유할 수 있게 해주는 단일성이다; 이것이 다양체를 포괄한다는 점에서 이것은 수적 단일성이다("실존한다는 것은 조화롭다는 것 이외에 다른 것이 아니다"); 감각들이 이것을 모호하게 심미적으로 붙잡는다는 점에서, 이것은 감성적인 것 안에서 계속된다.[25] 조화적 단일성의 문제는 니콜라우스 쿠자누스의 말처럼 '가장 단순한' 수, 그에 따르면 무리수의 문제가 된다. 그러나 무리수와 실존하는 것을 근접시키는 일, 또는 무리수를 실존하는 것의 수로서 간주하는 일이 라이프니츠에게서도 일어나지만, 나누어지지 않는 수 안에 포괄되어 있는 또는 감추어져 있는 유리수의 무한 급수를 특정한 형식하에서 발견하는 것이 그에게 가능해 보인다. 그런데 그 가장 단순한 형식이란 바로 역수라는 형식이다. 즉, 임의의 분모가 수적 단일성(=1)을 분자로 삼아 관계될 때 그렇다: n의 역인 $\frac{1}{n}$.[26] '조화'라는 말의 상이한 등장을 고려해본다면, 이것은 한결같이 역(逆) 또는 역수를 지시한다: 수들의 조화 삼각형, 이것은 라이프니츠가 발명한 것이었으며 파스칼의 대수

24 quelconque와 certain, 이 두 단어의 의미를 구분하기 위해서 다음의 예를 참고하도록 하자. "Prenons un quelconque de ces nombres"(이 수들 중의 어느 하나를 택합시다)에서 quelconque는 특별히 어떤 것을 선호할 이유가 없는 것, 임의적인 것을 뜻한다. 반면 "D'un certain point de vue, il a raison"(어떤 관점에서는 그가 옳다)에서 certain은 아직 그 내용은 밝혀져 있지 않지만 특정한 방식으로 규정되어 있는 어떤 것을 의미한다(옮긴이).

25 *Eléments de philosophie cachée*, Jagodinsky, pp. 35~36(*Eléments de la piété*의 텍스트는 유비적인 운동을 제시한다). 니콜라우스 쿠자누스의 텍스트는 *Dialogue sur la pensée*, chap. VI: "단 하나의 무한한 원리만이 있을 수 있으며, 이것만이 무한하게 단순하다……" *Œuvres choisies* par Maurice de Gandillac, pp. 274~76.

26 니콜라우스 쿠자누스에게 무리수는 '가장 단순한' 것인데, 왜냐하면 이것은 짝수와 홀수로 합성된 대신에 그 자체로 짝수와 홀수이어야 하기 때문이다. 그러나 라이프니츠에게는, 무리수는 유한한 유리수의 무한 급수를 역수의 형식으로 포괄하게 된다: $\frac{1}{1} - \frac{1}{3} + \frac{1}{5} - \frac{1}{7}$ …… (*Nouveaux essais*, IV, chap. 3, § 6; 그리고 *De la vraie proportion du cercle au carré circonscrit*, GM, V, pp. 118~22). 조화는 이러한 유형의 계열들을 가리킨다.

삼각형을 완성시키기 위한 것이었다; 조화 평균, 이것은 역수들의 합을 담고 있다; 또한 조화 분할, 조화 순환, 그리고 이후에 사람들이 주기 운동의 조화[27]라고 발견하게 될 것.[28]

이 예들은 비록 단순하지만, 모나드 이론의 어떤 특징들을 이해할 수 있게 하고, 또 무엇보다도 왜 모나드들에서 조화로 나아가지 않고 조화에서 모나드들로 나아가는지를 이해할 수 있게 해준다. 조화는 모나돌로지적인데, 왜냐하면 모나드들이 우선 조화롭기 때문이다. 프로그램-텍스트는 이것을 잘 말해준다: 무한한 〈존재〉는 자신이 조화롭다고 판단하는 것을 모나드라고, 즉 지적 거울 또는 세계의 표현이라고 인식한다. 그러므로 모나드는 가장 전형적인 실존자이다. 즉 피타고라스와 플라톤적인 전통에 맞게, 모나드는 물론 수(數)이며 수적 단일성이다. 모나드는 라이프니츠에게 가장 '단순한' 수, 즉 역수, 조화 수이다: 모나드는 세계의 거울인데, 왜냐하면 이것은 신의 역전된 이미지, 무한의 역전된 수, $\frac{\infty}{1}$ 대신 $\frac{1}{\infty}$ 이기 때문이다(마찬가지로 충족 이유도 무한한 동일성의 역전이다). 신은 모나드를 자신의 고유한 역전으로 사유하며, 또 모나드는 세계를 표현하는데 오직 모나드 자신이 조화롭기 때문에 그러하다. 예정 조화는 그러므로 신의 실존의 독창적인 증명일 것이다. 신적 정식 $\frac{\infty}{1}$ 를 재발견한다는 점에서: 이것은 역(逆)을 통한 증명이다.[29]

---

27 여기에서 harmoniques는 파동의 진동수가 기본파의 정수배가 되는 파들을 의미한다. 앞서 언급한 것처럼, 음파의 경우 배음(背音)이라고도 한다(옮긴이).

28 수들의 조화 삼각형에 관해서, *Histoire et origine du calcul différentiel*, GM, V, pp. 396~406과 *Nouvelle avancée de l'algèbre*, VII, p. 175 참조: 삼각형의 밑면은 이제 일련의 자연수가 아니라, 역수들의 계열, $\frac{1}{1}$, $\frac{1}{2}$, $\frac{1}{3}$ …… 이다. 세르는 조화 삼각형의 특징과 법칙에 대해 주석을 붙였으며, 이것이 조화 이론 안에서 차지하는 모든 중요성을 보여주었다: I, pp. 186~92과 II, pp. 448~77(음악과의 관계). 행성들의 조화 순환과 라이프니츠가 뉴턴의 중력작용을 통합하는 데 사용한 제곱의 반비례 정리 법칙에 관해, *Essai sur les causes des mouvements célestes*, GM, VI; 그리고 Koyré, *Etudes newtoniennes*, Gallimard, pp. 166~79 참조.

29 아르노에게 보내는 편지, 1687년 9월, GPh, II, p. 115: "……신의 실존에 대한, 또는 각 결과가 언제나 자신의 시선점과 자신의 능력에 따라 표현해야만 하는 공통 원인에 대한

역수는 특별한 특징을 지닌다: 이것은 무한하게 크거나 무한하게 작지만, 또한 개체적이고 분배적인데, 이는 집합적인 자연수와 대조된다. 분자로 받아들여진 단일성들은 서로간에 동일하지 않은데, 왜냐하면 이것들은 각자의 분모로부터 서로를 구분해주는 표지(標識)를 받기 때문이다. 이런 이유로, 조화는 세계의 영혼 또는 보편적 정신이라는 가설을 전혀 확증해주지 않으며, 반대로 다양한 도관(導管)들 안에 분배된 '개별적 숨결들'의 환원 불가능을 증명한다; 세계의 영혼은 범신론에 고유한 혼동, 수와 그 역수, 신과 모나드 사이의 혼동을 함축한다.[30] 수학자 로빈슨은 라이프니츠의 모나드를 초월수와는 아주 다른 무한수로, 세계의 수렴하는 계열을 반영하는 무한히 작은 것들의 지대로 둘러싸인 단일성으로 간주할 것을 제안했다.[31] 그리고 사실 문제는 어떻게 분자의 단일성이 분모의 무한과 결합되면서($\frac{1}{\infty}$) 그럼에도 불구하고 그와 동시에 서로 구분되는 변량과 결합되는가를 아는 것이다($\frac{1}{n}$, 이것은 $\frac{1}{2}$, $\frac{1}{3}$, 또는 $\frac{1}{4}$ ……에 필연적으로 적용된다): 각 모나드는 온 세계를 표현하지만, 그러나 "모든 것을 똑같이 표현하지는 않습니다, 만일 그렇지 않다면 영혼들간의 구분점이란 존재하지 않을 것입니다."[32] 앞서 우리는 라이프니츠가 어떻게 그의 방식대로 이것을 양립시킬 수 있었는지 보았다: 각 모나드는 세계를 표현한다($\frac{1}{\infty}$), 그러나 세계의 특정한 지대밖에는 명석하게 표현하지 못한다($\frac{1}{n}$, 이때 n은 각 경우에 정확한 값을 갖는다). 각 모나드는 세계를 무한하게 작은 것들의 무한 계열로서 포함한다. 그러나 계열의 제한된 범위에서만 차이적 관계들과 통합〔적분〕을 구성하며, 그 결과 모나드들 자체가 역수들의 무한한 계열 안으로 들어간다. 각 모나드는 자신의 세계 범위 또는 자신의 명석한 지대 안에서 **그리하여 화**

가장 강력한 증명들 중 하나."

Considérations sur la doctrine d'un Esprit universel unique, GPh, VI, p. 535.

31 Abraham Robinson, *Non-standard Analysis*, Amsterdam, 1966.

32 아르노에게 보내는 편지, 1687년 4월.

237

제9장 — 새로운 조화

음들을 내놓는데, 어떤 상태와 이것의 차이소들과의 관계, 다시 말해 그 상태 안으로 통합되는 무한하게 작은 것들 사이의 차이적 관계들과의 관계가 '화음'이라고 불리는 한에서 그러하다. 이것이 감성적 상태 안에 있는 지성적 계산의 산물이라는 점에서, 여기에 화음의 이중적 양상이 있다. 바다 소리를 듣는 것, 이것은 화음을 동시에 연주하는 것이며, 또 각 모나드는 자신의 화음을 통해 내부적으로 서로 구분된다: 모나드는 역수이고, 화음은 모나드의 '내적 작용'이다.

각 모나드는 온 세계를 표현하면서, 무한히 많은 미세 지각들, 작은 외력들, 작은 용수철들의 형식하에서 세계를 포함한다: 세계가 자아 안에 현존함, 세계를 향해-있는 자아는 '동요'이다(망보고 있음). 내가 무한히 작은 것들의 집합 내에, 이 집합의 적분, 다시 말해 명석하고 구별되는 지각을 가능케 해주는 차이적 관계들을 확립할 수 있을 때마다 나는 화음을 생산한다. 이것은 필터, 선별이다. 그런데, 한편으로 나는 언제나 그리고 곳곳에서 이렇게 할 수 있는 것은 아니며, 오로지 모나드마다 변하는 특정한 지대 안에서만 이것을 할 수 있다: 그 결과 각 모나드마다 세계의 가장 큰 부분은 연관되어 있지 않고, 분화되지 않고, 적분되지 않은 마비의 상태로, 화음의 밖에 머물러 있다. 여기에서 말할 수 있는 것 전부는, 그 대신, 규정 가능한 하나의 모나드의 지대 안에 붙잡히지 않는 세계의 부분, 그리고 이 모나드에 의해 생산된 화음들을 지니지 않은 세계의 부분이란 없다는 것이다. 그러나, 다른 한편으로 그리고 더 중요한 것으로, 하나의 모나드가 생산한 화음들은 서로 매우 다를 수 있다. 확실히 라이프니츠의 텍스트는 화음의 분류를 정당화한다. 바로크 시대에 만들어진 것과 같은 음악적 화음을 가져와 여기에 직접 대입하려고 한다면 잘못일 것이다; 그럼에도 불구하고 라이프니츠가 음악적 모델의 관점에 무관심했다고 결론내리는 것도 또한 잘못일 것이다: 라이프니츠가 계속해서 비유에 새로운 엄밀함을 부여하고자 한다는 점이 일단 이야기되면, 오히려 중요한 것은 비유다. 가장 높은 곳에서, 모나드는 **장조이면서 완전한 화음**들을 생산한다: 바로 여기에서 동요의 작은 외력들은 사라지기는커녕, 다른 화음들 안에서 연속, 연장, 갱신, 다수화될 수 있고 증식되고 반영되는 하나의 즐거움 안으로 통합되며, 보다 더 멀리 갈 수 있는 힘을 언제나 우리에게 제공한다. 이 즐거움은 영혼에 고유한 '지복(至福)'이고 조화의 전형이며, 또 순교자의 기쁨과도 같이 최악의 고통들에서조차 입증될 수 있는 것이다. 바로 이러한 의미에서, 완전 화음은 정지가 아니라, 그 반대로 역동적인 것이며, 이것은 다른 화음들로 이행할 수 있도록, 다른 화음들을 이끌어낼 수 있도록, 무한하게 다시 나타나고 재결합될 수 있도록 해준다.[33] 두번째로, 우리는 다음과 같은 때에 단조 화음에 대해서 말한다. 즉 무한히 작은 것들 사이의 차이적 관계들이 불안정한 통합 또는 조합, 최소한 완전 화음이 끌어당기면서 반대로 역전되는 단순한 즐거움들만을 허용할 때에 그러하다. 왜냐하면, 세번째로, 통합은 고통 안에서 이루어질 수 있기 때문인데, 이것은 **불협화음**의 고유한 점이다. 여기에서 이 화음은 마치 바로크 음악의 이중의 작동에서처럼, 불협음을 예비하고 해결하는 데 있다. 불협음을 예비하는 것, 이것은 이미 즐거움과 함께 수반되었던 절반의-고통들을 통합하는 것인데, 이어지는 고통이 '예상 밖에' 갑자기 나타나지 않는 방식으로 그러하다: 이를테면, 거의 지각할 수 없게 적이 다가오는 것, 약간의 적대적인 냄새 그리고 내려치기 전에 방망이를 조용히 들어올리는 것을 통합하는 법을 알고 있을 때, 그 개는 음악적이다.[34] 그리고 불협화음을 해결하는 것, 이것은 고통을 옮기

239

제9장 — 새로운 조화

---

33 동요의 작은 요소들을 지복의 화음들, 그리고 계속 이어지는 무한한 확대와 일치시키는 것에 관하여, *Nouveaux essais*, II, chap. 21, § 36; *Profession de foi du philosophe*, Ed. Vrin-Belaval, p. 87(그리고 지복의 '조화적' 특징에 관하여, pp. 31~33) 참조.

34 동요의 작은 외력들이 이미 고통인 것은 아니지만, 고통으로 통합될 수 있다: *Nouveaux essais*, II, chap. 20, § 6, 고통의 불협화음은 예비되어야만 한다: chap. 21, § 36의 끝부분("모든 것은 그것을 잘 사유하는 것과 기억 안에 있다"). 개의 예에 관하여, *Eclaircissement des difficultés que M. Bayle a trouvées dans le système nouveau de l'âme et du corps*, GPh, IV, p. 532 참조.

는 것, 고통과 함께 협화음을 내는 장화음을 발견하는 것이다. 순
교자가 가장 높은 지점에서 그렇게 하는 방법을 아는 것처럼. 그리
고 또한 그렇게 함으로써 고통 자체를 제거하는 것이 아니라, 고통
의 공명 또는 원한을 제거하는 것이며, 이때 모든 것은 그것의 수
동성을 피하고, 그것의 원인을 제거하기 위한 노력을 추구한다. 비
록 순교자의 대립의 힘에까지는 이르지 못한다고 할지라도 말이
다.[35] 악에 관한 라이프니츠의 모든 이론은 불협화음들을 '우주적
조화' 안에서 예비하고 해결하기 위한 방법이다. 하나의 반례는 저
주받은 자에 의해 주어진다. 이 영혼은 그만의 유일한 음, 복수 또
는 원한의 영혼, 무한하게 진행되는 신에 대한 증오를 가진 불협화
음을 생산한다; 그러나 악마적이라 할지라도 이것 또한 음악이며
화음이다. 왜냐하면 저주받은 자들은 자신의 고통에서조차 즐거움
을 끌어내며, 무엇보다도 완전화음들을 다른 영혼들 안으로 무한
히 확대하는 것을 가능케 하기 때문이다.[36]

　이러한 것이 조화의 첫번째 측면이며, 라이프니츠는 이것을 **자
발성**이라 부른다: 모나드는 화음들을 생산하는데, 이 화음들은 만
들어지며 또 사라지고, 그렇지만 시작도 끝도 없으며, 서로가 서로
의 안으로 또는 자신들 자체로 변형되고, 또한 해결 또는 전조(轉
調)로 향해 간다. 악마적인 화음조차도, 라이프니츠에 따르면, 변
형될 수 있다. 즉 모나드는 표현이며, 모나드는 자신의 고유한 시
선점으로부터 세계를 표현한다(그리고 라모[37] 같은 음악가들은 끊임
없이 화음의 표현적 특징을 강조할 것이다). 시선점은 각 모나드가
자신이 포함하는 세계에 대해 작동시키는 선별을 의미하며, 이때
세계를 구성하는 무한한 변곡을 가진 선[선율]의 부분으로부터 화

---

35 불협화음의 능동적 해결에 관하여, *Profession de foi*, p. 45, p. 89, p. 93.
　＊여기에서 해결이란 불협화음이 협화음으로 이행하는 것을 말한다.
36 저주받은 자들의 상황, 또 이들이 "축복을 받은" 자들과 역대칭에 놓여 있는 방식에 관하
　여, *Profession de foi*, p. 85.
37 Jean-Philippe Rameau(1683~1764): 프랑스의 작곡가 · 음악이론가. 그의 큰 업적으로
　지목되는 저서 『화성론』은 음악의 표현력을 추구한 작품으로, 3도 구성 화음을 확실하게
　한 근대 화성악의 기초가 되는 중요한 저작이다(옮긴이).

음들을 추출해내는 방식에 따른다. 그 결과 모나드가 화음을 끌어내는 것은 자신의 고유한 심연에서이다. 라이프니츠에게서 내적인 선별이 아직 첫번째 조화연산자들에 의해서가 아니라 차이적 관계들에 의해 이루어진다는 것은 그다지 중요하지 않다. 어쨌든, 영혼은 스스로 노래하며, 이것이 자기-향유의 토대이다. 세계의 선율은 모나드의 단일하고 내부적인 표면 위에 수직적으로 기입되어 있으며, 모나드는 이것으로부터 중첩된 화음들을 끌어낸다. 이런 이유에서, 조화는 수직적 글쓰기[작곡법]이며, 이것은 세계의 수평적 선율을 표현한다고 말할 수 있다: 세계는 사람들이 노래하면서 연쇄적으로 또는 수평적으로 따라가는 음악 서적[악보]과 같다. 그러나 영혼은 스스로 노래하는데, 왜냐하면 책의 운지법 전체는 여기에 "영혼이 실존하던 그 시점부터" 수직적으로, 잠재적으로 새겨져 있었기 때문이다(라이프니츠의 조화의 첫번째 음악적 비유).[38]

highest조화의 두번째 측면이 존재한다: 모나드들은 표현들일 뿐만 아니라, 표현 밖에서는 실존하지 않는 같은 세계를 표현한다. "모든 단순 실체는 언제나 서로간에 조화를 갖는데, 왜냐하면 언제나 같은 우주를 표상하기 때문이다"; 모나드들이 닫혀 있다 해도, 그것은 수도사, 수도원의 독방 같은 것은 아니다. 왜냐하면 그것들은 같은 세계를 포함하며, 그래서 서로 연대하고 있지 고립되어 있는 것이 아니기solidaires et non solitaires 때문이다.[39] 많은 음악학자들이 바로크 음악이 아니라 연주 스타일에 대해 말하기를 선호하므로, 우리는 이 두번째 측면을 합주(合奏)라 부를 수 있을 것이다. 이번에는, 표현된 것이 단 하나의 같은 세계라는 점에서, 중요한 것은 자발성들 자체의 화음, 화음들 사이의 화음이다. 그러나

---

38 *Eclaircissement des difficultés……* (GPh, IV, p. 549). 레이몽 뤼이에가 어떻게 모나드 또는 참된 형상의 수직적 위치에 관해 주장했는지 상기할 수 있을 것이다.

39 클라크와의 서신, 다섯번째, §91. 그리고 바그너에게 보내는 편지, 1698년 3월(Grua, p. 395): "모나드이지, 수도사가 아닙니다sunt monades, non monachae." André Robinet, *Architectonique……*, Ed. Vrin, p. 361.

정확하게 화음은 무엇 사이에 있는가? 라이프니츠의 예정 조화에
는 주름이 지나가게 되는 장소에 따라 많은 정식이 있다: 때로는
원리들, 기계론과 목적론, 혹은 연속성과 식별불가능자들 사이에
있고; 때로는 층들 사이에, 〈자연〉과 〈은총〉 사이에, 물질적 우주
와 영혼 사이에, 또는 각 영혼과 이것의 유기적 신체들 사이에 있
고; 때로는 실체들, 단순 실체들과 물체적 또는 복합 실체들 사이
에 있다. 하지만 모든 경우에 있어 조화는 언제나 영혼들 자체 또
는 모나드들 사이에 있다: 유기적 신체들은 무리지어 붙잡혀 있는
모나드들과 분리 불가능하고, 조화는 이 모나드들의 내적 지각들
과 이것을 지배하는 모나드들의 내적 지각들 사이에 일어난다. 그
리고 비유기체적 물체들조차도 순간화된 모나드들과 분리 불가능
하며, 이 모나드들 사이에 조화가 있다.[40] 그러나 단 하나의 같은 세
계를 표현하는 이 모든 모나드들 사이에 예정된 화음이 있다면, 이
것은 더 이상 하나의 모나드의 화음들이 다른 모나드의 화음들로
변형될 수 있는 한에서, 또는 하나의 모나드가 다른 모나드 안에서
화음들을 생산할 수 있는 한에서가 아니다: 화음들과 이것의 변형
은 각 모나드에 엄밀하게 내부적이며, 모나드들을 구성하는 절대적
인 수직적 '형상들'은 소통 없이 머물러 있으며, 그리고 하나의 모
나드에서 다른 모나드로 점차적으로 해결 또는 전조를 통해 이행해
가지 않는다. 바로크 고유의 두번째 음악적 비유에 따라, 라이프니
츠는 연주회의 조건을 원용한다. 그 조건에 따르면, 두 모나드는 상
대의 부분을 인식하지도 청취하지도 않으면서 각자 자신의 부분을
노래하고, 그럼에도 불구하고 "서로 완전하게 화음을 이룬다."[41]

　이 합주는 무엇으로 구성되는가? 우리는 모나드의 바닥이 무한
하게 작은 것들의 찰랑거림과 같다는 것을 알고 있는데, 무한하게
작은 이것들을 모나드는 명석하게 밝힐 수 없거나 이것으로부터

---

40 Gueroult, *Dynamique et métaphysique leibniziennes*, Les Belles Lettres, p. 176: 역학은
　　"내적 자발성들의 단순한 조율, 다시 말해 예정 조화 이상의 것은 어떠한 것도 함축하지
　　않는다."
41 아르노에게 보내는 편지, 1687년 4월.

화음을 끌어낼 수 없다: 사실 모나드의 명석한 지역은 매우 부분적이며 선별적이고, 또 자신이 포함하는 세계의 작은 지대만을 구성할 뿐이다. 다만, 이 지대는 하나의 모나드로부터 다른 모나드로 가면서 변화하기 때문에, 어떤 주어진 모나드 안에 있는 애매한 부분들 중 다른 누구도 말할 수 없는 부분이란 없다: 그것은 다른 모나드의 명석한 지대 안에 들어 있고, 그것은 다른 수직적 표면에 기입되어 있는 화음 안에 들어 있다. 그러므로 일종의 반비례의 법칙이 있다: 복수의 모나드들이 애매하게 표현하는 것을 명석하게 표현하는 최소한 하나의 모나드가 존재한다. 모든 모나드는 같은 세계를 표현하지만, 사람들은 하나의 사건을 명석하게 표현하는 것을 원인이라고 말하는 반면, 애매하게 표현하는 것을 결과라고 말한다: 하나의 모나드가 다른 모나드에 대해 갖는 인과성, 그러나 순수하게 '이상적인,' 그리고 실재적인 작용이 없는 인과성. 왜냐하면 두 모나드 각각이 표현하는 것은 자신의 고유한 자발성만을 지시할 뿐이다. 그럼에도 불구하고, 이 반비례 법칙을 보다 덜 막연하게 하고, 보다 더 잘 규정된 모나드들 사이에 확립시킬 필요가 있다. 각 모나드가 명석하고 구별되는 지대를 통해 정의되는 것이 참이라면, 이 지대 역시 확고부동한 것이 아니라 각 모나드마다 변하는 경향, 즉 순간순간 증가하거나 감소하는 경향을 갖는다: 각 순간에, 특권 지대는 증가 또는 감소의 공간적 벡터들과 시간적 텐서들을 나타낸다. 그러므로 하나의 같은 사건은 두 모나드에 의해 명석하게 표현될 수 있지만, 그럼에도 각 순간마다 차이는 남는다. 왜냐하면 하나는 증가 벡터에 따라 표현하는 반면, 다른 하나는 감소 벡터에 따라 표현하여서, 전자가 후자보다 사건을 더 명석하게 혹은 덜 모호하게 표현하기 때문이다. 신체들 또는 물체적 실체들로 되돌아가자: 배가 물 위에서 나아갈 때, 우리는 선박의 운동이 이 선박이 떠나고 난 자리를 채울 물의 운동의 원인이라고 말한다. 이것은 오직 이상적인 원인이다. 왜냐하면 "뱃머리가 물을 가르고 나아간다"는 명제가 "물이 고물을 밀어낸다"라는 명제보다 더 명석하기 때문이다. 언제나 인과성은 명석한 것에서 애매한 것으로 나아갈 뿐만 아니라, 더-명석한 것에서 덜-명석한 것 또는 더-모호한 것으로도 나아간다. 그것은 더 안정적인 것에서 덜 안정적인 것으로 나아간다. 이것이 충족 이유의 요구이다: 명석한 표현은 원인 안에서 증가하는 것이며, 또한 결과 안에서 감소하는 것이다.[42] 우리의 영혼이 고통을 겪을 때, 우리는 신체 안에 일어난 것을 원인이라고 말하는데, 왜냐하면 그것이 더 명석하고 안정적인 표현이며, 영혼 안의 고통은 이 표현과 유사할 뿐이기 때문이다. 역으로, 우리의 신체가 소위 자발적인 운동을 행할 때 원인인 것은 영혼이다. 합주는 인과성의 이상적 관계들의 집합이다. 이상적 인과성은 합주 자체이며, 이러한 이름하에서 자발성과 완전히 합치한다: 이상적 인과성은 더-명석한 것에서 덜-명석한 것으로 나아가지만, 하나의 실체 안의 더-명석한 것을, 그 실체는 자신의 고유한 자발성에 힘입어 생산한다. 그리고 다른 실체 안의 덜-명석한 것을, 그 다른 실체는 자신의 자발성에 힘입어 생산한다.[43]

조화의 두 측면은 서로 완전히 맞물려 있다. 자발성, 이것은 각 모나드에 내부적인 화음들을 자신의 절대적 표면 위에 생산하는 것이다. 합주, 이것은 하나의 모나드 안에 단화음 또는 불협화음이 없이는 다른 모나드 안에 장-완전화음도 없는, 그리고 그 역도 성립하는 상응관계이다. 두 모나드 위에서 결코 같은 화음이 존재함 없이, 모든 조합은 가능하다: 각 모나드는 자신의 화음들을 자발적으로, 그러나 다른 모나드의 화음과의 상응관계 속에서 생산한다.

42 배, 고통, 자발적인 운동의 예들에 관하여, 편지 초안, 그리고 아르노에게 보내는 편지, 1686년 11월 참조. 경우에 따라, 어떤 실체의 '판명한 표현'은 '증가한다'(능동) 또는 '감소한다'(수동)라고 이야기될 것이다. *Discours de métaphysique*, § 15.

43 아르노에게 보내는 편지, 1687년 9월: "나의 손이 움직이는 것은 내가 그것을 원하기 때문이 아닙니다…… 왜냐하면 손의 용수철들이 그러한 결과를 위해 필요한 만큼 느슨해지는 순간이 아니었다면, 내가 원했던 것이 성공하지 못했을 것이기 때문입니다…… 하나가 다른 하나에 동반하는 것은 언제나 그 밑에 정해져 있는 상응관계 덕분이지만, 각각은 각자 자신에 따라 직접적인 원인을 갖습니다." 그리고 초안, 1686년 11월: "하나의 영혼은 다른 영혼의 사유의 흐름 안에서 아무것도 바꾸지 않으며, 또한 일반적으로 하나의 개별적 실체는 다른 실체에 대해 물리적 영향력을 조금도 갖지 않습니다."

자발성, 이것은 모나드들에 적용된 내적 이유 또는 충족 이유이다. 그리고 합주, 이것은 모나드들로부터 나오는 시-공간적 관계들에 적용된 같은 이유이다: 만일 시-공간이 텅 빈 환경이 아니고, 모나드들 자체의 공존과 연쇄의 질서라면, 이 질서는 화살표 모양을 하고, 방향이 부여되고, 벡터화되어야 하며, 또한 각 경우에서 상대적으로 더-명석한 모나드에서 상대적으로 덜-명석한 모나드로, 또는 더 완전한 화음에서 덜 완전한 화음으로 나아가야만 한다. 왜냐하면 가장 명석한 것 또는 가장 완전한 것은 이성 그 자체이기 때문이다. '예정 조화'라는 표현에서, 예정도 조화 못지않게 중요하다. 조화는 두 번 예정되어 있다: 한 번은 각 표현에 힘입어, 자신의 고유한 자발성 또는 내부성 이외에는 아무것도 의존하지 않는 각 표현자들에 힘입어서. 그리고 또 한 번은 이 모든 표현적 자발성들의 연주를 구성하는 공통적인 표현된 것에 힘입어서. 이는 마치 라이프니츠가 소통에 관해 중요한 메시지를 내놓은 것과 같다: 충분한 소통을 갖지 못했다고 불평하지 마시길, 세계 안에는 지속적이고 예정되어 있는 양(量)으로서, 충족 이유로서, 언제나 충분한 소통이 있으니.

가장 일반적인 사실은 바로 화음들의 수직적 조화가 수평적 멜로디, 멜로디의 수평적 선율들을 자신 아래 종속시킨다는 점이다. 후자는 분명 사라지지 않지만, 조화적 원리에 종속된다. 이러한 종속이 예정 조화와는 다른 어떤 것을 함축한다는 것은 참이다: 그것은 결속이며, 이것은 '통주저음(通奏低音)'[44]처럼 작동하며 하나의 음조(音調)를 예비한다. 그러므로 지배하는 각각의 모나드는 하나의 결속, 통주저음을 갖고 있으며, 마찬가지로 내적 화음들을 담고 있는 음조 또한 가지고 있다고 말할 수 있을 것이다. 그러나 앞서 보았듯이, 각 결속 아래에서 무한히 많은 '지배받는' 모나드들이, 물질적 결집체들을 조직할 수 있는 무리들을 구성하게 된다

44 본문에서 프랑스어 basse continue, 라틴어 continuo 모두 통주저음을 의미하며, 바로크 시대에 특별히 continuo homophone이라고 지칭된 적이 있었다(옮긴이).

(이 결집체들은 하나의 음조에서 다른 음조로, 하나의 결속에서 다른 결속으로 넘어갈 수 있으며, 그와 동시에 하나의 순간에서 다른 순간으로 가면서 자기 스스로를 재조직 또는 심지어 재창조한다). 간단히 말해, 통주저음이 다성음악의 선율들에 조화로운 법칙을 부여할 때마다, 멜로디는 거기에서 새로운 자유와 통일성, 흐름을 발견한다. 사실 다성음악에서 선율들은 점들에 의해 고정되어 있는 것과 같았고, 대위법contrepoint은 단지 다양한 선율들 위의 점point들 사이의 이중-일의적인 상응관계만을 긍정했다: 말브랑슈의 기회원인설은 여전히 정확하게 철학적 다성음악이며, 여기에서 기회는 신의 영구적인 기적 혹은 지속적인 개입 속에서 대위법의 역할을 한다. 새로운 체계 안에서는 그 반대로 이 선법 대위법으로부터 해방된 멜로디가 이상한 모든 종류의 요소들을 화음의 실현 안으로 도입하는 변주의 역량을 획득하게 되며(걸림음, 꾸밈음, 앞꾸밈음, 등등[45], 이것으로부터 새로운 조성적 또는 '화려한' 대위법이 파생된다), 또한 우발적인 음조의 다양성을 관통하면서까지 독자적인 모티프를 전개하게 될 연속성의 역량을 획득하게 된다('통주저음').[46] 결국 물질적 우주는 수평적이고 집합적인 연장의 통일성에 도달하게 된다. 여기에서 전개부의 멜로디들은 그 자체로 대위법의 관계들 안으로 들어오고, 동시에 각각의 멜로디는 자신의 틀을 벗어나 다른 멜로디의 모티프가 된다. 온 자연이 신체들과 그 흐름의 광대한 멜로디가 되는 방식으로.[47] 그리고 이러한 연장의 집합적 통일

45 걸림음(계류음): 한 화음에서 다음 화음으로 나아갈 때 한 음 또는 여러 음이 화음 밖의 음에 걸려서 남는 음. 꾸밈음(장식음): 멜로디나 화성을 꾸미기 위하여 덧붙인 음. 앞꾸밈음: 멜로디를 구성하는 음 앞에 붙는 꾸밈음(옮긴이).

46 Manfred Bukofzer, *La musique baroque 1600~1750*, Ed. Lattès, pp. 242~44, pp. 390~91 참조. 통주저음의 출현, 통주저음과 조화, 음조, 새로운 대위법과의 관계에 관하여, *Monteverdi* de Leo Schrade, Ed. Lattès, 그리고 곧 출판될 크리통Pascale Criton의 연구 참조.

47 윅스퀼Uexküll은 멜로디로서의 자연에 관해 매우 라이프니츠적인 거대한 도표를 작성했다: "Théorie de la signification," in *Mondes animaux et monde humain*, Ed. Gonthier. "살아 있는 음조들"에 관하여, p. 103, 그리고 멜로디와 모티프에 관하여, pp. 145~46 ("꽃은 꿀벌에 대해 대위법의 집합인 듯 작용한다. 왜냐하면 꽃의 전개 멜로디들, 모티

성은 또 다른 통일성, 즉 주관적, 개념적, 정신적, 조화적이고 분배적인 통일성과 모순되지 않고, 그 반대로 이것에 의존하는데, 왜냐하면 모나드가 자연을 인식할 수 있는 통로인 신체와 기관들을 요구하는 것과 마찬가지로, 전자가 후자에게 신체를 제공하기 때문이다. '감각의 합치(멜로디)'는 내가 실재 안에서 조화를 인식하는 기호이다.[48] 조화 안에 조화가 있을 뿐만 아니라, 조화와 멜로디 사이에도 조화가 있다. 바로 이러한 의미에서 조화는 영혼에서 신체로, 지성적인 것에서 감성적인 것으로 나아가며, 감성적인 것 안에서 연속된다. 라모가 조화에 관해 말했듯, 원리를 통해서 그리고 본능을 통해서. 바로크 집이 음악적이게 될 때: 위층은 조화로운 수직적 모나드들, 이 모나드가 각자 자신의 암실 안에서 생산하는 내부적 화음들, 이 화음들의 상응관계 또는 협주를 내포한다; 아래층은 서로서로 스며들어 있는 무한히 많은 수평적 멜로디 선율을 따라 연장되며, 이 선율에서 변주들이 장식됨과 동시에 감각적 연속성이 전개된다; 하지만 이것은 위층이 음조에 따라 아래층에 접혀 있으며, 여기에서 화음들을 실현하고자 하기 때문이다. 화음이 실현되는 것은 멜로디 안에서이다.

라이프니츠의 조화, 그리고 같은 시기에 바로크 음악 안에서 확립된 조화 사이의 정확한 비유 전체를 무관심하게 대하기란 어려울 것이다. 라이프니츠가 두번째 비유에서 말하는 모나드들의 연주도 조화를 끌어들일 뿐 아니라, 바로크의 참조 없이는 설명될 수 없는 멜로디의 상태를 끌어들인다. 음악학자들이 바로크 음악을 정의하면서 언급했던 주요 특징들: 표현적 재현으로서의 음악, 여기에서 표현은 감정을 화음의 효과로서 지시한다(예를 들어, 예비

프가 아주 풍부한 이것이 꿀벌의 형태 발생에 작용했기 때문이며, 그 역으로도…… 온 자연이 나의 신체적이고 정신적인 개인성의 형성에 모티프처럼 참여함을 확증할 수 있다. 만일 사정이 그러하지 않다면, 나에겐 자연을 인식하기 위한 기관들이 없었을 것이기 때문에.")

48 *Eléments de philosophie cachée*: "(조화로운) 실존의 표지는 바로 감각들이 서로 합치한다는 사실이다." 위의 윅스킬의 인용문은 이 정식에 대한 주석과 같다.

되지 않은 불협화음, 절망과 분노의 표현); 수직적 조화, 이것은 수
평적 멜로디와 관련해 권리상 우선하는데, 그것이 음정에 의한 것
이 아니라 화음들에 있다는 점에서, 그리고 불협화음을 화음 자체
의 작동과 관련하여 다룬다는 점에서 그러하다; 목소리들, 악기들
또는 상이한 밀도의 집단들 사이의 대조를 거치는 협주 스타일;
본성상 변화한 멜로디와 대위법(화려한 대위법과 통주저음); 통주
저음, 이때 이것은 화음들이 내포하고 또 이 화음들이 해소되는 음
조를 예비하거나 강화하며, 더불어 멜로디 선율들을 조화적 원리
에 종속시킨다.[49] 이 특징들 중, 조화의 '예정됨'을 증명하지 않는
것, 라이프니츠의 조화에서 비유로 발견되지 않는 것은 하나도 없
다. 라이프니츠는 영혼-신체의 다양한 개념화를 두 시계 사이의
상응관계의 방식들에 비교하기를 좋아한다: 때로는 유입, 때로는
기회, 때로는 조화(이것을 라이프니츠는 우월한 것으로 판단한다).
이것은 또한 음악의 세 '시대'이다: 제창의 단선율적 음악, 다성음
악 또는 대위법의 음악, 화음의 조화로운 음악, 즉 바로크.

　텍스트와 음악 사이에, 명백히 임의적인 것이 될 이항 상응관계
에 누구도 만족하지 않을 것이다. 텍스트가 음악 안에 포괄되도록
어떻게 텍스트를 접을 수 있을까? 이 표현의 문제는 오페라에만

---

49 이 점들 대부분에 관하여, Bukofzer, 특히 1장과 르네상스-바로크의 비교표, p. 24 참조.
최근 재편집된 Rameau, *Observations sur notre instinct pour la musique et sur son
principe*, 1754(Slatkine reprints)를 화음들의 표현적 가치에 대해 주장하는 바로크의 선
언문, 조화의 우선성의 선언문으로 간주할 수 있을 것이다. 장-자크 루소의 입장은 종종
잘못 이해되었음에도 매우 흥미롭다. 왜냐하면 그의 입장은 결정적이고도 자발적으로
퇴행적이기 때문이다: 그에 따르면 쇠퇴는 화음들의 조화와 이것들이 '표현적'이고자
하는 요구와 함께 시작될 뿐만 아니라, 다성음악과 대위법과 더불어 이미 시작되었다.
루소에 따르면, 순수한 유일한 멜로디로서의 단선율, 다시 말해 목소리 억양(변곡)의 순
수 선율로 되돌아가야만 한다. 그것이 권리상 다성음악과 조화에 대해 우선한다: 유일한
자연적 조화란 제창(齊唱)[똑같은 선율을 모두 같이 노래하는 것]이다. 쇠퇴가 시작된
것은, 목소리가 야만적인 북방 민족의 영향하에서 '잘 구부러지지 않게' 되면서, 견고한
분절 때문에 억양을 상실하면서부터이다. Rousseau, *Essai sur l'origine des langues*,
Bibliothèque du graphe, chap. 14와 19 참조. 라이프니츠에게도(그리고 아마도 라모에
게도) 무한한 변곡의 선율은 조화와 멜로디에 의해 가정된 채 남아 있음을 주목할 수 있
을 것이다; 그러나 이것들은 그 선율을 적합하게 표현하며, 선율은 이것들 밖에서 실존
하지 않으며 그 자체 '잠재적'이다.

근본적인 것이 아니다. 최초로 체계적인 대답을 제시한 것이 아마도 바로크 양식일 것이다: 텍스트에 합치하는 변용적 상태를 규정하는 것, 그리고 필수적인 멜로디의 변곡들을 목소리에 부여하는 것이 바로 화음이다. 이것으로부터, 우리의 영혼은 스스로 자발적으로 화음 속에서 노래하는 반면, 우리의 눈은 텍스트를 읽고 우리의 목소리는 멜로디를 따라간다는 라이프니츠의 생각이 나온다. 텍스트는 화음들에 따라 접혀 있고, 바로 조화가 이것을 포괄한다. 바그너 또는 드뷔시, 그리고 오늘날 케이지, 불레즈, 슈토크하우젠, 베리오에 이르기까지, 같은 표현적 문제가 끊임없이 음악에 생동감을 불어넣을 것이다. 이것은 상응의 문제가 아니라, '안으로-접힘'의 문제, 혹은 '주름에 따른 주름'의 문제이다. 대답, 아니 매우 다양한 대답들이 바로크 이후 그토록 변할 때까지 무슨 일이 일어났던 것일까? 해답들은 더 이상 화음들을 통해 주어지지 않는다. 문제 자체가 조건들을 변화시킨 것이다: 새로운 바로크, 네오-라이프니츠주의. 도시에 대한 시선점의 같은 구성은 계속해서 전개된다. 하지만 이것은 더 이상 같은 시선점도, 같은 도시도 아니며, 형태도 평면도 공간상에서 운동한다.[50] 모나드들의 상황 안에서 어떤 것이 변했다. 지각 불가능한 열린 틈들이 있는 닫힌 교회 제실(祭室)이라는 고대적 모델과 어두운 고속도로를 질주하는 밀폐된 자동차라는 토니 스미스가 내세운 새로운 모델 사이에서, 우리는 변화한 두 가지 주요 변수를 요약해서 지적할 수 있다.

라이프니츠의 모나드들은 두 가지 조건, 울타리와 선별에 종속

---

50 조화-멜로디 관계의 진화, 그리고 '대각선'의 형성에 관하여, Boulez, *Relevés d'apprenti*, Ed. du Seuil, pp. 281~93. 그리고 도시에 대한 시선점은, *Par volonté et par hasard*, pp. 106~07. 불레즈의 작품 「주름에 따른 주름」에 대한 주석가들 중 스토이아노바Ivanka Stoïanova는 말라르메의 텍스트들이 새로운 텍스트-음악 관계에 따라 접혀 있는 방식에 특히 관심을 집중시킨다: *Geste texte musique*, 10-18. 그리고 Jehanne Dautrey, *La voix dans la musique contemporaine*, 곧 출간. 우리는 '안으로 접힘fold-in'이란 표현을 기신Gysin과 버로Burroughs에게서 가져왔는데, 이들은 이렇게 또 '자르기cut-up'로 연장하면서 텍스트의 접힘 방식을 묘사한다(마찬가지로, 칼 앙드레는 자신의 조각을 공간의 베어낸 상처 또는 주름으로 정의한다).

되어 있다. 한편으로, 모나드들은 온 세계를 포함하고, 세계는 모나드들 밖에서 실존하지 않는다; 다른 한편, 이 세계는 수렴이라는 일차적인 선별을 상정하는데, 왜냐하면 이 세계는 위의 모나드들에 의해 배제되는, 발산하는 다른 가능 세계들부터 구분되기 때문이다; 그리고 이 세계는 협화음이라는 이차적인 선별을 이어 야기하는데, 왜냐하면 언급된 각 모나드는 자신이 포함하는 세계 안에서 명석한 표현 지대를 잘라내어 지니기 때문이다(차이적 관계들 또는 인접한 조화연산자들에 의해 만들어지는 것이 바로 이차적 선별이다). 그런데, 무엇보다 그리고 모든 방식에 있어, 사라질 것이 이 선별이다. 조화연산자가 모든 등급의 특권(또는 관계들, 모든 질서의 특권)을 상실한다면, 불협화음들이 더 이상 '해결'될 필요가 없을 뿐만 아니라, 전음계(全音階)에서 벗어나며 모든 음조가 해소되는 계열들 안에서 발산도 긍정될 수 있다. 하지만 모나드가 공존 불가능한 세계들에 귀속되는 발산하는 계열들과 긴히 연결되어 있을 때, 다른 조건 역시 사라진다: 여러 세계의 말〔馬〕에 해당하는 모나드는, 말굽의 앞부분처럼 반쯤 열려 있게 된다고 말할 수 있을 것이다. 이제 모나드가 발산하는 계열들로 구성되는 한(카오스모스), 또는 주사위 던지기가 〈충만함〉의 놀이를 대체하는 한, 모나드는 투사에 의해 변형 가능한 닫힌 원 안에서처럼 더 이상 온 세계를 포함하지 않고, 중심으로부터 점점 더 멀어지는 확장 상태의 궤도 혹은 나선으로 열려 있다. 사람들은 더 이상 수직적 조화로움와 수평적 멜로디를, 고유한 화음들을 스스로 생산하는 지배하는 모나드의 사적인 상태와 멜로디 선율에 따라가는 무리지어 있는 모나드들의 공적인 상태와 마찬가지로, 구분할 수 없게 된다. 이 둘은 일종의 대각선 위에서 혼합되고, 모나드들은 자신들을 이끌고 가는 포착의 블록과 분리 불가능한 채로 서로 침투하고 서로 변형시키며, 그만큼 많은 일시적인 포획을 구성한다. 문제는 언제나 이 세계에 거주하는 것이며, 슈토크하우젠의 음악적 거주 양식, 뒤뷔페의 조형적 거주 양식은 내부와 외부, 사적인 것과 공적인 것의 차이를 존속시키지 않는다: 이들은 변동과 경로를 동일시하며, 모나돌로지monadologie를 '노마돌로지nomadologie'로 이중화한다.[51] 음악은 여전히 집이지만, 바뀐 것은 집의 조직화 그리고 그것의 본성이다. 더 이상 화음이 우리의 세계 혹은 우리의 텍스트를 표현하지는 않지만, 우리는 여전히 라이프니츠적이다. 우리는 새로운 포장의 방식처럼 새로운 접기의 방식을 발견하지만, 우리는 여전히 라이프니츠적이다. 중요한 것은 언제나 접기, 펼치기, 다시 접기이므로.

---

51 '이중화하다'로 번역한 doubler에는 옷 안에 천을 한 겹 더 대다, 영화에서 목소리를 더빙하다, 음악에서 서로 다른 악기로 하나의 성부를 이중주로 연주하다 등의 의미가 있다.

언젠가 고층 아파트에서 내려다본 파리의 야경은, 고흐의 밤하늘처럼, 슬프게 반짝이고 있었다. 뿌옇게 서리 낀 창문 너머로, 집들과 거리마다 들어온 불빛이 별처럼 흔들리고 있었다. 불빛이 시작되는 지점마다 누군가 잠자리에 막 들거나 길거리를 지나가고 있을 터였다. 그렇게 하루를 마감하는 행동들은 서로에게 의식되지 않을 만큼 온화한 것이었지만, 한편으로는 각자에게 맡겨진 삶을 위한 순수한 제의처럼 느껴졌다. 서로에게 삶이 교환 불가능하다는 것만으로 각각의 실존은 단호해 보였다. 빛은 겨우 숨쉬고 있는 듯도 했지만, 의심할 바 없이 각 실존의 개체성을 뿜어내고 있었다. 무수히 많은 불빛이 어두운 밤거리에서 사라지지도, 합쳐지지도, 커지지도 않고 그렇게 함께 빛나고 있었다. 인간은 지상에 내려온 별빛이라는 말이 사실처럼 느껴졌다. 그래서 저렇게 흔들리는 빛을 내보내며 살아 있다는 신호를 아슬아슬하게 교환하는 모양이었다. 내가 존재하는 세계 안에 이토록 많은 타인이 공존한다는 사실이 나를 안도하게 했으나, 그들과 나 사이의 좁힐 수 없는 거리, 건널 수 없는 심연의 한쪽 편에 서서 나는 외롭고 또 외로웠다. 쓸쓸하지만 세계는 생각보다 훨씬 더 어둠 속에 잠겨 있는 듯했다. 그렇지만 세계의 신비 또한 여기에 담겨 있을 일이었다. 개체들의 환원 불가능한 단독성과 공존 가능한 다양성이야말로 세계로 들어가는 입구처럼 보였다.

스피노자의 철학이 햇빛으로 가득한 한낮의 이미지를 갖는다면,

라이프니츠의 철학은 별빛으로 반짝이는 밤하늘의 이미지를 갖는다. 라이프니츠의 우주 안에는 무한히 많은 점들의 빛과 노래로 가득하다. 점들은 내포된 에너지를 방출하면서 빛나고 노래한다. 다시 말해, 형이상학적인 점들 또는 모나드들이 자기 자신을 펼치는 것은, 그것이 균형 상태의 무엇이 아니라 성장하는 무엇이기 때문이다. 이러한 의미에서, 라이프니츠의 철학은 '일그러진 진주,' 즉 바로크와 특별한 관계를 맺는다. 바로크의 진주는 단일체이지만, 어떤 불규칙성, 불균질성을 함축하는 단일체인 것이다. 그러므로 그 말은 이미 춤추는 원자, 싹트는 씨앗, 주름 잡힌 모나드를 상징한다. 만일 점이라면, 그것은 운동을 일으키는 점, 변곡의 점이자 "우주 생성의 점"이다. 만일 영혼이라면, 그것은 이별을 경험한 아이의 영혼, 흔들리는 연인의 영혼, 상처난 이름없는 영혼 같은 것이 될 것이다……

이 모든 것이 라이프니츠가 연출한 무대 위에서 연기하는 배역들이다. 여기에는 어두운 배경과 밝은 사물들 사이의 강한 대비가 존재한다. 비유를 들자면, 어떤 그림이 될까? 신은 각 영혼을 점으로 삼아 점묘화법으로 세계를 그렸는데 어떤 명암법에 따라 그렸다고 말할 수도 있을 것이다. 명암법? 스스로 삶을 강화하는 자들과 저주하는 자들 사이의 대조, 또는 그러한 두 경향 사이의 명암을 통해서 말이다. 좀더 현대적인 환경을 고려해본다면 어떤가? 반딧불이들이 밤공기를 가르며 만드는 궤적의 사진을, 마찬가지 의미에서 폴록의 그림을 생각해볼 수도 있을 것이다. 이 순수한 놀이의 세계에서 형상은 심연으로부터 직접 등장한다. 바로크 회화와 라이프니츠의 모나드가 공통적으로 어두운 심연에 절반쯤 잠긴 채 밝은 영역으로 솟아나오듯이 말이다. 여기에서 신의 점묘화와 우연의 추상화를 구별하는 것은 중요하지 않다. 심오한 것은 심연의 배경 위에서 이루어지는 놀이 그 자체이다. 우리는 라이프니츠를 따라 신과 아이들의 놀이로 나아간다.

1. 「주름」을 요약하는 세 가지 놀이

1) 존재의 일의성과 형상의 다양성

접기는 어린 시절 존재론적 체험 중 중요한 부분을 구성한다. 누구나 책을 통해 세상을 이해하기 전부터, 종이를 접으며 세상을 만들었던 시절이 있었다. 생각해보면, 똑같은 색종이로부터 여러 가지 다른 사물이 태어나는 것은 신기한 일이다. 종이 접기는 아마도 우리가 가진 놀이 중 가장 드라마틱한 종류에 속할 것이다. 이 놀이에서는 신체의 세밀한 동작과 생각의 명민한 예측이 가장 연약한 재료 안에서 만나는 것이다. 평평한 종이 한 장이 복잡한 설명에 따라 접히고 난 후, 최종적으로 사물의 형상에 도달할 때, 몸과 생각은 서로 조화롭게 화해한다. 비록 작지만, 그 즐거움이란 형상의 창조와 더불어 우리의 관념과 신체의 역량이 보다 상승할 때 얻어지는 그런 종류의 것이다. 창조의 광기로 휩싸여 있는 존재라면 단연 라이프니츠의 신(神)이다. 그러나 어떤 의미에서건 신이 세계를 창조했다면, 그도 이와 같은 모습이었을 것이다. 전능함으로 가득 차 있는 그도, 가난한 마음이 아니었다면, 빈약한 재료들로부터 풍요로운 형상들을 창조할 엄두를 내지 못했을 것이다. 이미 접기의 놀이는 단 하나의 세계로부터 무한히 많은 존재들이 태어나는 심원한 비밀을 보여준다.

만일 주어진 설명문에 만족하지 않고 새로운 형상에 도전하는 아이라면 끊임없이 생각할 것이다. 머리와 몸은 어떻게 구분할 것이며, 선체와 돛은 어떻게 구분할 것인가…… 아이는 종이 접기의 핵심이 관절과 부품의 생산에 있다는 점을 잘 알고 있다. 평평한 종이는 어떻게 복잡한 형상에 도달하게 되는가. 이는 접기가 끊임없이 두 부분을 만들어내기 때문에, 그리고 접힌 지점과 정도에 따라 서로 다른 형상을 무한히 산출하기 때문이다. 이는 물체의 수준에만 해당되는 것이 아니다. 마찬가지로, 관념을 생산하는 일, 글을 쓰는 일도 무한히 많은 주름을 생산하는 일이다. 그것은 단지 글자들이 많은 굴곡과 주름을 가져야 서로 구별되기 때문만은 아니다. 글을 쓰는 매순간은 언제나 두 단어 혹은 두 관념을 나누면서 동시에 그것을 연결하는 행위이기 때문이다. 펜과 종이의 접점, 사유와 세계의 접점을 둘러싸고 출몰하는 이미지의 안개 속에서 글쓰기는 숙명적으로 그와 같은 분화와 연결을 끊임없이 수행해간다. 요컨대, 접는다는 것은 두 부분을 나누면서 동시에 그것들을 서로 차이 나는 것으로 관계시킨다는 것을 의미한다. 접힌 선 또는 주름은 차이가 작동하는 그 지점을 표시한다. 실체로서의 〈차이〉는 끊임없이 주름을 펼치고 다시 접힘으로써만 자신을 표현할 것이다. 여기에서, 라이프니츠는 최고의 지점에 도달한 차이의 철학자로 우리 앞에 다시 나타난다. "어떠한 철학도 단 하나의 유일한 세계의 긍정, 그리고 이 세계 안의 무한한 차이 혹은 다양함의 긍정을 이토록 멀리까지 밀고 나아가지 못했다"(p. 109).

2) 사건의 기입과 내면의 구성

반면, 형상의 제작보다 사건의 예감을 위한 접기의 놀이가 있었다. 세상은 아직 작아서 그저 '동서남북'이라고만 적어도 세상을 끌어다놓기 충분했던 어린 시절, 역시 '동서남북'이라고만 불렀던 종이로 만든 장난감이 있었다. 네 쪽으로 나누어진 겉면에는 각각 동서남북이라고 적고, 안쪽 여덟 면에는 보이지 않게 무언가를 적어놓은 장난감. 그 안에는 또 얼마나 많은 것이 담겨 있었던가. 결혼하게 될 같은 반 여자애 이름, 학교에 다니지 않아도 될 때에 가질 직업, 아는 건 이름뿐이었지만 언젠가 가볼 먼 나라의 도시…… 미래에 대한 근심이 현재를 엄습해오지 않았던 시절이었으므로, 미래는 순수한 비밀로서만 남아 있었다. 접혀서 가려진 종이의 내부에는 내 삶이 겪게 될 모험의 비밀이 고스란히 적혀 있는 것만 같았다. '동쪽으로 몇 번'이라는 선택과 함께, 축소된 세상이 눈앞에서 다양한 모습으로 점멸하고, 종이는 접혀지고 펼쳐지면서 미래의 사건을 보여준다. 이처럼 접고 펼치는 행위는 비밀의 사건이 기입될 내면을 형성하고 그것을 외부로 표현할 수 있는 역량을 갖는다.

우주는 무한히 다양한 곡률을 가진 곡선과 같고, 세계는 무한히 많은 사건의 유성(流星)들이 쏟아져내리는 밤하늘과 같다. 어두운 공간을 가로지르며 사건은 어디로 떨어지는가? 사건들은 주름 잡힌 곡선의 내부, 오목한 습곡을 찾아 추락한다. 그 자리, 장소는 외부가 연장된 내면이며, 구성하는 내면이 아니라 구성된 내면이다. 라이프니츠는 모든 사건이 이미 모나드에 함축되어 있다고 말했지만, 정작 문제는 모나드가 어디에 있는가 하는 점이다. 모나드 또는 영혼은 앞서 주름 잡힌 곡선의 내부, 구성된 내면에 위치하는 형이상학적인 점이다. 우리는 이러한 사실을 들뢰즈 특유의 독해에 힘입어 보게 될 것이다. 또한 라이프니츠는 사건들이 모나드 안에 함축되어 있다고 말했다. 그가 이렇게 말했던 것은 충족 이유율에 입각한 그의 고유한 방식이었지만, 우리는 들뢰즈와 함께, 이유의 무한한 연쇄의 끝이 어두운 밤하늘 또는 심연 속으로 사라진다는 점을 보게 될 것이다. 다른 한편, 이 문제는 후기의 푸코가 말한 '주체화'와 관련하여, 들뢰즈가 모든 오해에 맞서 재설명하려는 문제이기도 하다. 푸코의 주체는 여전히 외부의 구성물이며, 사건의 추락 지점이다. "모든 내부적intérieur 세계보다도 더 심오한 안쪽un dedans? …… 바깥은 고정된 경계가 아니라, 연동(蠕動) 운동에 의해, 안을 구성하는 주름과 습곡들에 의해 자극받는 움직이는 물질이다: 안은 바깥과 다른 어떤 것이 아닌, 정확히 바깥의 안쪽이다."[1]

3) 세계의 다양성과 연대의 필연성

두 아이가 나란히 산길을 걸어간다. 빛이 숲을 채 이기지 못해 흑녹색으로 잠겨 액체처럼 흐를 때, 한 아이가 멈춰 서 길가의 꽃

---

1 G. Deleuze, *Foucault*, pp. 103~04.

을 엮어 다른 아이에게 건넨다. 이것은 아마도 아이의 삶에서, 의미를 기다리는 자연의 부분이 인문적인 의미망으로 끌어올려지는 최초의 순간일 것이다. 숲속에서 저절로 자라난 꽃이 인간의 감정과 신뢰를 상징하는 표지로 재등장한다. 그런데 여러 송이의 꽃을 포개어 건넬 때, 이는 그에 앞서 많은 말과 의사를 충분히 전달한 결과인가? 그렇지 않을 것이다. 그때 두 아이의 세계는 무수히 많은 포착할 수 없는 미세한 지각들로 찰랑거리며, 꽃다발은 두 세계가 일치할 것이라는 확신의 알레고리이다. 우리는 정신과 물체의 영역에서 대화와 충돌이 타자에게 직접적인 영향을 줄 것이라고 믿지만, 꽃으로 만든 반지, 사랑의 표지는 그러한 상식과 무관해 보인다. 대신 우리는 세계의 일치, 완전한 소통이 보다 상위의 원리로부터 찾아오는 것이라고 믿게 된다. "우정은 결국 오해 위에 세워진 허구적인 의사 소통밖에 만들어내지 못하며 가짜 창들만을 관통하는 것이다. 우정보다 현명한 사랑이 원칙적으로 모든 의사 소통을 포기하는 것도 이런 이유에서이다. 우리의 유일한 창문, 우리의 유일한 문은 완전히 정신적이다."[2]

보다 상위의 원리, 그것을 라이프니츠는 예정 조화의 원리라고 부른다. 그것은 숙명론을 의미하지 않는다. 라이프니츠는 자발적인 연주와 공동의 합주(合奏)가 조화롭게 일치하는 연주회를 정당하게 내세운다. 원리는 개체적 수준의 표현이 다양하면 다양할수록 세계가 보다 높은 통일성을 형성할 것이라고 말한다. 그러므로 세계의 영광과 환희를 단 하나의 개체만으로 이룩할 수 있다고 말하는 일은 헛된 일이다. 또한 세계의 다양성은 이미 연대의 필연성을 함축한다. 그 필연성은 도덕적인 것이 아니라 이미 존재론적인 것이다. "모나드들은 서로 연대하고 있지, 고립되어 있는 것이 아니다(p. 241)" 라이프니츠에게 영혼의 진보는 명석한 지대의 확장에 있지만, 영혼들은 서로 다른 명석한 지대를 갖는다. 그러므로

2 G. Deleuze, *Proust et les signes*, pp. 54~55; 한국어판, pp. 72~73.

명석한 지대의 확장과 강화는 모나드들의 자발적인 표현 못지않게 상호적인 연대를 통해서 가능할 것이다. 이러한 의미에서 라이프니츠의 예정 조화 이론은 연대의 새로운 원리로 다시 태어나기 위해 기다리고 있다. 예외적으로, 저주받은 자들, 저주하면서 죽어가는 자들은 "가장 좋은 세계"에 소속되지 않는다. 언제나 잘될 거라고 말하는 라이프니츠의 낙관론은 이들을 제물로 삼아 서 있다. 스스로 명석한 지대를 축소시키는 자들, 그래서 삶의 역량을 약화시키는 것만을 유일한 활동으로 삼는 자들은 무한한 양의 진보를 스스로 양보한다. 이들에 반해서, 이들과 무관하게, 이들 덕택으로, 연대하는 모나드들의 진보는 무한히 나아간다.

2. 라이프니츠와 『주름』의 위상

들뢰즈는 라이프니츠주의자인가? 『차이와 반복』을 거쳐 『천 개의 고원』에 이를 때까지, 그가 함께 했던 선배는 베르그송과 스피노자 그리고 니체가 아닌가? 확실히, 들뢰즈는 『차이와 반복』에서 라이프니츠에게 온전한 지지를 보내는 것 같지 않다: 라이프니츠는 세계의 심연에 독특점들과 차이적 요소들을 분배시키면서도 공존 불가능성의 원리에 입각해 차이를 제한하고, 사건의 계열들을 통해 세계를 구축하면서도 계열들의 발산을 긍정하지는 않고, 잠재성과 가능성 사이에서 끊임없이 동요하고, 그의 '부차적인 것 말하기vice-diction'라는 방법은 헤겔의 모순contradiction보다 낫지만 여전히 재현의 논리에 종속되어 있다. 이 저서 안에서 라이프니츠는 들뢰즈의 아군과 적군 사이에 서 있는 거의 유일한 철학자인 듯하다. 생성의 철학과 재현의 철학, 차이의 철학과 동일성의 철학, 사건의 철학과 주체의 철학 양편으로 구분하는 들뢰즈의 지형도 안에서 모나드의 도시는 중립국처럼 놓여 있다.

그럼에도 불구하고, 들뢰즈의 표현을 빌려, 도시를 찬찬히 산책해보고 시민인 모나드들의 춤을 목격한다면, 이들이 디오니소스를 숭배하지 않는다고 말할 수 없을 것이다. 라이프니츠의 바다로부터 니체의 디오니소스 기슭은 얼마나 멀리 떨어져 있는가. 음악과 건축으로 가득한 이 도시에 바다의 파도 소리가 들려온다. "우리는 라이프니츠가 '보다 멀리까지' 나아가지 않았다고 확신하지 않는다: 〈이념〉을 차이적 관계들과 독특점의 집합으로 개념화하는 것, 비본질적인 것에서 출발하여 독특성들 주위의 포괄의 중심으로서 본질들을 구축하는 그의 방식, 발산에 대한 그의 예감, '부차적인 것 말하기'라는 그의 기법, 판명함과 명석함의 반비례 관계로 나아가는 그의 접근, 이 모든 것은 왜 심연이 라이프니츠에게서 보다 더 큰 힘으로 폭발하려 하는지, 왜 도취와 마비가 덜 가장된 것인지, 왜 애매함이 더 잘 포착되는지, 그리고 왜 디오니소스의 기슭이 실제로 더 가까운지를 보여준다."[3]

『차이와 반복』은 확실히 니체를 위한 책이다. 이 책에서 각 장의 결론은 니체를 향해 달려간다. 여기에서 라이프니츠는 니체의 우주로 도약하기 위한 받침대처럼 보인다.[4] 그렇다면 『주름, 라이프니츠와 바로크』는 무엇인가? 다시 말해, 들뢰즈가 라이프니츠에게로 되돌아간 것은 무엇을 의미하는가? 들뢰즈에 따르면, 바로크는 어떤 재구축과 관련된다. 그것은 신학적 이성이 붕괴되는 시기에, 새로운 방식으로 이유율을 탐색하고 불균질한 것들로부터 이성을 구축하려는 정신적 운동을 의미한다. 라이프니츠의 자연학은 암맥, 소용돌이, 혼돈을 품고 있으며, 그의 형이상학은 무한한 주름, 불협화음을 통해 세워져 있다. 그후 우리는 다시 한번, 흔한 말이지만, 이성의 붕괴 시대에 살고 있다. 칸트가 구축한 인간적 이성은 니체에 이르러 위기에 처하게 되었다: 재판관으로 앉아 있는 이성 자체가 그 실존 방식에 있어 가치 평가받아야 하는 것은 아닌가? 이러한 환경에서, 라이프니츠는 우리와 가까운 곳에 위치한다. 새로운 사유, 새로운 체계를 구축하려는 철학자에게 그는 영원

---

3 G. Deleuze, Différence et Répétition, p. 340.
4 여기에서 다루지는 않겠지만, 『차이와 반복』에서 들뢰즈가 라이프니츠로부터 영감을 길어올리는 중요한 관념은 '표현의 논리' '사유의 논리,' 그리고 '이념 이론,' 세 부분이다.

한 원천이다. 여기 새로운 사유의 방식이란 무엇인가? 사람들은 지금까지 원리에 입각해 대상을 발견해왔다. 그러나 이제 라이프니츠에 따라, 주어지는 대상에 상응해 원리를 발명해낼 것이다. 더나아가, 그 원리에 맞게 대상objet 자체가 다른 것(대상류, objectile)으로 변화하고, 상관적으로 주체sujet 또한 다른 것('위로 상승하는 자superjet')으로 변할 것이다. 또한 사람들은 지금까지 속성 아래에 실체를 발견하고자 했다. 그러나 이제 라이프니츠에 따라, 주어를 사건의 귀속점으로 만들면서 사건의 도래를 사유할 것이다.

하지만 여기서 멈추지 않는다. 우리는 라이프니츠 옆으로 다가서지만, 그러나 어떤 거리를 두면서 서성인다. 들뢰즈가 "차이와 반복"의 철학자라는 것은 무엇보다 그의 철학사 연구를 통해 입증된 것이었다. 철학사 연구가 일종의 변신술이라고 믿었던 그는 이미 여러 차례 초상화로부터 철학자들을 '다시' 끌어내 그와 '다른' 홀로그램을 보여주었다. 다시 한번, 우리는 라이프니츠를 사유하는데, 중요한 것은 라이프니츠로 돌아가거나 그에게서 벗어나는 것이 아니라, "새로운" 라이프니츠를 구축하는 일이다. 새로운 라이프니츠? 독자들은 이 책에서 하나의 철학(라이프니츠)이 어떤 문화(바로크) 안에서 완전히 해체되고 재구성되는 장면을 목격하게 될 것이다.

그러한 작업은 이중의 목적을 갖는다. 우선, 라이프니츠의 철학을 독단론적인 이미지로부터 구해내기 위한 독창적인 시도가 이루어진다. 들뢰즈의 경험론적 독해 안에서 라이프니츠의 철학 체계는 바로크의 이층집과 겹쳐진다. 단언하는 듯한 명제로 이루어진 라이프니츠의 형이상학적 단편들은 바로크의 영토에 뿌려지고 또 뿌려져서 풍요로운 숲을 이루는 듯하다. 모나돌로지 자체가 또 하나의 모나드인가? 다른 한편으로, 이 작업은 현대적 환경에서 새로운 사유 체계를 구축하기 위한 예비적이고 탐색적인 성격을 갖는다. 17세기의 라이프니츠가 베르니니와 함께 바로크 건축 앞에 마주 서 있다면, 이제 20세기의 들뢰즈는 보르헤스, 화이트헤드와 함께 불레즈의 연주회장에 앉아 있는 것과 같다. 들뢰즈는 현대의 독창적인 예술가와 사상가들로부터 철학의 새로운 환경과 요소를 발견하고 그것을 철학의 높이로 상승시켜간다. 모나돌로지 monadologie가 노마돌로지 nomadologie로 변형됨을 예고하는 결론에 이르기까지, 철학자들과 현대 예술이 라이프니츠의 지형을 변모시킨다. 하지만 그 보충의 양상을 세세하게 밝힐 필요는 없을 것이다. 들뢰즈를 읽는 또 하나의 재미는, 숨은 그림 찾기에서처럼, 큰 그림 조각들 사이에 숨겨져 있는 철학자들의 익살스러운 얼굴을 발견하는 일이므로.

조금 다른 관점에서, 라이프니츠의 독특한 점과 우리의 환경에 대해 다음과 같이 말할 수도 있다. 데카르트 이후, 근대 철학에는 두 흐름이 존재한다. 세계는 각자의 관념에 다름 아니라는 주관주의가 하나이며, 객관적 세계 앞에서 각자는 부분적으로 인식할 뿐이라는 객관주의가 다른 하나이다. 그런데 라이프니츠는, 근대 철학의 시초에서, 기묘하게도 이 두 흐름을 뫼비우스 띠처럼 하나로 엮어냈다. 모나드는 세계를 향해 있으며, 동시에 세계는 모나드 안에 있다. 달리 말하자면, 세계는 모든 모나드를 포함하며 실존하는데, 동시에 모나드는 각자 온 세계를 표현한다. 이처럼 세계는 순환하는 이중의 구조 안에 놓여 있다. 라이프니츠에게서 이러한 역설은 상위의 원리를 통해 보증되는 것이며, 이는 궁극적으로 신(神)에게까지 소급된다. 그러므로 니체 이후, 세계는 그와 같지 않을 것이다. 세계의 사건들은 뫼비우스의 띠 밖으로 터져나온다. 각자의 모나드가 표현하는 세계는 서로 무한히 발산하며, 그렇게 발산함으로써만 세계는 모나드와 관계할 것이다. 영화 「라쇼몽」에서처럼 말이다. 라이프니츠에게서 공존 불가능했던 다양한 세계들은 이제 거대하고 잠재적인 카오스모스 안에서 서로 교차하게 된다. 이 모든 새로움와 차이에도 불구하고, 그러나 우리는 대립하기보다는 연대하고 전진해가는 것이라고 말해야 할 것이다. 들뢰즈는 『주름』을 다음과 같은 말로 끝맺었다. "우리는 여전히 라이프니츠적이다. 중요한 것은 언제나 접기, 펼치기, 다시 접기이므로."

3. 바로크의 삶

　서양 철학사에는 유명한 두 개의 원뿔이 있다. 우리는 이 책에서 베르그송의 것과는 다른 종류의 원뿔을 만나게 된다. 라이프니츠는 원뿔의 이미지를 통해 신체 경험의 유동성과 영혼의 고귀한 단일성이 조화된다는 점을 훌륭하게 보여줄 수 있었다. 원뿔이 넓은 밑면을 가질수록 높은 꼭지점을 갖는다는 사실이야말로 우리의 존재론적 상황과 실천적인 함의를 잘 보여주는 것이다. 그리고 여기에 라이프니츠와 바로크의 근친성이 놓여 있다. 물결과 흐름으로 넘실대는 물질의 바닥으로부터 사유와 자유를 품은 정신의 꼭지점으로 솟아오르는 것은 바로크의 고유한 이미지이다. 바로크의 예술은 이 원뿔 안에서 만들어지는 모든 혼돈과 소용돌이를 묘사한다. 손과 발의 주름만큼이나 많은 사유의 주름들, 성 테레사와 같은 바로크의 영웅들, 이러한 것들이 흔하고 평범하다고 말할 수는 없을 것이다. 사람들은 언제라도 뒤집힌 원뿔, 즉 좁은 밑면과 넓은 꼭지점의 원뿔이라는 자기 저주에 사로잡힐 수도 있다. 별달리 그만의 것이라 말할 수 없는 느슨한 영혼을 만났을 때에는 또 얼마나 지루했던가.

　그러므로 바로크라는 낯선 말은 다른 것을 의미하지 않는다. 바로크란 같은 자연-바닥 안에서 신체로 소통하며 동시에 유일한 세계를 자신의 영혼-꼭지점 안에 구축해온 사람들의 삶의 방식을 가리킨다. 그리고 들뢰즈는 바로크의 두 층, 즉 자연과 정신, 신체와 영혼을 가득 채워야 할 것은 보다 많은 주름이라고 말한다. 창 없는 위층의 어두운 방의 주름은 창으로 열려 있는 아래층의 주름에 따라 흔들린다. 따라서 우리가 더욱더 많은 영혼의 주름을 갖게 되는 것은 흘러 들어오는 수없이 많은 이미지와 음악에 아래층의 주름들이 춤을 출 때이다. 그러므로 바로크란, 투박하고 거친 주름으로 가득한 손과 악수할 때 그 손의 주인의 얼굴에서 인자하고 현명한 주름을 발견할 때 울려퍼지는 신의 노래이다.

우리는 이러한 신의 영광 속에 둘러싸여 있는 사람들에 대해 알고 있다. 나에 관해 말하자면, 나의 외할아버지가 그러했다. 안정적이고 여유 있는 교사직을 그만두고 그가 가족을 이끌고 산으로 들어간 것은 오로지 글을 쓰고 싶다는 소망 때문이었다. 지금은 유명해진 작가들과 함께 한때 수학하기도 했지만, 열몇 번의 신춘문예 낙방 끝에 작가의 꿈은 열몇 겹의 좌절에 짓눌렸다. 당시로서는 드물게 여자 식구들과 함께 겸상했던 그의 상식과 가족들을 생활전선에 내몰았던 무책임 사이에서 그는 괴로웠을 것이다. 뒤늦은 책임감으로부터, 호미 하나로 밭을 갈고 백열등 하나로 책을 읽는, 말 그대로 주경야독의 삶이 시작되었다. "조각이 공간의 베인 흔적"이라는 말과 같은 의미에서, 그것은 인적 없는 산에 밭이랑들을 베어나가고, 백색의 원고지에 글자들을 베어나가는 기약 없는 삶이었다. 그러나 또한 그 '기약 없음'이야말로 한 인간의 무한성을 실현하는 데 필연적인 환경이었을 것이다. 그리고 밭이랑과 글자, 주름 또는 차이만이 그 무한성을 채우는 요소이었을 것이다. 넓은 과수원과 허름한 서재의 불빛 안에서 나의 어린 시절은 풍요로웠으되, 그것은 단지 그 무한함의 한 조각에 얹혀 실려간 덕분이라고 말해도 좋았다.

지금 기억나는 것은, 세상을 떠나시기 전, 먼 산을 바라보는 그의 뒷모습이다. 그의 몸에 난 주름들은 밭이랑의 굽이들과 함께 자라났던 것처럼, 혹은 그것들과 연결된 것처럼 보였다. 이 세상에 올 때 품고 있었던 것을 모두 펼쳤다는 것을 스스로 이해하는 듯한 자세로, 그는 작은 숨을 내쉬며 먼 산을 바라보고 있었다. 그리고 그토록 넓은 곳에 흩뿌려진 신체의 영혼이 솟아올라 도달하는 높이를 나는 그때 목격했던 듯하다. 이제 사람들은 그의 삶을 기억할 때, 그의 영혼이 보호하는 대지의 영토를 떠올릴 것이다. 대지를 닮아야 한다는 니체의 말이나, 모든 내재성은 영토의 운동과 관계된다는 들뢰즈의 말을, 우리는 우선 문자 그대로 받아들여도 좋을 것이다. 관념의 세계를 탐색하는 정신의 힘은 흘러넘쳐서 대지의 굽이를 따라 흘러가는 모험을 하기도 한다. 그는 평생 작가를 꿈꾸었던 과수원 농부였다.

그러므로 결말에 다다른 추리소설의 주인공처럼 이제 뒤돌아 회상하게 된다. 모든 것은 그곳에서 시작되었노라고. 작가라는 꿈, 원고지와 밭이랑, 이마와 손의 주름, 그리고 다시 이 책. 이 모든 것은 내가 당신에 대해 가지고 있는 기억이라기보다, 어쩌면 당신과 나의 공동의 기억이 아닐까. 두 원뿔 안에 서 계시는 나의 외할아버지, 당신의 모습을 다시 발견한다. 베르그송의 원뿔. 당신에 대한 나의 기억은 차라리 저 멀리 어딘가에 감추어진 채 끊임없이 모습을 다시 드러내는 영원한 꿈 같은 것은 아닐까. 그래서 당신을 호출했던 것처럼 나를 호출했던 어렴풋한 기억 같은 것은 아닐까. 그리고 라이프니츠의 원뿔. 농부의 넉넉함과 작가의 예민함 안에서 이상적이고 완전한 삶을 향유했던 나의 외할아버지. 당신께서 일구었던 밭이랑의 길이, 당신께서 메워갔던 원고지의 넓이만큼, 높은 곳으로 영혼을 쏘아올렸던 나의 외할아버지. 들뢰즈의 말처럼, 누군가를 기억하는 일은 기분 좋은 일이다. 독자들도 이 책에서 이름 붙여지지 않은 위대한 삶을 기억할 수 있게 된다면 더할나위 없이 좋은 일일 것이다. 자, 그럼 이제, 높은 곳에 평화를, 나의 외할아버지 당신께 이 책을.

2004년 설날 즈음, 광주에서
이찬웅

모호한 confus　68, 97, 135, 157~58, 164~66, 174, 201

ㅂ

바닥/배경/심연 fond　33, 55, 101, 106~07, 109, 128, 141, 147, 155, 157~58, 164, 169~71, 195, 226~27, 229, 233, 241~42, 252

방식/양식/양태 manière　11, 13~14, 24, 35, 39, 42, 48~50, 57, 62, 70~74, 163~64, 177, 180, 182, 189~190, 210, 214, 216~17, 220~ 22, 225, 232, 237, 239, 241, 246, 248, 249, 250~51, 259, 260

배수음/조화연산자 harmonique　142, 145, 148, 241, 250

변곡 inflexion　31~37, 40, 42, 46~51, 53~54, 60, 68~69, 79, 112~13, 131, 166, 182~85, 191, 240, 249, 253

변동(變動)/변주(變奏) variation　35~45, 50, 90, 114, 136

변태(變態)/변신 métamorphose　22, 41, 44

부차적인 것 말하기 vice-diction　70, 110~11, 258~59

불협화음 désaccord, dissonance　150, 239~40, 244, 248, 250, 259

ㅅ

사건 événement　33~34, 40, 62, 79~80, 98~101, 104, 112, 114, 120, 129, 134, 140~42, 144, 146~48, 156~57, 166, 179, 191~92, 219, 227, 229, 231, 243

생기론 vitalisme　19, 186, 216

속성 attribut　42, 70, 89, 98~100, 103~07, 129, 199, 201, 229, 230

술어 prédicat　12, 79~80, 89, 91, 93, 98~102, 104, 117, 119, 129, 131~32, 157, 191, 193, 199, 201, 213

습성 habitude　46, 161, 212

시선(의) 점 point de vue　25, 40~44, 46~50, 55, 57, 93, 96, 101, 117, 136, 145, 167, 182, 215, 226~27, 231, 233, 240, 249

식별불가능자의 원리 principe des indiscernables　41, 95, 108, 121~22

ㅇ

안으로-말림 involution　43, 139

앙텔레쉬 entéléchie　46, 121, 131, 156, 215

애매한/어두운 obscur　49, 55, 63~65, 94, 107, 137, 155~58, 163~69, 174~75, 178, 194, 230, 243~44, 249, 253

앵포르멜/형상이 없는 informel　70, 225

주름, 라이프니츠와 바로크

주름, 라이프니츠와 바로크

찾아보기